Hellmut Kühn

Johann Sebastian Bach
Musik an der Wende der Zeit

Hellmut Kühn

Johann Sebastian Bach
Musik an der Wende der Zeit

Gestaltet von Gabriele Burde

Quadriga Verlag
J. Severin

CIP-Kurztitelaufnahme der
Deutschen Bibliothek

Johann Sebastian Bach:
Musik an d. Wende d. Zeit /
Hellmut Kühn.
Gestaltet von Gabriele Burde.
Berlin: Quadriga Verlag
Severin, 1984.
ISBN 3-88679-112-2
NE: Kühn, Hellmut [Bearb.]

Zweite Auflage 1985

Redaktion: Wilhelm Busch
Gestaltung: Gabriele Burde
Satz: Bongé & Partner, Berlin
Lithos und Montage:
Decker & Wahl, Berlin
Gesamtherstellung:
May & Co., Darmstadt
ISBN 3-88679-112-2
Printed in Germany

Inhalt

Zwischen der irdischen und himmlischen, der Zeit seiner Väter und der genialischen Himmelsstürmer, zwischen fränkischem und galantem Geschmack lebte Johann Sebastian Bach mit zunehmendem Kopfschütteln über die wunderlichen Veränderungen des musikalischen Geschmacks und endlicher Irritation im Abseits. Er nahm das Neue zur Kenntnis, auch wenn er während der Opernaufführungen trotz der Primadonna Faustina Hasse kräftig gähnte. Auch brachte er aus der sächsischen Weltstadt Dresden musikalische Galanteriewaren mit und übergab sie zur Eintragung in das Klavierbüchlein seiner viel geforderten Ehefrau Anna Magdalena. Weiber- und Kinderkram war das. Für die Söhne aus erster Ehe hielt er kräftigere Speisen bereit, Inventionen und Fugen, Partiten und Suiten sowie für den späteren Beruf wunderlich verschlungene Choralvorspiele. Er starb als Orgelexperte und Leipziger Lokalgröße. Die Ratsherren waren froh, als der quänglige Kantor endlich tot war. Und tot schien er für immer zu sein. Zwar feierte die musikalische Welt bald den großen Bach, meinte aber nicht den Vater, sondern den zweitältesten Sohn Carl Philipp Emanuel. Die Söhne und die Schüler verbreiteten seine Lehren oder wenigstens die Mustersammlung für angehende Klavierspieler, das viel geliebte und noch mehr gefürchtete Wohltemperierte Klavier. Vor allem aber die altjüngferliche Schwester des großen Friedrich, die preußische Prinzessin Anna Amalie, nahm sich des Altmeisters an, unter der Führung des Bachschülers Kirnberger. Sie sammelte Autographe und verhalf Berlin, im 19. Jahrhundert zur Stadt Johann Sebastian Bachs zu werden. Auf der Suche nach einer eigenen Kultur fanden die singenden Bürger dieser Stadt in den großen Vokalwerken eine kulturelle und nationale Aufgabe. Der bedeutende Bachbiograph Philipp Spitta vollendete dieses Werk mit seinem zweibändigen monumentalen Werk, dessen Erscheinen in den frisch gebackenen Tagen des deutschen Kaiserreichs er enthusiastisch deutet. Seitdem sind mehr als hundert Jahre vergangen, und mit vielerlei Pinsel ist das Bild Bachs umgemalt worden. Da erschien er – bei Albert Schweitzer – als Vollender des Mittelalters, da mußte er – unter der Fahne des Sozialismus – zu einem Mann des Fortschritts werden, und schließlich tat die Wissenschaft das Ihrige. Sie erkannte, wie unhaltbar das Bild des frommen, für seinen lieben Gott Kantate nach Kantate aufs Papier werfenden Komponisten war, sie fand heraus, wie häufig die Musik zu einer Geburtstagskantate in Werken höchsten geistlichen Anspruchs auftauchte. Aber auch die Musiker taten einiges. Sie besetzten die Chöre und Kapellen wie Bach es getan hatte, und aus den mächtigen Klangströmen ging plötzlich ein klarer Bach hervor, durchsichtig aber doch ein wenig flach. So fragen sich denn heute viele, wo ihr Bach geblieben sei und ob es Gründe genug gäbe, das widersprüchliche neue Bild an die Stelle der Figur des Erzvaters deutscher Musik zu setzen.

Wir kennen den Erzvater in seiner ganzen Würde und Gravität. Die markante lange Nase, den üppigen geschwungenen Mund, die vollen Backen und den Ansatz des Doppelkinns umrahmt die dicht geknüpfte, in regelmäßigen Locken eng gelegte Perücke. Sie gibt der Figur den Rahmen. Sie kaschiert nicht die Fettleibigkeit. Sie macht Korpulenz wünschenswert. Mit der Fettleibigkeit verbinden sich gemessene Bewegungen, ruhig und kraftvoll. In Bachs Handschrift erkennen wir sie. Als Johann Sebastian Bach in diese Figur hineinwuchs, galt sie nur noch in zurückgebliebenen Gegenden als Ideal. Anderswo hatte sich der Barock zum Rokoko entwickelt, die feisten Figuren waren abgespeckt, zur zierlichen Figur abgemagert. Sie ließ das neue Spiel mit dem Körper und dem Geist zu. Einer ihrer vorzüglichsten Maler war Antoine Watteau. Seine Lebensdaten – 1684 bis 1721 – fallen zusammen mit Bachs Lebensdaten bis zur Köthener Zeit. In Watteaus Bilder hätte der Kapellmeister und Kantor Bach nicht gepaßt, wohl aber der Hamburger Musikdirektor und Nummer eins auf der Leipziger Berufungsliste, die Sonne über der deutschen Musiklandschaft, Georg Philipp Telemann, der hurtig Schreibende mit der sehnigen Gestalt. Bach merkte von diesem Wandel nichts. Wie wäre anders sein Eifer, dem jungen preußischen König ein »Musikalisches Opfer« darzubieten, zu verstehen, an einem Ort, wo Geist, Grazie und Askese die zierliche italienische Sonatenmusik aufblühen ließen und nicht die Kanonkünste aus den Zeiten des Mittelalters und der niederländischen Vokalpolyphonie. Nein, er paßte eher ins Königreich Sachsen, wo die Könige Teile ihres Volkes selbst zeugten und Religion im Unterschied zum Atheisten in Potsdam gefördert wurde. Immerhin, der Hof in Dresden bestallte ihn zum Hofkapellmeister, was Bachs Trachten nach Würde und Gravität untermauerte, ohne ihm allerdings Hilfe bei der Bewältigung all der Alltagssorgen zu gewähren. Wir kennen seine Welt. Nicht nur dieser fromme Mann sah in ihr die Gottesordnung. Ihre Begründung beschäftigte die Philosophen. Nahm Bach diese Gedanken zur Kenntnis? Die Frage muß mit Nein beantwortet werden, wenn wir uns an den erhaltenen Teil seiner Bibliothek wenden. Aber was wissen wir über die Gedanken, die ihm durch den Kopf gingen? Einsam genug für ein gründliches Denken war er, und häufig ließ auch die mechanische Arbeit des Abschreibens von Notenblättern Zeit, über Gott und die Welt zu grübeln. Er war viele Jahre lang tagtäglich in Kirchen. Er begutachtete Orgeln. Sah er sich nicht in den Kirchen um? Er kopierte ältere Musikstücke. Spürte er in ihren reinen Klängen keine Nähe zur Idee einer Engelsmusik?

So lädt dieses Buch zum Schauen ein, gibt Anregungen, Ordnungen dieser Welt in der geordneten Musik Bachs wiederzufinden; die Einsamkeit eines Künstlers, der ums Weiterleben einer von ihm als wahr erkannten Musik kämpft, zu verstehen als Prüfung.

Gottesordnung

Moys, das falsch überlieferte ägyptische Wort für Wasser, sei etymologisch für das Wort Musik verantwortlich. Diese groteske Erklärung versuchten die meisten mittelalterlichen Schriftsteller ihren Lesern einzureden, um den biblischen Ursprung der Musik nachzuweisen und den in Wahrheit bestehenden in der griechischen Antike zu vertuschen. Die Elemente, die den Ton leiten, stünden für die Bezeichnung der Sache, und Moses, der aus dem Wasser Geborene, sei als Erfinder anzusehen. Gott hatte, wie das alte Testament überlieferte, die Welt und die Gestirne, die Elemente und das kosmische System, aber auch die Harmonie der Organe und Säfte im menschlichen Körper nach Maß, Zahl und Gewicht geordnet und der Musik, einem unbewußten Zählen der Seele, wie noch zu Beginn der Bachzeit der Philosoph Leibniz erklärt, einen vorzüglichen Platz in seinem Weltenplan eingeräumt und im Dreiklang die Trinität in irdischen Klängen bewußtgemacht. Nicht des Menschen Werk sei die Musik, sagt Luther, sondern sie sei ein Geschenk Gottes, und daher dürfe sie an der Seite der Theologie einen vorzüglichen Platz beanspruchen. Schon Dante hatte dies getan und der Hölle und den in ihr Einsitzenden die Musik versagt. Allerdings war auch die Musik vom Verfall bedroht, wie alles Geschaffene. Sie konnte durch den Sinnesrausch verführen. Einsichtslose Kleriker wetterten gegen sie, und ihre Auswüchse bekämpfte Papst Johannes XXII. in einer wirkungslosen Bulle. Aber auch die griechische Antike kannte die Gefahren der Musik. Schon eine falsche Tonart bewirke zuchtlose Handlungen; einpeitschende Rhythmen lösten schon

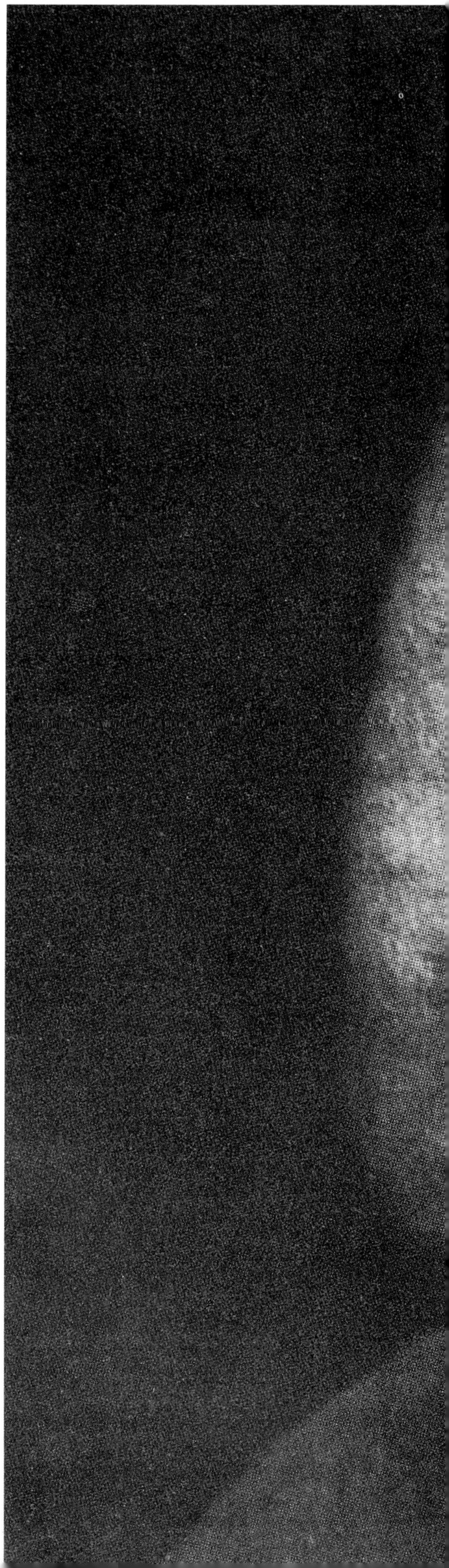

Ölbild. Dieses besonders häufig veröffentlichte Bild stammt aus dem frühen 19. Jahrhundert.

»Durch Adams Fall« aus dem »Orgelbüchlein«.

damals unerwünschte Ekstasen aus. Die christlichen Theoretiker verbanden beide Überlieferungen und forderten zur Abwehr fataler Wirkungen eine ständige Veränderung der melodischen und rhythmischen Modelle. Unter diesem Prinzip der variatio wuchs die mehrstimmige Musik zu einer reichhaltigen Kunst, und die Verwendung der verpönten Mittel, Dissonanzen, rhythmische Ostinati, weiche Klänge, ließen sie zu einer musikalischen Redekunst aufblühen. In all ihrer biblischen Würde, aber auch mit all ihren Widersprüchen entwickelte Johann Sebastian Bach in seinem Werk zum letzten Male die Musik der alten, in seiner Zeit rapide zugrunde gehenden Welt.

So war denn die Welt nach Maß, Zahl und Gewicht geordnet und die Harmonie eingeführt. Mit freudigem Staunen nahmen daher die alten Musikgelehrten die wunderbare Tonordnung auf, die Gottes weise Voraussicht und seine Güte gegenüber dem Menschen bezeugte. Wenn man, wie der legendäre Pythagoras experimentell bewiesen hatte, auf Ambosse mit Hämmern schlug, von denen der eine doppelt so groß wie der andere war, ergab sich ein lieblicher Concentus, die Oktave. Und wenn man, was die Alten in kluger Voraussicht der verheerenden Folgen eines ständigen Experimentierens mit Eisenhämmern dann doch bevorzugten, nämlich eine Saite nach bestimmten Proportionen teilte, gewann man die anderen konsonanten und dissonanten Intervalle, und zwar umso reiner, je klarer, und umso konsonanter, je kleiner die Zahlen waren. Natürlich hielt man sich an die Konsonanzen, und zwar an die vollkommenen. Die Terz und Sext gehörten nicht dazu. Aber Schönheit, Wohlklang, Vielfalt waren mit diesen Intervallen verbunden und bestimmten die außerkirchliche Musik. So wehten denn schon in der Notre-Dame-Epoche andere vom Teufel letztlich erzeugte Klänge in die Kirche und bald mußte man auch die Dissonanzen domestizieren. Der ungeschlichtete Kampf um die Dissonanz und die Reinheit der Tonkunst brach aus. Die Musikgelehrten entwickelten daraufhin eine Lehre von der Verwendung der Dissonanzen und unharmonischen Relationen, wonach die Pflicht zur Darstellung aller Aspekte der Weltordnung auch ein Recht auf Verwendung gefährlicher Klänge einschließen müsse. Musikalische Rhetorik nennen wir diese Lehre. Ihr größter Meister nach Heinrich Schütz war Johann Sebastian Bach.

Er nutzte alle Möglichkeiten der Chromatik zur Darstellung von Sünde, Leid, Todespein, Sehnsucht und faßte in metaphysischem Denken die unharmonischen Tonrelationen als Symbol eines Überstiegs über die Welt der Harmonie in eine himmlische musikalische Ordnung auf, beispielsweise im »Confiteor« der Messe in h-Moll oder im Orgelchoral »Kyrie, Gott, heiliger Geist«, damit wir auch im unmittelbaren musikalischen Eindruck »uns scheiden aus diesem Elend: eleison«. Keiner hat reichere harmonische Tonsätze geschrieben, nicht Händel, nicht Telemann. Niemand wußte besser die Chromatik zum Ausdruck alles Weichen, Lieblichen zu nutzen, keiner ist in seinem musikalischen Denken stärker von der Sünde, der Wollust angezogen worden als Bach. An seinen Chorälen studieren noch heute die Musiker Harmonielehre, und dank seiner Harmonik konnte vor allem Wolfgang Amadeus Mozart das Interregnum der Primitivlinge à la Stamitz und Wagenseil, Koryphäen in Europas heimlicher Hauptstadt Paris, überwinden und Werke wie die

»Ein geistlich lied/Vom fall und erlösung des menschlichen geschlechts

Durch Adams fahl ist gantz verderbt/menschlich natur und wesen/ Dasselb gifft ist auff uns geerbt/das wir nicht kunden gnesen/On Gottes trost/ der uns erlost/hat von dem grossen schaden/darein die schlang/Evam bezwang Gotts zorn auff sich zu laden.

Weill denn die schlang Evam hat bracht/das sie ist abgefallen/Von Gottes wort/das sie veracht/dadurch sie in uns allen/Bracht hat den tod/so war je not/das uns auch Gott solt geben/ sein lieben Son/der gnaden thron/in dem wir möchten leben.

Wie uns nu hat in frembde schuld/in Adam all verhönet/Also hat uns ein frembde huld/in Christo all versönet/Und wie wir all/durch Adams fall/sind ewigs tods gestorben/also hat Gott/durch Christus tod/vernewt/das war verdorben.«

Lazarus Spengler, nach dem Babstschen Gesangbuch von 1545 ■

Albrecht Dürer, Eva.
Gemälde auf Fichtenholz,
1507 (Ausschnitt)

Streichquartette, die Symphonie g-Moll, das Requiem oder Stellen wie die »Feuer- und Wasserprobe« der »Zauberflöte« schreiben. Mozarts Musik und die allmählich wiederentdeckte von Bach sowie deren Überlieferung in Schulbüchern zeugten den harmonischen Fortschritt, welcher endlich zur Emanzipation der Dissonanz bei Schönberg führte und damit endgültig das kosmologische Prinzip der abendländischen Tonordnung aufhob.

Folgerichtig kümmerte sich Johann Sebastian Bach auch um ein letztes, aus Antike und Mittelalter ungelöst überliefertes Problem, eine Ordnung des Zwölf-Töne-Systems, die annehmbar war. Er mußte, von seinem kosmologischen Denken angetrieben, auch im Bereich der musikalischen Temperatur die Möglichkeit einer guten Ordnung aufzeigen. Auf diesem Gebiet hatte er zeitgenössische Ratgeber und Konkurrenten. Auch Vorgänger gab es. Doch alle übertraf er durch die Kompositionen, die er für alle möglichen Tonarten verfertigte, die Modellsammlung des »Wohltemperierten Klaviers«, und durch einen praktikablen Vorschlag. Ihn allerdings kennen wir nur über seinen Schüler Johann Philipp Kirnberger.

Wir wissen von dem schwedischen Naturforscher Carl von Linné, der gut zwanzig Jahre jünger als Bach war, wie sein Natursystem aus der Gewißheit eines Schöpfers und der guten Ordnung seiner Schöpfung entstand. So müssen wir uns auch Bachs Absichten in seiner Sammlung für lernbegierige Musikstudenten vorstellen. Meinungen, Theoreme von ihm sind direkt nicht überliefert. Man kann sie auch nicht in noch unerkannten Materialien erwarten. Nur Grundsätzliches schrieb er auf, alles andere, so sagt er in seinen Anweisungen für den Generalbaß, sei besser mündlich zu verhandeln. Und grundsätzlich war das Problem nicht lösbar. Es steckte in der durch Adams Fall, wie der Lieddichter sagt, ganz verderbten Weltordnung. Nur praktisches Handeln konnte zu einer annehmbaren Lösung führen. Worum ging es eigentlich?

Unser Tonsystem besteht aus zwölf Tönen innerhalb der Oktave. Die weiteren Töne sind durch das Prinzip der Identität oktavversetzter Töne gesichert. Dieses Tonsystem ist als eine Ordnung gedacht, die durch reine Quinten entsteht, und wird im Quintenzirkel symbolisiert. Nun fällt aber die zwölfte Quinte, von c aus das his, nicht mit dem entsprechenden Oktavton, nämlich dem c, zusammen. His ist höher, ist ein Viertel Halbton zu hoch. Bin ich aber nun gezwungen, das »c« zu nehmen, entstehen recht verstimmte Intervalle. Wer genau hört, ist in seinem Hören beleidigt, und die genau Hörenden treiben bis zum heutigen Tag dieses Thema als Streitobjekt im theoretischen Schrifttum mit. Auch ein Aufbau des Tonsystems über die Terzen führt zu keinen besseren Ergebnissen. Der wunderbar gleichmäßige Aufbau des Reichs der Musik ward aus den bekannten Gründen verdorben.

Es gab nun verschiedene Versuche, aus dem Dilemma herauszukommen. Zwei seien genannt. Der eine Versuch zielt auf eine Mischung zwischen reinen Quinten und reinen Terzen, was eine weitgehend passable Stimmung ergibt. Diese Methode hat den Vorzug, daß sie das Stimmen eines Tasteninstruments sehr leicht macht. Man stimmt mehrere reine Quinten und schiebt danach eine Stimmung nach einer reinen Terz ein. Diese Methode propagiert der Bachschüler Kirnberger. Die andere, noch heute verwendete Metho-

»Die Erfindung der vierten Tonart (nämlich des sogenannten modi mixolydii, G) wird einem Frauenzimmer, der berühmten Poetin Sappho, zugeschrieben, und zwar, weil derselben, zur Absingung ihrer Verse, die lydische Tonart für ihre gar zärtliche Stimme und enge Kehle noch zu tief, und also ein ganzer erhöheter Ton nötig war, solche Gesänge herauszubringen. Es hat wiederum dieses ebenfalls seine ganz natürliche Ursachen bei einer jungen wollüstigen Witwe gehabt, weil die Erhitzung auf die Länge gewisse Röhren dürre macht und zusammenziehet, daß sie, absonderlich im Halse, wegen ermangelnder sattsamer Feuchtigkeit, sich nicht genugsam ausdehnen und einen tiefen Klang abgeben können.«

J. Mattheson, Der vollkommene Kapellmeister, 1739 ■

Satyr mit dem Doppelaulos. Vorderseite eines Sarkophags aus dem 2. Jh. n. Chr. (römisch)

»Alles was in guter Ordnung beruhet und mit dem Verstande kann begriffen werden, das ist einem vernünftigen Menschen angenehm ... Nun kann unseren Sinnen nichts Ordentlicheres und Deutlicheres vorgebracht werden als was von der Unität den Anfang nimmt, in der natürlichen Ordnung fortschreitet und nicht zu weit von derselben abweichet.«

Andreas Werckmeister, Musicae mathematicae Hodegus, 1686 ■

Tanzende Jongleuse. Darunter eine Alleluja-Komposition, notiert in sog. aquitanischen Neumen (11. Jh.)

»Hierin folgten die weisen Griechen der bloßen Natur: maassen es glaublich, daß die Dorier eine gröbere, männlichere Sprache und tiefere Stimme gehabt haben, als die Phrygier; und daß hergegen die Lydier feiner und weiblicher gesungen, als die andern. Denn die Dorier sind ein bescheidenes, sittsames und stilles Volk gewesen; die Phrygier hergegen haben mehr Geschrei als Vorsichtigkeit gebraucht; die Lydier aber, Vorfahren der Toscanier, werden allenthalben als wollüstige Leute beschrieben. Von den Phrygiern sind noch ein paar Sprich-Wörter vorhanden, die nicht gar zu vorteilhaft lauten. Das eine heisset: Sero sapiunt Phryges, auf Teutsch: wenn die Schafe fort sind, wird der Stall zu spät geschlossen. Das andre: Phryx plagis emendatur, ohne Schläge geht kein Esel. Von den Lydiern sind noch schlimmere Denkmale vorhanden, z.E. Lydi mali, d.i. an keinem Lydier ist was gutes; Lydio more heißt so viel, als nach weibischer Art, und Lydius in meridie zeiget einen Faulenzer an etc. Aber von den Doriern lieset man lauter gutes.«

J. Mattheson, Der vollkommene Kapellmeister, 1739 ■

Spielmann mit Fiedel und kopfstehender Akrobatin. Aus der Kirche in La Chaize-le-Vicomte (Vendée)

Darstellung des Ranges der Instrumente (15. Jh.)

de besteht darin, die Differenz von einem Viertel Halbton gleichmäßig auf alle Quinten zu verteilen, so daß zwar kein Intervall rein, dafür aber auch kein Intervall besonders verstimmt klingt. Diese Stimmung nennen wir »temperiert«.

Welche Stimmung Bach nun meinte, ist umstritten. Manches spricht aber für die Praxis Kirnbergers, denn wie alle genialen Musiker dachte Bach in Fragen der Musik praktisch. Als Lehrbuch für Klavierschüler freilich ist das »Wohltemperierte Klavier« tatsächlich zur Musik für temperiert gestimmte Instrumente geworden.

Die Tonarten wurden noch immer anhand der alten Geschichten erklärt. Beharrlich hielten die Theoretiker an den Storys vom sittlich wohlgefälligen Eindruck des Dorischen und dem sittlichen Verfall durch phrygische Melodien fest, obwohl man von den Fehlern bei der Übertragung der griechischen Musiktheorie auf die Musik des frühen Mittelalters wußte. Ein Kantor in Deutschland
14 mußte die alte Tonartenlehre kennen, weniger der umfassenden Bildung wegen, die vom »vollkommenen Kapellmeister« gefordert wurde, vielmehr aus praktischen Gründen. Der große Bestand von Kirchenliedern, deren zentrale Stellung im lutherischen Gottesdienst und die daraus resultierende Bedeutung für die Kantaten-, Passions- und Orgelmusik begründeten das Studium der alten Musik. Auch galt es, die alte Schreibweise mit den Erfordernissen eines gewandelten Geschmacks zu versöhnen und die Tradition zu bewahren. Johann Sebastian Bach besaß die aufwendige teure Darstellung der Kunst des Kontrapunkts, die der katholische Kirchenmusiker Johann Joseph Fux im Jahre 1725 unter dem Titel »Gradus ad parnassum« in lateinischer Sprache herausgegeben hatte. In den letzten zwanzig Jahren seines Lebens steigerte Bach das Interesse für alte Musik, schrieb Tonsätze im alten Stil, gab Rätselkanons auf und betonte die Stilvielfalt. Dabei blieb der moderne Stil, die Chromatisierung des Dur-Moll-Systems bis an die Grenze der Tonalität erhalten. Sie ergab sich aus der Forderung, den Ausdruck des Worts musikalisch darzustellen und in der Instrumentalmusik aus deren Analogie zur Vokalmusik. Dabei gerieten gerade die Kirchenlieder, die doch in den alten Tonarten überliefert waren, in den Grenzbereich, weil ihre Texte in vielfältig gebrochenen Farben der sündigen Welt zur Erscheinung kamen. So legten gerade die Kirchenlieder ihre alte tonale Gestalt ab. Neben dem Erfordernis des Themas stand dabei Bachs Bestreben, die einzelne Stimme sanglich zu halten und Intervallsprünge in ihr durch gleitende Tonschritte auszugleichen. Bachs Verhalten entsprach einer Tradition, die über Heinrich Schützens deklamatorische Musiksprache zurückreicht auf das Madrigal der Manieristen und weiter zurück auf die geistliche Musik der niederländischen Renaissancekomponisten. Daß auf diesem Weg ein Besuch im Opernhaus nicht ausbleiben kann, versteht sich. Im Falle Bach wurde nicht mehr der Vorwurf einer Verletzung gültiger Regeln erhoben, sein System durchblickten die Zeitgenossen nur gelegentlich. Der Vorwurf, er schreibe verworren und schwülstig, lag daher nahe. Dabei besaß er nicht mehr als eine »glückliche Einrichtung der Fächer im Gehirne«, wie Johann Mattheson dies genannt hat, eine Fähigkeit, das Tonsystem zu durchschauen, unübertreffbare Praxis in der Erfahrung über das Gut- und Schlechtklingende und unüberbietbare Übung in der Improvisation von Akkordverbindun-

Zwei Choralvorspiele »Nun komm, der Heiden Heiland«, BWV 660a (Autograph) und »Schmücke dich, o liebe Seele«, Abschrift

»Herr Kirnberger ... will izt ein noch wichtigeres Werk ... herausgeben. Es sind die Choräle von Johann Sebastian Bach. Sie sollen nach und nach in 4 Theilen herauskommen, auf jeden Theil wird Ein Thaler bey Breitkopf pränummeriert ... Hat je ein Werk die ernstlichste Unterstützung deutscher Kunstfreunde verdient, so ist es dieses; der Inhalt: Choräle; höchstes Werk deutscher Kunst; der harmonische Bearbeiter: Johann Sebastian Bach, größter Harmoniker aller Zeiten und Völker; der Herausgeber: Johann Philipp Kirnberger, scharfsinnigster Kunstrichter unsrer Zeiten«.

J.F. Reichardt's Musikalisches Kunstmagazin. I. Stück, 1782 ■

»Christ lag in Todesbanden« und »Christ ist erstanden«, aus dem »Orgelbüchlein«.

Melodien aus dem mittelalterlichen Bestand der lutherischen Kirchenlieder.

gen über vorgegebene Bässe. So begründete er die Harmonik auf seine reichhaltige Weise und wußte sie doch aus den Gesetzen entwikkelt, die den Prinzipien der Gottesordnung entsprachen.

Dem alten Fugenmeister galt uneingeschränkte Bewunderung. Nur Ignoranten bezeichneten die ehrwürdigste Erscheinung der älteren Musik, die Fuge, als zopfig und taten damit auch Bachs wunderbare Leistung auf diesem Gebiet ab. Auf die Musikliebhaber und Musiker wirkt sie bis heute mit unveränderter Kraft, allerdings in unterschiedlicher Art. Die Liebhaber lassen sich vom Strom der Töne fortreißen und fühlen in der strengen Form, der steten Beziehung aller musikalischen Ereignisse auf ein Thema, in der ununterbrochenen Kraft der Fortschreitung kosmische Ordnungen. Was Goethe beim Hören Bachscher Musik empfand, Präludien und Fugen in der Kirche zu Bad Berka, und in seiner unvergleichlich plastischen Sprache niederschrieb, dürfte den Eindruck vieler Musikliebhaber wiedergeben. Die Kenner studierten mit Neugier an der Fuge die Kunst verschiedenartigster Gestaltung, und die Musiker erfahren an ihr das eigentlich Musikalische, das durch Jahrhunderte allein im Tonsatz erschien, d.i. in einer ohne dynamische Zusätze, Verzierungen und andere aufführungspraktische Notwendigkeiten, aber auch häufig ohne Instrumentationsangabe reinen Tonordnung. Lautheit, Bögen des Zusammenhangs, Abstufung der Funktionen mehrerer Stimmen als Haupt- oder Nebenstimme ergeben sich aus der Fugenform, aus der Konstruktion des Themas mit seiner Fortsetzung. Weil in all den Jahrhunderten vor dem Zeitalter Bachs der Komponist nur für den Tonsatz sorgte und dessen Ausführung dem Interpreten als einem die Komposition ergänzenden Künstler überließ, konnte die Fuge als reinste Form der Musik verstanden werden. Sie bedurfte der Zusätze am wenigsten. Fugen kann man auch dann gültig darstellen, wenn die originale Instrumentation verändert wird.

Die Fuge fand Bach in vielfältiger Tradition vor, als Canzone, Fantasia, Capriccio oder Ricercar, in der französischen Ouvertüre, in der Triosonate und als Gigue in der Suite, als Doppel-, Tripel- oder Permutationsfuge, in der Orgelmusik, in den Messen und Kantaten, in der Motette und selbst in der Violinmusik, wo doch erhebliche spieltechnische Probleme ihrer Realisierung entstanden. Er hatte die italienische und französische, vor allem auch die norddeutsche Tradition studiert und das Oberhaupt Dietrich Buxtehude in Lübeck befragt. Auch pflegte er als heranwachsendes Kind im Orgelunterricht mit der Fuge Umgang, weil ihre improvisierte Form zum Pensum gehörte. Er war in dieser durchaus deutschen Tradition schon als junger Mann erfahren. Aber wo fand er den Mut, die so reichhaltig entwickelte Tradition verändern zu wollen und zu können? Wer auch nur flüchtig die viele Tausende zählenden überlieferten Fugen durchblättert, kann den Eindruck gewinnen, auf diesem Gebiet habe Bach vor einer erdrückenden Tradition gestanden. Das Entscheidende sei doch gesagt gewesen! Und doch griff Bach mit starker Hand in diese Tradition ein und gestaltete die Fuge neuartig und so vollkommen, daß seitdem die vor ihm entstandenen Stücke als Vorläufer erscheinen. Wie war das möglich? Was hat Bach auf diesem Gebiet geleistet? Wodurch fallen seine Fragen auf?

Bach erkannte den entscheidenden Fehler in allen Fugenkompositionen. Das Thema hatte ungenügende Autorität. Es war

Oben – Mühlhausen, Kirche Divi Blasii. Unten – Bad Berka – Kirche. Die Disposition der Orgel aus den Jahren 1742/43 soll von Bach stammen.

»Ehedessen ward die Fuge als ein in den Componisten so unentbehrliches Stück angesehen, daß keiner zu einem musikalischen Amte gelangen könnte, der nicht zuvor ein ihm vorgelegtes Subject nach allen Arten des Contrapuncts und in einer regelmäßigen Fuge ausgearbeitet hätte. Man hätte damals nicht das Herz gehabt, mit einem aus zusammengeborgten, oft gauklerischen und gassenhauermäßigen Passagen angefüllten Klangstücke einen Platz unter den Virtuosen zu nehmen. Man hielte dafür, daß in einer Fuge von

vier und zwanzig Takten mehr Gründlichkeit und Wissenschaft als in einem vier ellenlang gedehnten Concerte herrschen könnte, und daß es weit mehrere Kunst erforderte, einen ununterbrochnen Gesang ohne häufige Absätze, als eine mit allerhand untermischten Cabriolen dem Geschmacke zu gefallen, wie man es nennet, anhaltende Melodie zu Papiere zu bringen. Es wurde dieserwegen die Fuge unter die prächtigsten Zierraten einer Kirchen- und Kammermusik gerechnet.«

Friedrich Wilhelm Marpurg, Vorrede zum Neudruck der »Kunst der Fuge«, Leipzig 1752 ■

Eisenach, Georgenkirche. Mitte Halle, Liebfrauenkirche. Bach bewarb sich um das Organistenamt, lehnte aber im Frühjahr 1714 die angebotene Position ab.

Oben – Weimar, St. Peter und Paul. An dieser Kirche wirkte Johann Gottfried Walther.

Mitte – Erfurt, Augustinerkirche. Hier nahm Bach 1716 eine Orgelprobe ab. Unten – Thomaskirche zu Leipzig

»Als wenn die ewige Harmonie sich mit sich selbst unterhielte, wie sich's etwa in Gottes Busen, kurz vor der Weltschöpfung, möchte zugetragen haben, so bewegte sich's auch in meinem Innern und es war mir als wenn ich weder Ohren, am wenigsten Augen, und weiter keine übrigen Sinne besäße noch brauchte.«

Johann Wolfgang von Goethe, Brief an C. F. Zelter, 21.6.1827 ■

durch die Technik der Variation geschwächt oder gar durch mehrere Themen ersetzt worden. Seine Gestalt verhieß Schwäche vor der immensen Aufgabe, eine große Architektur tragen zu müssen. Auch floß seine Kraft immer wieder in frei gestaltete Teile wie Toccaten oder Präludien. Dies war gerade bei den norddeutschen Meistern der Fall. Die Idee der Fuge mußte rein erkannt werden. Und sie hieß: Herrschaft eines einzigen Themas in einem ansonsten frei gestalteten mehrstimmigen und umfangreichen Gebilde. Man mußte dem Thema Autorität geben. Daher trennte Bach die freien Teile ab, beseitigte die Variationentechnik, prüfte wie ein Statiker die Tragfähigkeit des Themas für die gesamte Architektur und gestaltete die Harmonik reichhaltig. Doch das war noch nicht alles. Er mußte durch einen Gegensatz dem Thema Geltung verschaffen, aber einen Gegensatz, der auf das Thema bezogen ist, mußte zur Thesis des Themas eine Antithesis schaffen. Diese fand er in Form frei 18 gestalteter, aber motivisch auf das Thema bezogener Zwischenspiele. So fand Bach durch die dialektische Methode des Umwegs der Fugenform die wahre Gestalt. Die Kraft der thematischen Teile fließt durch die Zwischenspiele hindurch und wird beim Wiedereintritt des Themas erneuert.

Auf diesem Weg war Dietrich Buxtehude am weitesten gekommen. Wir wissen nicht, worüber sich Buxtehude und Bach unterhalten haben, der knapp siebzigjährige Altmeister und der zwanzigjährige Feuerkopf. Sicher sprachen sie über Musik, ihren gegenwärtigen Zustand und Möglichkeiten zur Verbesserung. Und sicher gab es während des langwierigen Fußmarsches auf dem Rückweg nach Arnstadt genügend Zeit, alles zu bedenken. Die Kraft der thematischen Entfaltung durfte sich nicht in den toccatenartigen Teilen verplempern. Aber der große alte Mann hatte in seiner kompositorischen Praxis, einer Verbindung von Präludium oder Toccata einerseits und Fuge andererseits, gewußt, woraus diese Form ihre Kraft zieht. Wenn man, und das war die Lösung, einen genügend reichhaltigen harmonischen Plan aufstellte und Themen fand, die nicht nur die Fugenexpositionen trugen, sondern auch Motive für die Zwischenspiele liefern konnten, dann hatte man die wahre Form gefunden.

Bloß eigenes Nachsinnen habe Bach schon in seiner Jugend zum reinen und starken Fugisten gemacht, so hat der Sohn Carl Philipp Emanuel das Wirken des Vaters beschrieben. Das gründliche Nachdenken führte auf die richtige Spur. Nachdem die wahre Gestalt gefunden war, konnte die reichhaltige Tradition nach Art einer Enzyklopädie verarbeitet werden. Die emsige Tätigkeit des Komponisten ließ ein Reich der Fuge in seinem Œuvre entstehen, ein Mikrokosmos im Makrokosmos seines Werks. Von der Permutationsfuge mit ihrer Nähe zum Kanon bis zur konzertanten Fuge in den Brandenburgischen Konzerten mit ihrem Triumph einer heiteren Aufhebung der strikten Bestimmungen, von den Doppel- und Tripelfugen bis zur grandiosen mehrthematigen Ricercarfuge aus dem »Musikalischen Opfer« wölbt sich der vielbewunderte Bogen der Bachschen Fugenkunst. Bach war kein Dogmatiker, er verwechselte nicht das Prinzip von Konstruktion mit der schätzenswerten Fülle, der Widersprüchlichkeit von Realität. Er hatte die Idee der Fuge gefunden und konnte sich die Abweichungen von ihr als Lizenz leisten. Eine

§. 49.

»Der berühmte Bach, dessen ich so wie vormahls, also auch itzo, absonderlich wegen seiner Faustfertigkeit in allen Ehren erwehne, hat noch vor einigen Jahren ein solches Kunst-Stück verfertiget und in Kupffer stechen lassen, auch einem großen Kenner und Könner der Music, einem wircklich hochgelahrten Lehrer der Rechten, der mir die Ehre gethan hat, mein Zuhörer im melopoetischen Collegio zu seyn, solches zugeschrieben hat.

§. 50.

Daß ist eine Rätzel-mäßige Kreis-Fuge, aus Welsch: Canone aenimmatico, auf Lateinisch Canon aenigmaticus: in welchem zwar mehr, als ein Schlüssel, hinten und vorn angeschrieben stehen, und hergegen bey keinem Zeichen. §.§. zu erkennen ist, in welcher Ordnung die 4 Stimmen eintreten sollen; doch eben darum, weil solches von dem Componisten verschwiegen worden, wird in demselben Satze den Ausführern das Errathen desto schwerer gemacht. Man hat dergleichen Canones, die bey ihrer Runde mit allen Stimmen einen Ton tiefer eintreten müssen. Ach! welche Kunste!

§. 51.

Weil das obige Rätzel nun eben von Leipzig kam den 18 Aug. 1727, wie wir in unsern Lehr-Stunden begriffen waren, so mußte sich ein iedes Mitglied der anwesenden Gesellschaft darüber machen, und die Auflösung suchen und versuchen. Denn es waren, wie ieder siehet, verschlossene Thüren, und ein mit Recht so genannter Canon clausus.

§. 52.

Dem einen gerieth diese Auflösung so; dem andern so: bis endlich ihrer zween, deren einer itzo den besten Organisten-Dienst in Gröningen besitzet, und sich schon mit einem öffentlichen Werck hervorgethan hat; der andre aber zwar zu einem sonderbaren Staats-Mann des Hamburgischen Regiments gediehen, aber leider! in dem besten Lauf seine Glückes und Verdienstes am Kaiserlichen Hofe unlängst verstorben ist, sich folgender maassen vereinbarten, und die Gedancken hegten, daß die Aufgabe, wenn alles mit dem contrario riverso bestehen sollte (wie sie aus den hinten angehängten, verkehrt bezeichneten Schlüsseln abzunehmen vermeinten) diese folgende Gestalt gewinnen müste.«

Johann Mattheson, Der vollkommene Capellmeister, 1739 ■

Music-Director: »Mein Amt wird ewiglich/dort einsten auch verbleiben/wann Himmel/Erd und Meer in pures Nichts verstäuben«. Aus: Johann Christoph Weigel, Musicalisches Theatrum

Unter M erscheinen hinfort Marginalien

M

Die »Allgemeine musikalische Zeitung« (AMZ), ab 1799 in Leipzig, und das Buch »Über Johann Sebastian Bachs Leben, Kunst und Kunstwerke«, von Johann Nikolaus Forkel 1802 herausgegeben, sind erste Fakten einer entstehenden Bachforschung. Felix Mendelssohn-Bartholdy und Robert Schumann halfen in den vierziger Jahren, die Idee einer Bach-Gesellschaft in die Tat umzusetzen. In England gründete der Schumann-Schüler Sterndale Bennett eine Bach-Gesellschaft 1849. Ein Jahr später riefen Robert Schumann, der spätere Mozart-Biograph Otto Jahn, der Thomaskantor und führende Musiktheoretiker Moritz Hauptmann sowie der Verlag Breitkopf & Härtel zur Gründung einer deutschen Bach-Gesellschaft auf. Am 15. Dezember 1850 wurde sie im Leipziger Gewandhaus gegründet. Auch Franz Liszt war unter den Gründern zu finden. Bach vereinigte alle Richtungen der damaligen Musikkultur. Die Bach-Gesellschaft gab bis 1900 die erste Gesamtausgabe heraus. Danach löste sie sich auf und erstand als Neue Bach-Gesellschaft mit der Absicht, nun in der Verbreitung von Bachs Werken die Hauptaufgabe zu erblicken.

Auch um die Herausgabe eines Werkverzeichnisses kümmerten sich schon früh Enthusiasten. Nach den summarischen Aufzählungen von Carl Philipp Emanuel Bach und Johann Nikolaus Forkel, der sich vor allem auch auf Angaben von Friedemann Bach stützte – die beiden ältesten Söhne besaßen die gesamten Bachschen Materialien, soweit sie sich Ende der vierziger Jahre in Bachs Haus befanden –, versammelte Franz Hauser alles Wißbare in einem ungedruckten Katalog, Alfred Dörffel die Kenntnisse über das Instrumentalwerk in einem Verzeichnis, das 1867 erschien, ehe dann in den zwanziger Jahren unseres Jahrhunderts der Verlag Breitkopf & Härtel die Herausgabe eines Werkverzeichnisses energisch förderte. Nach Johannes Wolgast und Paul Rubardt übernahm 1937 Wolfgang Schmieder diese Aufgabe.

Fülle einprägsamer Melodien bestimmt das Werk eines Franz Schubert oder Peter Tschaikowsky, aber nicht das des großen Bach. Der Ruf nach der schönen, der einprägsamen und trällerbaren Melodie hallte durch das romantische Zeitalter und provozierte Robert Schumanns Bemerkung vom Feldgeschrei der Dilettanten, der Liebhaber von Musik ohne gründliche Einsicht in ihr Wesen, und wo er draußen vorblieb, wie vor den Gotteshäusern, da quälten sich zopfige lederne Weisen durch den muffig gewordenen Kirchenraum. Johann Sebastian Bachs Werke sind nur selten aus der schönen Melodie entwickelt. Natürlich haben wir auch bei ihm einiges Wunderschöne wie die Arie »Erbarme dich, mein Gott« aus der Matthäus-Passion oder die in das Klavierbuch für Anna Magdalena Bach eingetragene Beschwörung der milden Töne des Todes in der Arie »Schlummert ein, ihr matten Augen« aus der Kantate Nr. 82 »Ich habe genug«. Wir kennen das berühmte Air aus der dritten Orchestersuite und wollen uns an den langsamen Satz des 6. Brandenburgischen Konzerts mit seinen tiefen Seufzern der Melancholie erinnern. Auch lieben wir die Frische der melodischen Erfindungen in der Jagd-Kantate, und jeder Klavierschüler hat sich an den Menuetten aus dem Klavierbuch für Bachs zweite Frau erfreut. Aber eben diese Stücke stammen nicht von Bach, sondern sind Erfindungen eines Dresdener Kleinmeisters. So geht das zuweilen mit den schönen Erfindungen! Das originelle Thema galt in der Bachzeit noch wenig, und ein rückwärts gewandter Komponist achtete mehr auf die Tauglichkeit des Themas für die musikalische Konstruktion. Das Finden war noch wichtiger als das Erfinden. Und gefunden werden konnte vieles. Da gab es die schönen Kirchenlieder und so manche Melodie aus dem Bestand des gregorianischen Chorals. Da gab es die vielen Themen, deren Eigenschaften die Alten bereits in Fugen und Passacaglien, in Chorsätzen und freien Formen erkundet hatten. Zum Komponieren gehörte eher ein »ordentlicher Erfindungskasten« als eine Ader zur Originalität. Dem Gebilde anzumerken, wohin es hinauswolle, das galt!

Kein Gebilde war für solche Übung geeigneter als der Kanon. Er hatte die Komponisten stets interessiert, fand in Zeiten einer theologisch inspirierten Musik hohes Ansehen und galt als Ausdruck eines Gehirns, das musikalisch mathematisch strukturiert schien. Kombinatorik als lustvolle Beschäftigung! Johann Sebastian Bach entwickelte dabei die Traditionen weiter, die gesellige Form des Kanons, welche ins mittelalterliche England zurückreicht, und die kompositorische Würde einer strikt aus einem Thema entwickelten artifiziellen Musik. Galt jene Form des Kanons, dem Schachspiel vergleichbar, als Initiation in den Kreis der Eingeweihten, so war diese ein Triumph des musikalischen Denkens über die Tücke des Materials. Eine Menge von Rätselkanons aus Stammbüchern, Briefen und Bildern ist überliefert, vieles ging vermutlich verloren. Am Schluß seines Lebens bündelte Bach die Erfahrungen mit dem Kanon in drei großen Werken, im »Musikalischen Opfer« für Friedrich den Großen, in den »Kanonischen Veränderungen« über das Weihnachtslied »Vom Himmel hoch, da komm ich her« und in den sogenannten Goldberg-Variationen. Sie stehen als Sammlung der Möglichkeiten, ein Thema zu verändern und dabei in vielen Stücken sich der Kanontechnik zu bedienen, an der Seite der Präludien- und

»Jeder Finger mußte ihm zu jeder Verrichtung gleich brauchbar werden, Triller und andere Manieren lernte er mit dem fünften und vierten Finger eben so rund und egal herausbringen, wie mit andern, auch ward es ihm leicht, unterdessen mit derselben Hand eine Melodie fortzuführen. Wegen seiner natürlichen Bewegung nach der Handhöhlung zu wurde der Daumen ein vorzügliches Werkzeug zum Untersetzen und Überschlagen ... Um die Taste zu verlassen, wurde die Fingerspitze weniger gehoben als nach einwärts gezogen, dies war zur Gleichmäßigkeit der

Johann Jakob Priester d.Ä. – bemalter Emailbecher, um 1700

Spielart nötig, weil das Überschieben eines Mittelfingers über einen der nebenstehenden sich nur durch Einziehen desselben ermöglichte, und förderte außerdem ein gesangreiches und bei schnellen Passagen ein deutliches Spiel auf dem Clavichord. Hieraus folgte nun, daß Bach mit einer kaum merkbaren Bewegung der Hände spielte, die Finger schienen die Tasten kaum zu berühren und doch kam alles mit vollendeter Klarheit und perlenrund zur Erscheinung. Auch sonst blieb seine Körperhaltung eine durchaus ruhige, selbst bei den schwierigsten Pedalstellen am Cembalo oder an der Orgel; die Fußtechnik war eben so leicht und ungezwungen, wie die der Finger.«

Philipp Spitta, Johann Sebastian Bach, I, S. 646f. ■

Robert Tournières, ohne Titel. Rechts sitzt ein vornehmer Dilettant, der mit Berufsmusikern zusammen musizieren will. Man spielt Triosonaten des Franzosen Michel de la Barre, um 1700.

Fugensammlung des »Wohltemperierten Klaviers«. Am besten zeigen die Rätselkanons Bachs Intention. Er geht experimentell vor. Er sucht eine Melodie und gibt ihr verschiedene Beleuchtung: durch unterschiedliche Notenschlüssel, durch verschiedenartige Vorzeichen und durch die wunderliche Möglichkeit, die Noten in einem bestimmten System auch seitenverkehrt und auf den Kopf gestellt lesen zu können. So ergründet Bach das Wesen einer Melodie, wie der Naturforscher durch physikalische, chemische und optische Einwirkung die Schichten des Verständnisses einer Pflanze entfaltet. Im Kanon stellt sich das Wesen der Melodie in allen Facetten dar. So bietet er ein Gleichnis der geistgezeugten Ordnung.

Eine andere Form von Melodik, die es nur zu entfalten galt, bestand in Gestalt der Kirchenlieder. Sie gaben die christliche Lehre in faßlicher Form und schlugen eine Brücke zwischen theologischem Denken und Volksfrömmigkeit. In der Strophenfolge wurden das Thema des Liedes, seine Ausarbeitung und Anwendung auf das Leben des Christen dargestellt. Insoweit gab es nichts mehr zu tun. Die Lieder wurden bewahrt oder durch neue Dichtungen aus anderem Geist ersetzt. Anders konnte der Musiker seine Aufgabe verstehen. Er fand einfache Melodien vor und hatte die Chance ihrer Auslegung in Musik. Er wußte nicht mehr, daß viele dieser Melodien gerade in den Gesangbüchern der Lutherzeit als Teile mehrstimmiger Gesänge notiert waren, mit Pausen durchsetzt, die bei einstimmigem Vortrag sinnlos waren. Die Komponisten griffen diese Aufgabe gern auf, war sie doch mit einer Seite ihres Berufes, der Improvisation während des Gottesdienstes, eng verbunden. Diese Aufgabe lautete, die Melodie in ihrem Wesen und ihren Tendenzen auszuführen. Nicht eine beliebige Umkleidung galt als ingeniös. Je besser dem Komponisten die Entfaltung der melodischen Kräfte in seinen Begleitstimmen gelang, je selbstverständlicher die eigentliche Melodie, Choral oder cantus firmus in den Quellen genannt, aus dem Gewirr der ihr vorausgehenden Stimmen hervortrat, umso besser war diese Auslegung gelungen. Die Idee einer Entwicklung der Choralvorspiele aus der Melodie selbst heraus prägt die entsprechenden Kompositionen von Johann Sebastian Bach, vor allem die Regelsammlung »Dritter Teil der Klavierübung« und die für Schüler und Nachwelt angelegte Sammlung der achtzehn Choräle aus der Leipziger Zeit mit ihren endgültigen Fassungen und dem modellhaften Zuschnitt. In diesen Stücken erhält noch einmal die seit den ersten Tagen der komponierten Mehrstimmigkeit geltende Praxis einer Gestaltung des Tonsatzes über oder um einen Cantus firmus vollendete Gestalt. Eine knapp 1000 Jahre währende Praxis wird noch einmal und letztmalig auf höchstem Niveau vollzogen. Das war aber nur ein Aspekt der Explicatio, d.i. der Auslegung einer vorgegebenen Melodie.

Der andere Aspekt eröffnet den Blick in das Wesen der Melodie. Wenn nämlich die Melodie den gesamten Tonsatz ohne Vorspiele, Unterbrechungen, Nachspiele trägt, wenn sie mit dem Baß zusammen das Ganze trägt, eröffnet sich ihr Wesen, wird nicht ihre potentielle Veränderung erkennbar. Und wieder ist dabei der erfahrene Blick im Vorteil. Wie in der Beobachtung einer für einen Kanon gedachten Melodie erschließt sich auch die Melodie des Kirchenlieds dem erfahren ihr Wesen prüfenden Komponisten. Kein anderer hat

»Es war im alten Testament unter dem Gesetz Mose/der Gottes dienst fast schwer und mühselig/da sie so viel und mancherley Opffer thun musten/von allem das sie hatten/beide/zu hause und zu felde/Welchs das volck/so da faul und geitzig war/gar ungerne thet/oder alles um zeitlichs geniesses willen thet... Wo aber ein solch faul unwillig hertze ist/da kan gar nichts/oder nichts guts gesungen werden. Frölich und lustig mus hertz und mut sein/wo man singen sol. Darumb hat Gott/solchen faulen und unwilligen Gottes dienst faren lassen... Also ist nu im newen Testament ein besser Gotts

dienst/davon hie der Psalm sagt/Singet dem HERRN ein newes lied/singet dem HERRN alle welt. Denn Gott hat unser hertz und mut frölich gemacht/durch seinen lieben Son/welchen er für uns gegeben hat zur erlösung von sunden/tod und Teufel. Wer solchs mit ernst gleubet/der kans nicht lassen/er mus frölich und mit lust davon singen und sagen/das es andere auch hören und herzu komen. Wer aber nicht davon singen und sagen wil/das ist ein zeichen/das ers nicht gleubet/und nicht uns new fröliche Testament/Sondern unter das alte/faule/unlustige Testament gehöret«.

Martin Luther in seiner Vorrede zu dem Babstschen Gesangbuch 1545 ■

Jost Ammann, der »fruchtbarste und zugleich bedeutendste Buchkünstler der deutschen Hochrenaissance«, hat 1584 das Gesangbuch von E. Zinckeisen mit einem Titelblatt versehen.

Holzschnitte aus dem Babstschen Gesangbuch von 1545

Fra Angelico (1386–1455), gemalt um 1435 (Ausschnitt)

einen so viele Aspekte erkennenden Blick gehabt. »Joh. Seb. Bachs vierstimmige Choralgesänge«, von dem zweitältesten Sohn Carl Philipp Emanuel und dem Bach-Schüler Kirnberger in den achtziger Jahren erstmals herausgegeben, bis zum heutigen Tag das unersetzbare Lehrwerk für den Harmonielehreunterricht, gibt in 348 Tonsätzen eine Vorstellung vom Wesen der insgesamt 225 benutzten Kirchenlieder, Tonsätze aus Kantaten und anderer Werke verbunden mit Orgelchorälen. Die umfangreichste von Bach selbst angelegte Sammlung von Kirchenliedern, das »Orgel-Büchlein« mit 164 geplanten und 45 ausgeführten Stücken, ist hinzuzuzählen, um einen Überblick über diese wahrhaft kosmopolitische Beschäftigung mit der Kirchenmusik zu erhalten.

Um diese Tonsätze aus dem Wesen einer Melodie gestalten zu können, bedarf es eines kompositorischen Prinzips der Verbindung von Stimmen. Es wird Imitation genannt. Dieses Prinzip bricht sich
24 Bahn, als um 1430 in Burgund und den Niederlanden die mathematischen Konstruktionen der spätmittelalterlichen Musik gebrochen werden und die Idee der Gestaltung einer Komposition aus dem Cantus firmus heraus anscheinend blitzartig sich zu erkennen gibt. Vor allem in Motetten und Messen kam es zu uneingeschränkter Geltung. In Bachs Werk hat es noch Gültigkeit. Es garantiert die Würde, die Dignität des Tonsatzes und läßt ihn als Symbol des Zusammenhalts der Schöpfung erscheinen. In Form der aus ihm entwickelten Fuge wird es zum Modell einer thematischen Gestaltung der Musik. Erst in der Klassik tritt ihm, im Sonatensatz mit zwei gegensätzlichen Themen und der Austragung von Konflikten zwischen den Themen, wieder eine kompositorische Idee von Rang entgegen. Auch Bach hat schon in ihrem Sinne experimentiert und in seinen Konzertsätzen sowie den Triosonaten für Orgel versuchsweise zweite Themen eingeführt. Aber solche Experimente konnten seine Vorstellung von der Würde der Komposition nicht erschüttern. Und vor allem gab er nur seinen Kindern, seiner zweiten Frau, vermutlich abgründig lächelnd, die einfachsten Tonsätze mit Melodie, Baß und sonst nichts. »Liedergen« nannte er verächtlich diese Gestalten. Wir wissen nicht, wie er auf die neue Musik seiner Zeit, die primitiv gestalteten Mittelstimmen, auf die Alberti- oder Murky-Bässe reagierte. Aber wir können uns vorstellen, daß nicht erst der Gottesmann in ihm aufstehen mußte, um solche Musik als ekelhaftes Zeug abzutun. Es war der Künstler in ihm, der sich bei bloßer Melodie mit Baß gähnend räkelte.

Entließ man nun Hände und Füße aus der Zucht einander ablösender Stimmen und gab ihnen in der Art von Präludien freien Lauf, Akkorde zu greifen, zu umspielen, zu durcheilen wie man das von Jugend auf gelernt hatte, begannen sie ihr übermütiges Spiel, schwangen sich durch gekräuselte Linien auf- und abwärts, durchsprangen behende die Akkorde, rannten sich in geballten Klangmassen fest, und zuweilen foppten sie die Ahnung von dem, was da kommen müßte, bogen in die seltsamsten Nebenstraßen ab, ließen die strengste Konstruktion aufscheinen, um im nächsten Moment wieder aus den Gerüsten herauszulaufen zu allerlei virtuosem Schnickschnack. Das alles geht in den Stücken so rasend vor sich, zumal in den Toccaten, daß der Überraschungen kein Ende ist. Da tobt sich die Musizierlust aus, so daß die Feder des Komponisten kaum mit-

Paolo Veronese (1528–1588), Venezianische Maler als Musikanten auf der Hochzeit zu Kana

Jean-Honoré Fragonard (1730–1806), Die Musikstunde

Pehr Hilleström, Musizierendes Paar, 1776 (Ausschnitt)

kam und zuweilen in die Schlenker der Linien ausbrach, als wollte sie nicht mehr solide notieren, sondern den Schwung der Musik unmittelbar fixieren, als eine Art graphischer Notation.

Die lustvolle Eroberung des Instruments, eine der Triebfedern europäischer Musikgeschichte von den Zeiten des blinden Conrad Paumann aus dem Nürnberg der Renaissancezeit bis zum Rausch stimulierenden Franz Liszt, die scheinbare Aufhebung jeglicher Art von Mechanismus in den Gelenken, die staunenswerte Schwerelosigkeit der dahinhuschenden Finger, der in präzisen Distanzen ablaufende atemberaubende Trommelwirbel von Organistenfüßen – sie konstituierten von jeher die Lust am virtuosen Musizieren, das Vergnügen am perfekt funktionierenden eigenen Körper, schoben den Musiker an die Seite der Gaukler. Der trainierte Körper machte Spaß. Mehr für sich selbst als für andere. Johann Sebastian Bach übersah gleichgültig die Menge der Kirchenbesucher. Als er noch jung gewesen war, hatte er zuweilen die Gemeinde verwirrt durch die seltsamsten Harmonien auf die bekannten Kirchenlieder, die unberechenbarsten Zwischenspiele zwischen den Melodiezeilen, so daß mit schöner Regelmäßigkeit der Gesang in der Kirche zusammengebrochen war. Später interessierte ihn auch das nicht mehr. Er spielte für sich, für seine Söhne, für seine Schüler, für die paar Kenner. Es machte ihm Spaß. Das genügte. Wie anders gerierte sich Franz Liszt mit seinem Silberblick, den er in den gefühlvollen Sätzen so häufig auch vertont hat. Unbewegt saß der alte Bach an der Orgel. Nur seine Finger, seine Füße huschten über die Tastatur. Was er dann doch in Notenschrift fixierte, dieser Bruchteil von Werken aus dem Strom seiner unerschöpflichen Phantasie, nannte er »Fantasia«, wenn das Prinzip Fuge hereinspielte, »Präludium«, soweit die Tonart ausgebreitet wurde, »Toccata«, wenn eine schweifende, sprunghaft wechselnde Phantasie die Anregung gab. Der Meister von Fuge und Kanon wurde zum Meister der freien Formen. In ihnen ist er ebenso gegenwärtig wie in den Fugen. Wie die Bachschen Fugen in ihrer kühnen Konzeption, in der Dichte der thematischen Beziehungen, in der schier unausschöpfbaren Vielfalt des kombinatorischen Denkens sich grundsätzlich unterscheiden von den Versettln der süddeutschen Schule, so auch setzt sich Bach in den freien Formen von seinen Vorbildern und Zeitgenossen ab. Ein genialisches Jugendwerk wie die Toccata und Fuge d-Moll überfliegt das mit Händen greifbare Vorbild Buxtehudes nicht allein durch die kühnen Harmonien, die wuchtig herausgemeißelten Blöcke. Unvergleichbar ist solch ein Werk vor allem durch die Kühnheit des assoziativen Denkens. Schroffe Gegensätze in der Ausgestaltung der Abschnitte schrecken nicht den Komponisten ab. Er fixiert eine Art stürmischer Gedankenflucht, die den Hörer ins unbetretene Reich freier Musik fortreißt und in der Kraft des auf diese Art Takt für Takt gewonnenen Neulands an den Sturm und Drang erinnert. Solche Experimente kann er wagen, weil er die Fähigkeit zur Erfindung des Ganzen aus einheitlichen Materialien im Blut hat. Er braucht nicht wie Ludwig van Beethoven ein Skizzenbuch, um die Einfälle strukturell einander anzunähern. In den zahllosen Stunden des Phantasierens an der Orgel, am Cembalo hat der im Kindesalter verwaiste junge Komponist den Zusammenhalt der Erfindungen üben können. Ganz ähnlich wie Joseph Haydn, nur in sehr viel früherer Lebenszeit,

»Wir haben oben angeführt, daß ein Clavieriste besonders durch Fantasien, welche nicht in auswendig gelernten Passagien oder gestohlnen Gedancken bestehen, sondern aus einer guten musikalischen Seele herkommen müssen, das Sprechende, das hurtig Überraschende von einem Affeckte zum andern, alleine vorzüglich vor den übrigen Ton-Künstlern ausüben kann.«

Carl Philipp Emmanuel Bach, Versuch über die wahre Art, das Clavier zu spielen, 3. Hauptstück, Vom Vortrage, § 16 ■

Orgeldisposition für die Leipziger Paulinerkirche (linke Seite)

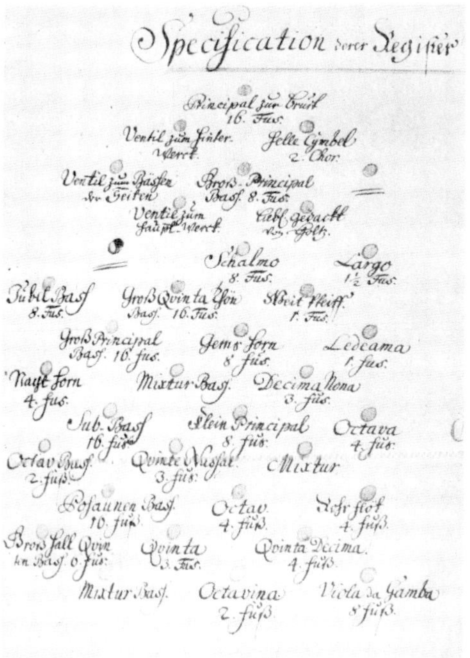

»In Arnstadt zeigte er eigentlich die ersten Früchte seines Fleisses in der Kunst des Orgelspielens, und in der Composition, welche er größtenteils nur durch das Betrachten der Werke der damaligen berühmten und gründlichen Componisten und angewandtes eigenes Nachsinnen erlernet hatte. In der Orgelkunst nahm er sich Bruhnsens, Reinkens, Buxtehudens und einiger guter französischer Organisten ihre Werke zu Mustern. Hier in Arnstadt bewog ihn einstmals ein besonderer starker Trieb, den er hatte, so viel von guten Organisten, als ihm möglich war, zu hören, daß er, und zwar zu Fusse, eine Reise nach Lübeck antrat, um den dasigen berühmten Organisten an der Marienkirche Dietrich Buxtehuden, zu behorchen. Er hielt sich daselbst, nicht ohne Nutzen, fast ein Vierteljahr auf, und kehrete alsdenn wieder nach Arnstadt zurück.«

C. Ph. E. Bach, Nekrolog auf J. S. Bach, Leipzig 1754 ■

»Der Finger Hurtigkeit kann Wunderding erwecken« (Musikalisches Theatrum)

M

Das Bach-Werke-Verzeichnis (BWV), herausgegeben von Wolfgang Schmieder, hat in doppelter Weise ein abenteuerliches Schicksal gehabt. Das Werk wurde, druckfertig, durch einen Luftangriff am 4. Dezember 1943 in Leipzig vernichtet, die fertigen Bögen, der gesamte Satz, zahlreiche Stichplatten und das Manuskript. Aus Resten, Stichplatten und einer älteren Korrekturvorlage wurde das Verzeichnis rekonstruiert und im Bach-Jahr 1950 herausgegeben. Seine Systematik spiegelt die schon damals bestehende Unsicherheit der Bachforschung. Die BWV-Nummern der Kantaten entsprechen den Nummern der Kantaten, wie sie in der alten Bach-Gesamtausgabe eingeführt worden waren. Diese Numerierung erfolgt schlicht nach der Reihenfolge des Erscheinens. Sie hat weder mit dem Kirchenjahr noch mit Entstehungszeiten etwas zu tun. Es ist eine vollkommen willkürliche Ordnung. Ebenso haben »Musikalisches Opfer« und »Kunst der Fuge« eigene Rubriken erhalten, obwohl sie zu den Klavierwerken gehören. Wie in anderen Werkverzeichnissen auch ist die Frage, inwieweit ein Werk echt ist und in den Hauptteil gehört oder unecht ist und in den Anhang gehört, von Fall zu Fall unterschiedlich problematisch gelöst. Von einer Anordnung der Werke nach Entstehungsdaten, wie sie das Köchel-Verzeichnis für Mozarts Werke vorgibt, mußte wegen der ungesicherten Entstehungszeit vieler Werke abgesehen werden. Bei dieser Entscheidung hatten die Herausgeber eine glückliche Hand. Denn es verging kein Jahrzehnt, da stellten neuere Untersuchungen viele im BWV mitgeteilten Entstehungsdaten in Frage. Vor allem der umfangreiche Bestand an Kantaten wurde neu auf Bachs Schaffenszeit verteilt. Für diesen Werkbestand ist heute maßgeblich: Alfred Dürr, Die Kantaten von Johann Sebastian Bach. So erschließt das BWV die Werke Bachs, geordnet nach Vokal- und Instrumentalwerken, und innerhalb des Teils der Instrumentalwerke in der Reihenfolge Orgelmusik/Klaviermusik/Lautenmusik/Kammermusik/Konzerte/Ouvertüren/Kanons/Musikalisches Opfer/Kunst der Fuge.

durfte er experimentieren und an sich selbst erfahren, was von günstiger, was von ungünstiger Wirkung sei. Sechs Typen freier Formen hat er sich zurechtgelegt. In den sechs Heften der ersten Klavierübung sind sie genannt. Sie heißen: »Präludium«, »Sinfonia«, »Fantasia«, »Ouverture«, »Praeambulum« und »Toccata«. Das »Präludium« nun verbindet sich mit den damals modernen freien Formen, mit Konzert und Sonate. So kann er differenzieren und die Wunderwelt der »Präludien« in der Sammlung des »Wohltemperierten Klaviers« erfinden. Diesen Prozeß einer Verwandlung des historisch überlieferten Typs Präludium konnte er nur in Gang bringen, weil er Präludium und Fuge, freie und gebundene Form trennte. Er fand unbewußt das Prinzip des Prozesses durch die Fixierung einer Position in der Gegenposition, stellte zur Thesis der Fuge die Antithesis des Präludiums. Diese Deutung mag abenteuerlich erscheinen. Schließlich wurde Hegels Logik erst hundert Jahre später geschrieben. Und doch ist Bachs Grundeinfall einer Trennung von freien und gebundenen Formen die Voraussetzung für die Entwicklung seiner Orgel- und Klaviermusik, für die heute unter dem Titel »Präludien, Toccaten, Fantasien und Fugen« herausgegebenen Orgelwerke, für das »Wohltemperierte Klavier«. Die geheimen Verbindungen zwischen den Präludien und Fugen in dieser Sammlung sind vielfach bewundert worden. Doch bestimmt Übereinstimmung nur den einen Aspekt dieses kosmologisch gedachten Lehrwerks. Vielfalt der musikalischen Erfindung – das ist der andere Aspekt. Kein Stück soll dem anderen gleichen, und doch sollen alle verwandt sein, verbunden mit einer Idee, die nicht im Einzelnen erscheinen kann, weil sie in Allem wirkt. Auf diese Weise bestehen unterirdische Beziehungen zu Goethes Lehre von der Metamorphose. Bachs Denken erscheint in diesem Lichte kristallisiert im Organischen. Gerade in den weit konzipierten, den breit ausgeführten Stücken scheint dieser Gedanke auf, in den Präludien und Orgelfugen. Eigentlich ist der Gedanke des Organischen der Bachzeit fremd. Das Modell für das damalige Denken ist vielmehr die Kommode mit diversen Schubladen. Auf diese Weise präsentiert sich Linnés System der Natur. In der Musik ist es die Lehre von den unterschiedlichen Arten des Stils. Bach durchbrach sie immer wieder. Er parodierte weltliche Werke für geistliche Zwecke, durchwirkte die italienische Konzertform mit dem deutschen kontrapunktischen Denken, stellte die Gassenhauer-Variation neben die komplizierten Kanons der »Goldberg-Variationen«. Als Wolfgang Amadeus Mozart einige Stücke des »Wohltemperierten Klaviers« für Streichinstrumente bearbeitete, beließ er die Fugen in ihrem überlieferten Zustand, setzte aber an die Stelle der Präludien freie Adagio-Sätze in seiner Manier. Er tat das sicher nicht allein aus Gründen der Spielbarkeit. Für die Fuge hatte er kein Äquivalent, wohl aber für das Präludium, nämlich den klassischen Instrumentalsatz, übersichtlich gebaut, in regelmäßigen Taktgruppen geordnet. Von den Präludien, so schien es, konnte ein zeitgemäßer Komponist nichts mehr lernen. Fugen, so lautete die Devise. Wir heute sehen das anders. Wir erkennen in den freien Formen den reinsten Ausdruck einer schweifenden, aber dennoch kontrollierten Phantasie und spüren die Kraft, die solche Stücke belebt. Wer sie als Ausdruck des Wesens dieses Komponisten begreifen gelernt hat, weiß mehr Bescheid als der gründlich

J. S. Bach, Präludium und Fuge
h-Moll für Orgel

studierte Philologe, der die wenigen authentischen Zeugnisse hin und her wendet, scharfsinnig und blind.

Prinzipien des Präludiums und der Fuge verbinden sich in der Variation. »Veränderungen« an einer bekannten Melodie vorzunehmen, an einem Stück musikalischen Textes, das gebot die Spiellaune der alten Organisten ebenso wie der modernen Jazzmusiker. Die »Jazzvarianten« einzelner Stücke von Bach sind aus dem gleichen Geist entstanden wie die Bearbeitungen fremder Konzerte durch Bachs eigene Hand. Den alten Bach umgab der Ruf eines großen Könners im Improvisieren. So hatte ihn der preußische König herausgefordert, mit seinem für die Fugenimprovisation ungeeigneten »königlichen Thema«. Eine »nöthige Vorbereitung« – mit diesen Worten erklärt Bach dem König die schriftliche Ausarbeitung im »Musikalischen Opfer« – bessert auch die Variationen. Natürlich kann ein Komponist einfach notieren, was er sich hatte einfallen lassen. Und die älteren Zyklen machen auch diesen Eindruck, sowohl in der englischen Tradition der elisabethanischen Zeit wie in der deutschen Tradition eines Samuel Scheidt oder Johann Pachelbel. Auch diese Traditionen kulminieren im Werk Bachs. Er hat in der berühmten »Passacaglia« in c-Moll das Stückwerk einer Reihenfolge von vielen kleinen Abschnitten überwinden können und den Maßstab für diese Gattung bis zur 4. Sinfonie von Brahms und zu den Orgelwerken von Max Reger gesetzt. Er hat die unsterbliche Chaconne in d-Moll geschrieben, ein fast 20minütiges Werk über ein Harmoniemodell, das erstmals in die europäische Musik den Atem der Symphonik bringt. Sein gewaltiges Œuvre der Choralbearbeitungen gibt alle Möglichkeiten der Umgestaltung bekannter Melodien, und in den Variationen-Werken, den »Goldberg-Variationen« und den »Variationen über das Weihnachtslied ›Vom Himmel hoch da komm ich her‹«, verband er die Kanontechnik mit der Variationenkunst. Was es in seiner Zeit zu leisten galt, hat er klar erkannt. Die Folge von Thema mit Veränderungen mußte alles Zufällige, jede Art von gestückeltem Eindruck verlieren, sollte diese Form Bestand haben neben den freien und gebundenen Formen. Ihre niedrige Abkunft mußten Passacaglia und Chaconne, Passamezzo und Folia verlieren. Als Modelle ständiger Wiederkehr des Gleichen entstammten sie, natürlich, der Tanzmusik, waren auf der Straße zu Hause. Bach interessierte sich dafür nicht. Er spürte die Herausforderung, die Variation zu einer kunstvollen Form heraufzuheben. So ließ er andere Arten von Musik ankristallisieren. In der »Aria mit 30 Veränderungen«, den »Goldberg-Variationen«, finden sich Kanon, Ouvertüre, Pastorale, Fuge und Quodlibet, und der angesichts des Themas unvorstellbare Satz, die Variation Nummer 25, ein Adagio, dessen Atem den langsamen Satz des »Italienischen Konzerts« oder des Violinkonzerts in E-Dur überbietet und an Tiefsinn das allzu bekannte »Air« aus der dritten Ouvertüre in den Schatten stellt. Nachdem dies geschafft war, konnte das Prinzip Variation auch die Sammlung der nobelsten unter den damaligen Stücken durchdringen, das Sammelwerk von Fugen, die »Kunst der Fuge«. Nicht mehr ist die Tonartordnung bestimmendes Prinzip, sondern die verschiedenen Sorten von Fugen entstehen über Varianten des Themas. Eigentümlicherweise verbindet diese Seite der Bachschen Kunst den Altmeister mit Ludwig van Beethoven, dem größten Improvisator der klassischen Epoche in der

Albrecht Dürer, Das große Rasenstück, 1503

Leonardo da Vinci, Zeichnung mit Blumen

Albrecht Dürer, Tal bei Kalchreuth, 1495/97

»Viel dinge werden von der natur höchst ungestallt geliefert, welche das schönste ansehn erhalten, wenn sie die kunst gebildet hat. Also schenckt die kunst der natur die ermangelnde schönheit, und vermehrt die gegenwärtige. Je gröser nun die kunst ist, das ist, je fleißiger und sorgfältiger sie an der ausbeßerung der natur arbeitet, desto vollkommener gläntzt die dadurch hervorgebrachte schönheit. Folglich ist es wiederum unmöglich, daß die allergröste kunst die schönheit eines dinges verdunckeln könne. Sollte es also wohl möglich seyn, daß der Herr Hof-Compositeur, auch durch die gröste kunst, die er bey ausarbeitung seiner musicalischen stücke anwendet, ihnen das natürliche entziehen, und ihre schönheit verdunckeln könne?«

J.A. Birnbaum, Unpartheyische Anmerckungen, 1738 ■

Der Berliner Philosoph Hegel hat Erfahrungen beim Hören der Matthäus-Passion in seine »Ästhetik« aufgenommen. Über das Verhältnis von Konsonanz und Dissonanz sagt er: »Dies macht die eigentliche Tiefe des Tönens aus, daß es auch zu wesentlichen Gegensätzen fortgeht und die Schärfe und Zerrissenheit derselben nicht scheut. Denn der wahre Begriff ist zwar Einheit in sich: aber nicht nur unmittelbare, sondern wesentlich in sich zerschiedene, zu Gegensätzen zerfallene Einheit ... So sind es auch in der wirklichen Welt die höheren Naturen, welchen den Schmerz des Gegensatzes in sich zu ertragen und zu besiegen die Macht gegeben ist. Soll nun die Musik sowohl die innere Bedeutung als auch die subjektive Empfindung des tiefsten Gehaltes, des religiösen z.B. – und zwar des christlich-religiösen, in welchem die Abgründe des Schmerzes eine Hauptseite bilden – kunstgemäß ausdrücken, so muß sie in ihrem Tonbereich Mittel besitzen, welche den Kampf von Gegensätzen zu schildern befähigt sind«. Diesen Gedanken hat Hegel unmittelbar auf den Choral Bachs bezogen. Die tiefere Musik müsse »das einfache erste Zusammenstimmen zu Dissonanzen auseinanderreißen. Denn erst in dergleichen Gegensätzen sind die tieferen Verhältnisse und Geheimnisse der Harmonie, in denen eine Notwendigkeit für sich liegt, begründet, und so können die tiefeindringenden Bewegungen der Melodie auch nur in diesen tieferen harmonischen Verhältnissen ihre Grundlage finden. Die Kühnheit der musikalischen Komposition verläßt deshalb den bloß konsonierenden Fortgang, schreitet zu Gegensätzen weiter, ruft alle stärksten Widersprüche und Dissonanzen auf und erweist ihre eigene Macht in dem Aufwühlen aller Mächte der Harmonie, deren Kämpfe sie ebensosehr beschwichtigen zu können und damit den befriedigenden Sieg melodischer Beruhigung zu feiern die Gewißheit hat. Es ist dies ein Kampf der Freiheit mit der Notwendigkeit: ein Kampf der Freiheit der Phantasie, sich ihren Schwingen zu überlassen, mit der Notwendigkeit jener harmonischen Verhältnisse, deren sie zu ihrer Äußerung bedarf und in welchen ihre eigene Bedeutung liegt«.

G.W.F. Hegel, Ästhetik. Gesammelte Werke XIV, S. 177 und 184 ■

Morrellon La Cave,
Antonio Vivaldi,
1725

Musik. Und zwar nicht nur durch die Nähe der »Diabelli-Variationen« als einem Spätwerk Beethovens. Es ist die Fähigkeit zum Improvisieren und die dennoch quälende Beharrlichkeit in der Ausarbeitung der Kompositionen. Beide konnten Stücke improvisieren, von denen andere selbst bei langer Vorbereitungszeit nur träumen konnten. Beiden genügten die Werke ihrer Phantasie nicht. Sorgfalt als ein Gebot kritischer Haltung des Künstlers gegen sein Produkt – allein dieser Unterschied trennt die Mitläufer von den Großen.

Das Concerto faszinierte vom Moment seines Auftretens an. Es war ein Produkt der italienischen Musik, entwickelt von Künstlern, die eine bestimmte Architektur täglich vor Augen hatten, Symmetrien der Wände und Fenster, der Türen und Bögen sahen, die wie umgesetzt im Konzert erscheinen. Die Architektur der Villa scheint für diese Form wichtiger zu sein als die Geschichte der Sonate. Die Konzertform besteht aus einem Wechsel zwischen thematischen Teilen, Ritornellen, und freien Teilen, Episoden. Die Ritornelle kehren regelmäßig wieder und tragen mit ihrer Erscheinung in verschiedenen Tonarten auch den harmonischen Plan. Zwischen ihnen tummelt sich das Passagenwerk des Virtuosen. Zwar konnten auch die Episoden an Motiven der Ritornelle teilhaben, aber dies entschied nicht über Popularität. Die gelungene thematische Gestalt war wichtiger als die Textur der Motive durchs ganze Stück hindurch. So erschien es, als Orchesterkonzert, Concerto grosso oder als Instrumentalkonzert, hier vor allem für Violine. Antonio Vivaldi überschwemmte in den ersten Dezennien des Jahrhunderts das musikalische Europa mit seiner wahrlich fruchtbringenden Phantasie. Johann Sebastian Bach lernte das Konzert im Sommer 1713 kennen. Für ihn verband sich von Anfang an der Eindruck von Jugend, Ferne, Moderne mit dieser Musik. Denn er hatte sie im Reisegepäck des jungen Prinzen Johann Ernst von Sachsen-Weimar kennengelernt, als der damals 19jährige Prinz die Mitbringsel aus Antwerpen auspackte und den ihm noch unbekannten jungen Organisten zu sich rief. Bach ordnete die neuen musikalischen Eindrücke in der Rubrik der Präludien ein. Daher schuf er zunächst Präludien im Stil eines Konzerts und erst Jahre später eigene Konzertkompositionen. Er kannte das äffische Nachahmen nicht. Er wollte erst genau wissen, was im Prinzip Concerto steckte, ehe er seine Phantasie in die Bahnen dieser neuen Form lenkte. Weil er warten konnte, gerieten ihm seine Konzerte für verschiedene Instrumente und die späteren Umarbeitungen zu Klavierkonzerten über die Maßen. Nur seine Concerti haben die Sphäre historischer Musik überwinden können. Sie boten dem Virtuosen dankbare interpretatorische Aufgaben, und in den langsamen Sätzen gaben sie Rätsel, zu deren Lösung der aufführungspraktisch bewußt musizierende Künstler nicht schon eo ipso geeignete Voraussetzungen mitbringt. Konzerte schrieb er fortan in Zeiten eines Wohlbefindens in Gesellschaft musizierlustiger junger Leute. Die Universitätsmusik machte ihm in Leipzig die meiste Freude. Daraus gingen die Klavierkonzerte hervor. Daß Bach auch das Orchesterkonzert beförderte, ist jedem durch die Sammlung der »Brandenburgischen Konzerte« bekannt. Aber gerade diese Sammlung zeigt eine bemerkenswerte Unabhängigkeit vom italienischen Modell. Denn nur drei Konzerte, die Nummern 2, 4 und 5, weisen auf Vivaldis Vorbild hin. Abhängigkeit von der Mode kannte er

»Vivaldi ist ein ausgezeichneter Geiger und ein mittelmäßiger Komponist – seinen Ruf verdankt er seinen Sonaten, vornehmlich den ›Vier Jahreszeiten‹. Ansonsten hat er auch Opern geschrieben, und obgleich nach der Meinung Sachkundiger sein Kontrapunkt lückenhaft und seine Baßstimmen fehlerhaft sind, lassen sich seine Rollen gut singen, und mehrere seiner Opern haben auch Erfolg gehabt«.

C. Goldoni, Erinnerungen, 1787 ■

»Vivaldis Konzertform mit ihren wiederkehrenden Refrains, den Orchesterrefrains (das sind die berühmten und neuartigen ›Ritornelle‹, die unter anderen den jungen Quantz so tief hingerissen haben), ist im Grunde nichts anderes als die Entfaltung eines alten tänzerischen Formprinzips aus dem Süden. In ihren Grundlagen ist sie ebenso alt wie der Refrain selbst – eine Überlieferung spätlateinischer Verse und Troubadourgesänge, Lauden und Ballatas, Rondos und Stornelli, Frottolen und Karnevalslieder. Die wiederkehrende Wendung von Lied und Tanz hat Jahrhunderte oder gar Jahrtausende von ein und demselben Formgedanken gekündet … Sicherlich aber gewann der Sinn der ›ripresa‹ nirgends eine solche Ausweitung wie bei Vivaldi, was sich vielleicht aus eben dem ›dramatischen‹ Aufbau oder vielmehr der inneren Dramatik seiner Konzerte ergab, aus der verborgenen Dramatik einer im Grunde lyrischen Kunstgattung«.

B. Szabolcsi, Aufstieg der klassischen Musik von Vivaldi bis Mozart, 1970 ■

Musizierende Gesellschaft aus der Zeit von Bachs Geburtsjahr, gemalt vermutlich von Jan Onghers (1651–1730)

M

Der Ausdruck »Concerto« ist älter als die bestimmte Form, die heute von ihm bezeichnet wird. Schaut man in Musikbibliotheken, betrachtet man die Fülle von Bildern, die ein Konzert festhalten, so erkennt man eine gemischt besetzte Musik. Konzerte, das können Kirchensachen sein, Kammermusikstücke und noch vieles mehr. Allein der »Wettstreit« von Musikern entscheidet über die Benennung. Ob da Chöre, zwei Geiger, ein Sänger, ein Flötist und ein Gambenspieler miteinander »scharmützeln« (so übersetzt der deutsche Michael Praetorius), blieb gleich. Das Konzert in unserem Sinne war dagegen eine feste Form. In der Bachzeit bestand sie in der Regel aus drei Sätzen, und innerhalb der Ecksätze galt die Regel, daß eine thematische Gruppe mehrfach vorgetragen wird und dabei in verschiedenen, aber untereinander verwandten Tonarten erscheint. Dazwischen erhält der Virtuose Raum für seine konzertanten Figuren. Jedes Konzert von Vivaldi erfüllt diese Bedingungen. So kann sich jeder mühelos verdeutlichen, wie es gemeint ist. Zwei einander entgegenstehende Gruppen von Themen und Motiven – das war das Originelle, das brach die bislang gültigen kontinuierlichen Formverläufe auf. Als dann nach 1750 die Sonatenform entwickelt wurde, paßten die Komponisten das Konzert diesem neuen Formtyp an und arbeiteten nicht mehr mit Themengruppe und freien virtuosen Passagen, sondern mit zwei Themen und mit funktionalen Formteilen wie Exposition, Modulationsteil (die spätere Durchführung) und Rekapitulationsteil (was auch Reprise genannt wurde). Im Konzert werden alle Teile jeweils vom Orchester und vom Solisten vorgetragen. An die Stelle des »Wettkampfes« tritt der Dialog.

eben nicht. So verfiel er nicht dem Italienfieber. Er hielt den aus deutscher Tradition machbaren Prinzipien musikalischer Gestaltung die Treue. So schuf er in zeitlicher Nachbarschaft zum »Wohltemperierten Klavier« ein Lehrwerk für die Konzertkomposition und schickte es nach Berlin, wo es keiner Würdigung für wert gefunden wurde.

In einer Zeit, in der das ausländische Vorbild alles, die inländische Tradition nichts bedeutete, in der sich jeder Duodezfürst sein eigenes höfisches Sonnensystem schaffte und sein kleines Versailles baute, die importierten Genußmittel begehrter waren als die Ingredienzen des deutschen Schlaraffenlands mit seinem Milchreis und den Spanferkeln, hatte der deutsche Kirchenmusiker eine Menge zu tun. Nicht mehr genügte er mit Phantasien und Fugen, nicht reichte allein die Fähigkeit, den Choral zu begleiten und anständig einzuleiten, zu seinem Glück. Die Obrigkeit verlangte von ihm Stücke im Stile der internationalen Galanteriewaren. Dies mußte dem auf seinen Handwerkerstolz gestützten Musikus schwer zusetzen. »Es ist ohnedem etwas Wunderliches«, schreibt Johann Sebastian Bach, »da man von denen teutschen Musicis praetendiret, sie sollen capable seyn, allerhand Arthen von Music, sie komme nun aus Italien oder Franckreich, Engeland oder Pohlen, sofort ex tempore zu musiciren, wie es etwa diejenigen Virtuosen, vor die es gesetzet ist, und welche es lange vorhero studiret, ja fast auswendig können, ... praestiren können«. Der Sprachmischmasch setzte sich im Stilmischmasch der gewünschten Musik à la mode fort, und an die Stelle handwerklicher Tugenden traten die Zauberkünste der anpassungsgewandten Modekomponisten. So bekamen die Leipziger Musiker den Zeitgeist zu spüren, zumal Georg Philipp Telemann einige Jahre vor Bach in Leipzig schon einmal den Wind der neuen Zeit hatte wehen lassen, als er für die Ratsherren und Professoren, für die Studenten und deren Damen zur Oper aufspielen ließ.

Telemann war der Mann der Zeit. Bach, so schien es, war der Vollender einer Tradition. Alle Wege der Musik führen zu ihm hin, hatte Albert Schweitzer gesagt, keiner von ihm weg. Nun wissen wir heute, wie intensiv Bach die Musik seiner Zeit studiert hat. Er schloß sich keineswegs in sein Amtszimmer ein, um aus den Alten und der Bibel zu lernen, was noch zu sagen bliebe. Er hatte die italienische und französische Musik studiert, als er in Leipzig das Wunderliche der neuesten Forderungen feststellte, hatte der Polacca seinen Tribut gezollt und hielt sehr wohl den modernen Stil vom »stile antico« auseinander. Neugierig hatte er die Konzertform studiert, experimentierfreudig entwickelte er die Gattung des Klavierkonzerts, und regelmäßig fuhr er nach Dresden, um sich den einschmeichelnden Wind eines französisierten Hofes um die gewaltige Nase wehen zu lassen und zur italienischen Oper einen Abstecher zu machen.

Obwohl diese Tatsachen jedem Musikfreund bekannt sind, sträubt sich in unserem Inneren etwas gegen den Versuch, Bach in die Zeit des Rokkoko zu stellen und die Zeitgenossenschaft von Watteau hervorzuheben. Wir wollen an unserer Vorstellung festhalten, die Bach als altfränkischen Meister malt. Seine Zeitgenossenschaft akzeptieren wir ohne weiteres, aber wir spüren, daß er sich von seinen Kollegen unterschied. Bach ignorierte nicht wie die flotten Schreiber seiner Zunft die Abgründe der Harmonik, tändelte

Antoine Watteau, L'Enseigne de Gersaint, 1721

nicht auf dem Schaum stark verzierter Tonwellen. Er ließ sich von dem Singsang der neuen Sirenen, der empfindsamen Arie, der elegant zubereiteten Triosonate, nicht mitreißen, verlor sich nicht in den Kräuselungen einer Verzierungskunst, der jeder Geschmack für die einfache kräftige Tonlinie abhanden gekommen war. Er beobachtete den Strom der Töne, der wohl unablässig durch seinen Kopf glitt, um die Bewegung der zu Linien verbundenen Töne zu erfahren. Wohin die Töne gleiten wollen, das spürte er auf.

Dieser Spürsinn ist auch ohne theoretische Kenntnisse an bestimmten Werken unmittelbar zu erfahren. Hier sind vor allem die Sonaten und Suiten (auch Partiten genannt) für Violine und Violincello solo hervorzuheben. Auch ein Laie kann an ihnen Bachs Fähigkeit erkennen, das Triebleben der Töne bis in seine feinsten Verästelungen zu beobachten. Dem Musiker bieten diese Stücke Erfahrungen fürs Leben, nämlich zu erspüren, was in den Tönen steckt, in ihren Fähigkeiten zum Kontakt mit anderen Tönen und zur Vertretung ganzer Akkorde. Und wer das Einmalige dieser Werke nicht akzeptieren will, der möge vergleichbare Kompositionen, zum Beispiel von Franz Ignaz Biber, hören. Der Unterschied zu Bach wird ihm evident werden.

Was an diesen Stücken für jeden Musikfreund erfahrbar wird, den Sonaten und Suiten für Violine oder Violincello solo von Bach, bestimmt nun auch jede Stimme jedes anderen Werks, prägt die Choräle wie die Fugen, und der bezifferte Baß läßt den ungeübten Continuospieler verzweifeln an dem Unterschied zwischen Bachs Intention und der Gewohnheit seiner Hände, die eine simplere Lösung greifen wollen. Das wäre, wenngleich zunächst nur indirekt beschrieben, das Bachische. Man sieht, es hat mit traditionell oder modern nichts zu tun. Es ist eine Haltung gegenüber den Tönen, Linien, Akkorden. Dies will ich in einem ersten Anlauf kurz beschreiben.

Martin Luther hat einmal gesagt, daß die meisten Komponisten das tun müssen, was die Töne wollen. Er meinte damit den Zwang, den die Töne mit ihrer Gewohnheit zu einfachen konsonanten Beziehungen ausüben. Jeder Kontrapunktschüler weiß, daß er die einzelne Linie seines Tonsatzes in der Regel nicht dahin führen kann, wohin er sie eigentlich haben will. Sondern Regeln, Gesetze treiben sie zu ganz anderen Punkten, und was schließlich als fertiges Produkt herauskommt, das hat mit der Intention nicht viel zu tun. Je mehr er sich vervollkommnet, umso mehr nimmt dieser Zwang ab. Aber bei den meisten bleibt ein Rest unkontrollierten, gleichsam von den Tönen selbst geleisteten Komponierens. Nun sagt aber Luther weiter, daß er einen Musiker kenne, bei dem hätten die Töne es tun müssen, wie er es wollte. Wie erreichte er das? Nun, er gab ihnen Raum zur Entfaltung, verdünnte die Linien des Tonsatzes und scheute die Übertretung von Regeln nicht, wenn der Ausdruck seines Textes dies erforderte. Die Zeitgenossen erfanden dafür einen Terminus und nannten solche Musik »musica reservata«. Dieser von Luther als Vorbild bezeichnete Musiker war päpstlicher Kapellensänger gewesen, Liebling der kunstsinnigen Potentaten Europas. Seine Werke wurden durch den um 1500 eingeführten Notendruck weit verbreitet. Er heißt Josquin Desprez. Wie überwand er den Zwang? Er kannte den Kontrapunkt in seiner Totalität und verstand die Regeln als System, wie ein Schachspieler umso besser spielt, je

J. S. Bach, Übertragung des Konzerts d-Moll op. 3 Nr. 11 von Vivaldi für Orgel

Vivaldis Handschrift

Christoph Wagenseil, Sinfonia G-Dur, 3. Satz

M

In der Handschrift eines Komponisten zeigt sich dessen Stellung zum Werk. Mit grandios flüchtigen Zügen überfliegt Beethovens Hand das Papier zu neuen Ufern. Pedantisch sorgfältig stilisiert Wagner seine Partituren für Auktionen nach seinem Tode. Mozart notiert sicher und gut leserlich die Werke, die er vollständig komponiert im Kopfe hatte. Bach schreibt gründlich und flüssig, solide bezeichnet er gerade die häufig unter dem ungestümen Temperament leidenden Notenköpfe, zieht den Notenhals aus ihnen heraus. Ihm ist in der Schrift wie im Werk alles eine Einheit. Die im Innern dahin strömenden musikalischen Linien beschwingen die Schriftzüge, Taktstriche und Systemklammern zeigen gebändigten Schwung, verhaltene Kraft. Bei Vivaldi purzeln die Noten durcheinander, im schönen Kontrast zu seinen so wirkungsvoll einfältig geordneten Kompositionen, aber das virtuose Auf und Ab gleicht ja nicht selten einem Stolpern und Stürzen durch den Tonraum. Christoph Wagenseil, Führer der Wiener vorklassischen Schule, schreibt mit Kürzeln. Wo sich die Musik eines Taktes wiederholt, erspart sich der Komponist die Notation. Undenkbar wäre das in Bachs traditionsverhafteter Musik, aber der neue Wind des Wendezeitalters verwehte die gründlich gesetzten Kontrapunkte und blies das Feuer des Altars Klang an, der umso heller brannte, je gleichmäßiger die musikalischen Scheite zum betäubenden Nebel verbrannten.

freier er spielen kann, je mehr Varianten er kennt, je rascher er aus einer gefährlichen Konsequenz des Spiels herauskommt.

Wohin auch immer der ingeniöse Komponist die einzelne Stimme seines Tonsatzes nach dem in ihm, dem Komponisten, waltenden inneren Gesetz des Ausdrucks führt, stets ist er in der Lage, alle anderen Stimmen nach einleuchtenden Gesetzen in Beziehung zu stellen. Wie gefährlich auch immer für einen Ungeübten der drohende Zusammenstoß von Linien in einer scheußlichen Dissonanz erscheinen mag, Bach wußte den Ausweg. Ja, er provozierte die kühnsten dissonanten Akkorde um des Ausdrucks willen. In den Kapiteln, die in diesem Buch dem Thema »Tod« gewidmet sind, wird darüber mehr zu sagen sein. Der Komponist, der nach Luthers Ausspruch die Töne zwingt, das zu tun, was er will, drückt ihnen also nicht gewaltsam auf, was sie tun sollen. Er hat nur mehr Varianten eines bestimmten Tonspiels parat, als der weniger geübte Komponist. Diese Varianten kann man bis zu einem gewissen Grade erlernen. Das hat Bach bei seinem Vater und seinem Onkel getan. Aber das Erlernte hätte nur zum Durchschnitt gereicht. Das Bachische als das Originale, das den Durchschnitt weit hinter sich läßt, konnte nicht gelernt werden. Bach hat es gefunden, und von ihm lernen seitdem alle Komponisten, alle Musiker, die Bescheid wissen wollen über die Erfahrung des Tonreichs.

Auf einer anderen Seite dieses Buches wurde bereits mit Bachs Hinweis am Ende der überaus kurzen Regeln für das Generalbaßspiel aus dem Notenbuch für Wilhelm Friedemann Bach bekanntgemacht. Das Eigentliche, jenseits des Elementaren Liegende sei besser mündlich mitzuteilen. Im Lichte dieser Überlegungen erhält Bachs Hinweis einen zusätzlichen Sinn. Nicht bloßen Mangel an Fähigkeiten zum schriftlichen Ausdruck belegt dieser Satz. Er formuliert eine Einsicht. Das Entscheidende läßt sich nur zeigen. Am Klavier sitzend konnte Bach seinen Schülern demonstrieren, was in den Tönen steckt. Da gab es die Möglichkeit, eine richtige von einer falschen Tonfortschreitung hörend zu unterscheiden und die noch bessere zu finden. In Worte ist das kaum umsetzbar. Bis heute gibt es nur gelegentlich eine schriftliche Fixierung derartiger Demonstrationen. Etwa bei Heinrich Schenker oder Ernst Kurth.

Der große Lehrer Johann Sebastian Bach schrieb kein Lehrbuch. Erst sein Sohn Carl Philipp Emanuel geht unter die Autoren, nachdem er die Universität besucht hatte. Wir sehen an den wenigen uns überlieferten Details aus Bachs Leben, daß der Thomaskantor keineswegs dem Wort, dem Geist, der Lehre gleichgültig gegenüberstand. Auch hatte er Freunde unter den Schreibern, seinen Kollegen aus Weimarer Zeit Johann Gottfried Walther oder den Hamburger Musikdirektor Johann Mattheson. Vielleicht läßt sich der lakonisch formulierte Hinweis im Klavierbuch doch sinnvoll interpretieren, nämlich als Lebenserfahrung über die Unvereinbarkeit seines Denkens mit dem für Lehrbücher zur Verfügung stehenden Wortschatz. Worum es ging, das konnte in einem Text nicht niedergeschrieben werden. Man zeigte es, und es zeigte sich.

Das Lehrwerk aus Bachs Hand gibt es aber doch. Es sind die Sammlung der Choräle, die sein Schüler Kirnberger veranstaltete, und das Wohltemperierte Klavier. Diese Sammlungen bilden nun nicht den Höhepunkt einer kontinuierlichen Tradition. Sie sind viel-

»Der ehemals große J. Seb. Bach pflegte zu sagen: Es muß alles möglich zu machen seyn, und wollte niemals von ›nicht angehen‹ etwas wissen. Dieses hat mich jederzeit angespornt, nach meinen geringen Kräften, viele sonst schwere Sachen in der Musik mit Müh und Geduld durchzusetzen«.

Brief von Kirnberger an den Verlag Breitkopf & Härtel vom 14.4.1781 ■

»Unter den Aphorismen und Fragmenten Goethes zur Wissenschaftsgeschichte findet sich eine Aufzeichnung, die die Epochen der Wissenschaften nach den beteiligten Geisteskräften des Menschen systematisch zu entwickeln sucht: Sinnlichkeit und Phantasie begründen eine erste kindliche Phase des erkennenden Interesses, das sich in der Form poetischer und abergläubischer Anschauungen Ausdruck verschafft; in der zweiten Phase begründen Sinnlichkeit und Verstand eine empirische Weltdeutung, die Neugierige und Forschende als ihre Typen prägt; Dogmatismus und Pedanterie sind die Merkmale einer dritten Epoche, in der Verstand und Vernunft sich in überwiegend didaktischer Zielsetzung verbinden; in der vierten und letzten Epoche treten Vernunft und Phantasie in eine Konstellation des Ideellen«. Hans Blumenberg kritisiert dieses Schema in seinem Buch: »Der Prozeß der theoretischen Neugierde«. »Neugierde, Forschungstrieb, empirische Unbefangenheit erwachen aber gerade aus dem Tabuierungszwang des dogmatischen Systems, das seinen Anhängern nicht nur bestimmte Fragen und Ansprüche

Oben – C. Ph. E. Bach, Versuch über die wahre Art, das Clavier zu spielen, 1753. Unten – Bachs einzige überlieferte Niederschrift einer musiktheoretischen Anweisung für Wilhelm Friedemann Bach

Einleitung.

§. 1.

Zur wahren Art das Clavier zu spielen, gehören hauptsächlich drey Stücke, welche so genau mit einander verbunden sind, daß eines ohne das andere weder seyn kan, noch darf; nehmlich die rechte Finger-Setzung, die guten Manieren, und der gute Vortrag.

§. 2.

Da diese Stücke nicht allzu bekant sind, und folglich so oft dawider gefehlet worden: so hat man mehrentheils Clavier-Spieler gehöret, welche nach einer abscheulichen Mühe endlich gelernet haben, verständigen Zuhörern, das Clavier durch ihr Spielen eckelhaft zu machen. Man hat in ihrem

A Spielen

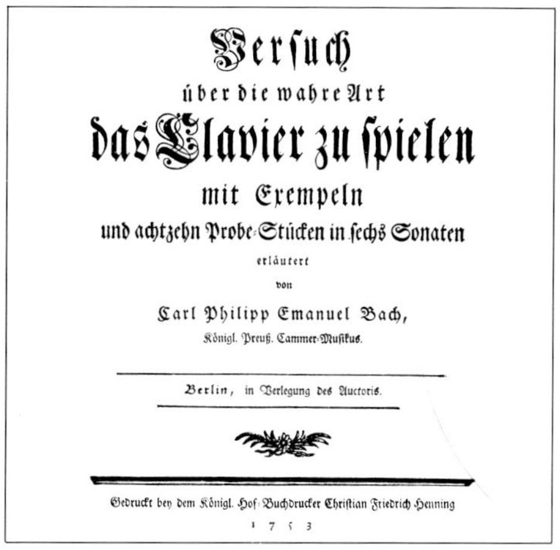

Versuch
über die wahre Art
das Clavier zu spielen
mit Exempeln
und achtzehn Probe-Stücken in sechs Sonaten
erläutert
von
Carl Philipp Emanuel Bach,
Königl. Preuß. Cammer-Musikus.

Berlin, in Verlegung des Auctoris.

Gedruckt bey dem Königl. Hof-Buchdrucker Christian Friedrich Henning
1 7 5 3

abschneiden muß, sondern ihnen diese Entsagung mit einer besonderen Angemessenheit und Verdienstlichkeit aus dem System begründet. Das Maß, in dem die Nichtüberfragbarkeit des Systems an Selbstverständlichkeit verliert und in dem die Verdienstlichkeit des Verzicht oder die Lasterhaftigkeit der Grenzüberschreitung der Begründung bedürfen, indiziert nicht nur den Rest an ungesättigter Neugierde oder den Stau erwachenden Ungenügens, sondern wirkt auch stimulierend, akzentuierend, tendenzierend auf diesen zurück«.

H. Blumenberg, Der Prozeß der theoretischen Neugierde, 1973, S. 188 ■

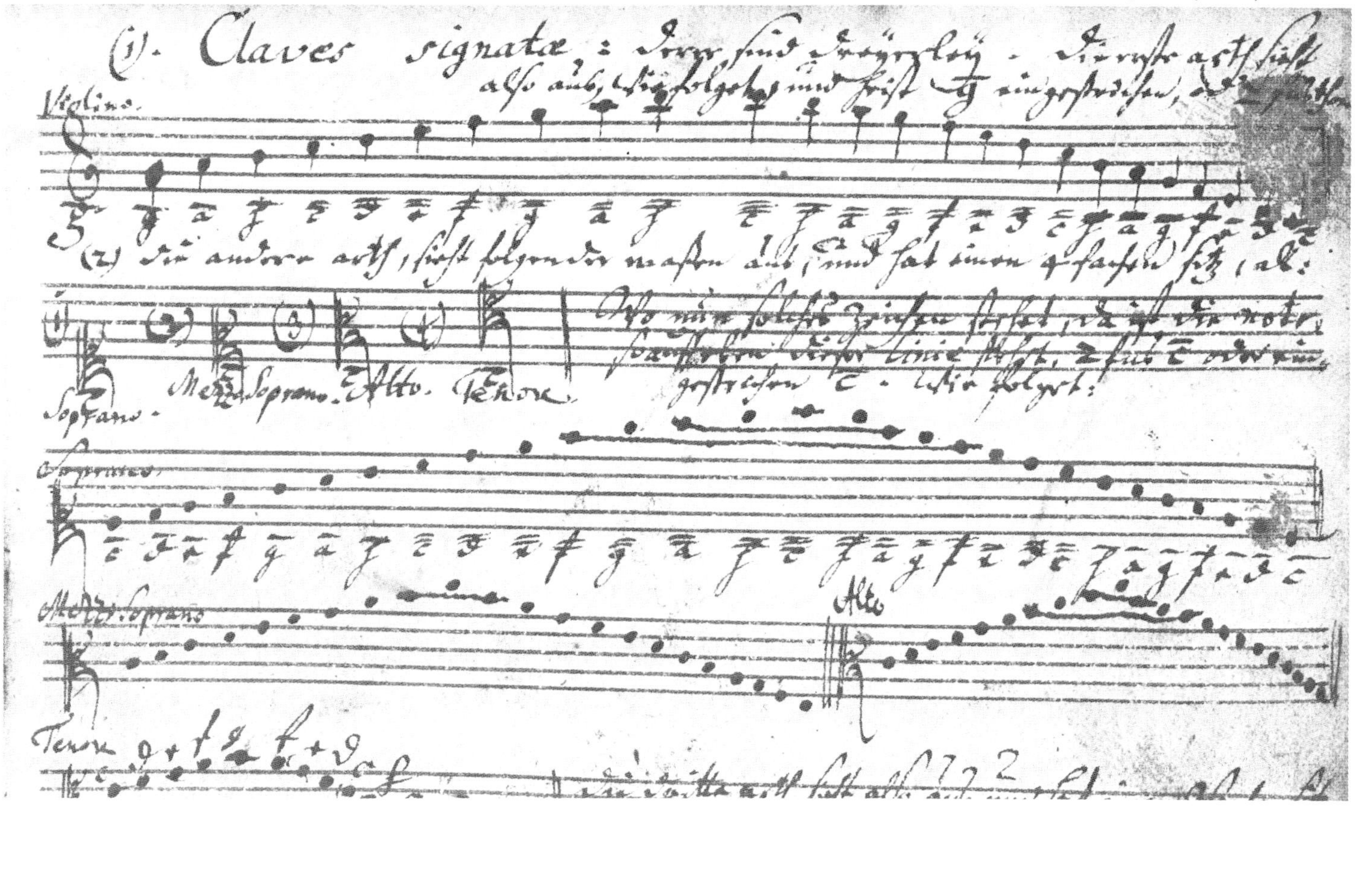

mehr Bezugspunkt der Tradition. Alle Hinweise der Bachforschung auf die vorhergehende Choraltradition und vergleichbare Lehrwerke können uns nicht von dem Gefühl entfremden, einmalige und unvergleichbar große Werke vor uns zu haben. Schon ein flüchtiger Blick genügt, um die Diskontinuität zwischen Bachs Werken und denen seiner unbekannt gebliebenen Vorläufer zu erkennen. Ähnlich mag es uns ergehen, wenn wir die Vorläufer Schönbergs aufspüren wollen oder die Psychoanalyse vor Freud in Augenschein nehmen. Bach begründet mit diesen Werken eine Tradition. Von den Autoren solcher Werke gilt, daß sie noch mehr geschaffen haben als eben diese Werke. Sie schufen durch sie die Möglichkeit und die Bildungsgesetze für Werke dieser Art.

In der Argumentation folge ich dem französischen Strukturalisten Michel Foucault. Ich bemühe ihn, um den Komponisten Bach an die Seite solcher Begründer von Traditionen – Foucault nennt sie »Diskursivitätsbegründer« – zu stellen und ihn damit herauszuheben aus der Welt eines bloß handwerklich glänzend ausgebildeten Kirchenmusikus.

Wer nun die Linien zwischen Bach und den großen Menschen nach ihm zieht und ergänzen will mit Linien, die zu seinen Zeitgenossen führen, kann sich Überlegungen zunutze machen, die aus der Frage entstehen, warum der junge Bach über die Erfahrungen seiner Vorfahren und Verwandten, seiner Vorbilder und Mitstreiter hinausstieg und von Anfang an – zunächst in relativ wenigen Werken, später in dem breiten Strom eines schier unglaublich umfangreichen Oeuvres – das Tonreich intensiver durchwanderte. Die Antwort kann von der Auslegung eines Begriffes profitieren, der in der Diskussion großer Geister seit Jahrhunderten bereits durchdacht worden war und in der Bachzeit auf ein allgemeines Interesse stieß – der Begriff der Neugierde. Bach lebte in einem Zeitalter großer Entdeckungen. An die Stelle des ständig erneuerten und weitergeschriebenen Kommentars für die klassischen Bücher, an die »ruhende und beglückende Anschauung der sich selbst darbietenden Dinge« trat die Haltung des Forschers. Der alte Theoriebegriff, der nach Ansicht der Naturforscher wie Bacon oder Descartes »geschichtliche Indolenz und Fortschrittsunwilligkeit des menschlichen Geistes« hervorgebracht hatte, wurde abgelöst durch die »theoretische Neugierde«. Fernrohr und Mikroskop geben Einblick in neue Welten, und selbstbewußte philosophische Systeme verdrängen mit der Gewißheit des »cogito ergo sum« die Skepsis der verzweiflungsvollen Einsicht in die Unmöglichkeit eines gesicherten Wissens. Die Gottesebenbildlichkeit des Menschen gibt ihm die Verpflichtung zur forschende Neugierde auf und belegt den abenteuernden Geist nicht mehr mit dem Bannstrahl des Begriffs der Hybris. Das Volksbuch vom Doktor Faust faßte solche Tendenzen für die Masse und zu Zwecken des Theaters zusammen. Diese Neugierde trieb den forschenden Menschen nicht von selbst in gottloses Handeln. Im Gegenteil. An der Grenze des Seins bewährt es sich in großartiger Weise. Davon gibt der Ausspruch einer Schülerin des Philosophen Leibniz, der Königin Sophie Charlotte von Preußen, Auskunft. »Beklagen Sie mich nicht«, sagte sie auf dem Sterbebette, »denn ich gehe jetzt meine Neugierde befriedigen über Dinge, die mir Leibniz nie hat erklären können, über den Raum, das Unendliche, das Sein und das Nichts«.

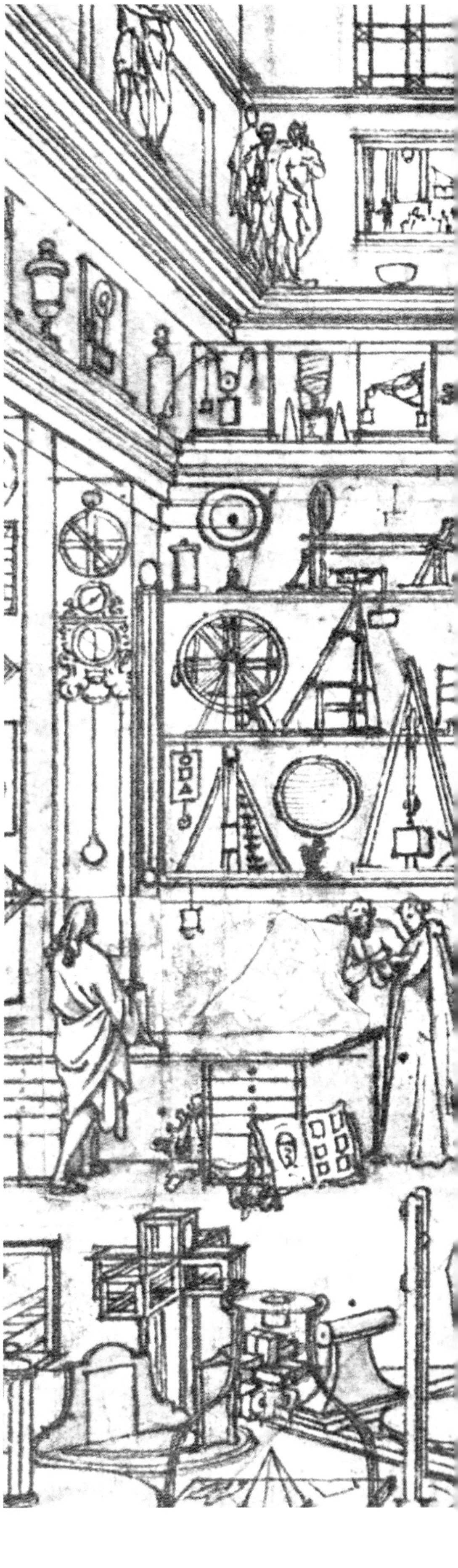

Sebastian Le Clerc (1637–1714),
Physikalienkabinett aus der
Zeit von Leibniz

Neugierde bestimmt in Bachs Leben mit Sicherheit den Gang nach Lübeck. Sie ist für die experimentellen Stücke verantwortlich, für die dreistimmige Invention in f-Moll beispielsweise oder für die große Passacaglia in c-Moll, ein gewaltiges Formexperiment, das erst im Finalsatz von Brahms' 4. Sinfonie eine Fortsetzung fand. Neugierde dürfte auch die Triebfeder für das unruhige Leben gewesen sein, durchsetzt vom ständigen Nachforschen über möglicherweise neue und bessere Arbeitsmöglichkeiten. Neugierde prägt aber vor allem Bachs Haltung gegenüber den Tönen und ihren Tendenzen. Das sind unbewußte Vorgänge, geheime wortlose Dispute zwischen dem Komponisten und seinem Material. Die Quintessenz solcher Auseinandersetzungen hatte Bach beim Komponieren parat. Doch jede neue Auseinandersetzung mit einem bestimmten Problem veränderte in seinem Bewußtsein die Problemlage. Daher änderte er um, faßte immer wieder nach bestimmten theoretischen Problemen, gab sich nicht zufrieden mit einer einmal abgelieferten Arbeit. In diesen unbewußten Vorgängen ließ er sich von den Tönen, ihren aus der Tradition gewachsenen Gesetzen belehren und prägte ihnen neue Gesetze auf, gab ihnen neue Gestaltungen. Ganz konkret an der jeweiligen Stelle einer Komposition geschah dieser Austausch zwischen Tradition und Individuum, wurde Tradition bewahrt, umgestaltet, wurde Neues fixiert, Zukünftiges ermöglicht.

Was hier beschrieben wird, stellt nichts anderes dar als die Übertragung von Gedanken des Philosophen Leibniz auf die Musik von Bach. Dieser Philosoph stellte sich in Form von unbewußten kleinen Eindrücken – Perzeptionen genannt – die Auseinandersetzung des Menschen mit seiner Welt vor. »Auf den kleinen Perzeptionen beruhen unsere unbestimmten Eindrücke, unser Geschmack, unsere Wahrnehmungsbilder der sinnlichen Qualitäten, welche alle in ihrem Zusammensein klar, jedoch ihren einzelnen Teilen nach verworren sind; auf ihnen beruhen die ins Unendliche gehenden Eindrücke, die die uns umgebenden Körper auf uns machen, und somit die Verknüpfung, in der jedes Wesen mit dem übrigen Universum steht. Ja man kann sagen, daß vermöge dieser kleinen Perzeptionen die Gegenwart mit der Zukunft schwanger geht und mit der Vergangenheit erfüllt ist«.

Nicht nur Bach war außerstande, die naturphilosophischen Einsichten in das Wesen der Musik zu formulieren. Das gelang erst, und auch da nur bruchstückweise, in der idealistischen Philosophie, wo auch die Definition der Musik als einer Art unbewußten Zählens durch den Philosophen Leibniz eine Modifikation durch Arthur Schopenhauer erfuhr, der sie als Abbild des Willens verstand und damit eine mathematische Definition in eine psychologische und metaphysische verwandelte. Nein, Musiker sprechen vom Metier in der Sprache des Metiers. Sie zeigen, was sie meinen. Was sie denken, das muß aus der Musik herausgefunden werden. Und da zeigt sich, daß Bachs Musik eine bestimmte Haltung zum musikalischen Material aufweist, die auf ähnliche Haltungen bei Philosophen und Naturforschern der Bachzeit hinweist. Sagen wir es so. Hätte Bach einem Philosophen am Klavier demonstrieren können, wie er die Töne seiner Kompositionen findet, dann hätte der Philosoph mit Hilfe seines Systems die Bachschen Demonstrationen verstehen können. Mehr läßt sich erst sagen, wenn das Werk entfaltet worden ist.

»Die Bildfläche ist in einen oberen, mittleren und unteren Teil aufgegliedert. Was gibt es zu sehen?

I. Oberer Teil: an höchster Stelle die Trinität. Sie ist umgeben von 9 Engelschören. Sie singen einen 36-stimmigen Kanon. Der Kanon besteht aus 9 vierstimmigen Chören. Der Text ist »Sanctus«.

II. mittlerer Bereich: die Natur (Makrokosmos) des Gestirnhimmels ist dargestellt durch eine Kugel mit dem umspannenden Bandstreifen des Tierkreises. Auf der Kugel sieht man, wie es scheinen will, die Hl. Caecilia als Schutzpatronin der Musik. Als Laureata, mit verklärtem Gesicht, den Blick leicht nach oben gerichtet, hält sie in der Rechten eine viersaitige Kithara, in der Linken die aus 7 Pfeifen bestehende Panflöte (Syrinx). Dieser Mittelbezirk repräsentiert die Musica mundana.

III. der untere Bereich vergegenwärtigt die Welt des Menschen (-Mikrokosmos) und den irdischen Wirklichkeitshorizont (d.h. der dem Menschen näher gelegene Bezirk der Natur) als dessen Wirkungsfeld. Man erkennt die vier Elemente (Erde mit Bäumen und Bergen, Wasser, Luft, Feuer). Rechts ragen die zwei mythischen Berge des Helikon (Parnaß) empor mit der Treppe. Diese ist hier vermutlich als die himmlische Jakobsleiter verstanden. Oben erscheint der Pegasus, das geflügelte Dichterroß, das gen Himmel steigt. Seine Hufe haben die zwei Quellströme Hypokrene und Peirene geschlagen, die rechts auf dem Berggipfel aufsprudeln. Es sind jene Quellen, aus denen die Dichter trinken. Ein Mann ruft gegen den Musenberg *pascite ut ante Boues.* Am Bergfuß stehend, auf einen Stab gestützt, versinnbildlicht er mit seinem Spruch die Hirtenwelt der griechischen Antike, in der die Herde aus Rindvieh (boves) besteht. Das Echo lautet *Oues* und trifft auf das Ohr eines anderen Hirten, der diesseits des Musenberges seine (12) Schafe weidet. Die griechisch-römische Antike und das Christentum sind durch das Echo in symbolische Wechselbeziehung gesetzt im Sinne eines Früher und Später. Am untersten Bildrande links sitzt Pythagoras. Zu seinen Füßen liegen archaische Musikinstrumente als Attribute der praktischen Musik.«

Stark gekürzte Beschreibung des Titelbildes in Kirchers »Musurgia universalis« aus Rolf Dammann, Der Musikbegriff im deutschen Barock, 1967, S. 406 bis 411 ■

Athanasius Kircher, Musurgia universalis, Rom 1650

Symbole der Zeit

Diese göttliche Ordnung sah Johann Sebastian Bach, wohin er auch schaute. In ihrem Geflecht spürte er die Knoten von Strängen auf, die sich durchkreuzten und dabei so vielfältig verzweigt waren, daß es immer wieder neue noch unentdeckte gab. Mochten auch seine Zeitgenossen, je mehr sie sich dem Zeitgeist verschrieben hatten, umso weniger diese Ordnung spüren, er ließ sich nicht abbringen, las versonnen die Heilige Schrift und die Bücher frommer Männer, die das Geschriebene auslegten. Gebeutelt wurde auch er von den Kämpfen unterschiedlicher Parteien im theologischen Streit. Doch davon können wir vorläufig absehen, wenn wir den Redner in Augenschein nehmen, der seine Erfahrung in der Gottesordnung mit seinen Tönen vortrug und sie so setzte, daß der willige Hörer durch sie hindurch das allgemeine Gesetz, die gültige Regel oder den Sinn erkennen konnte. Dafür standen ihm Tonverhältnisse wie die Intervalle, Zahlen wie die Menge von Tönen

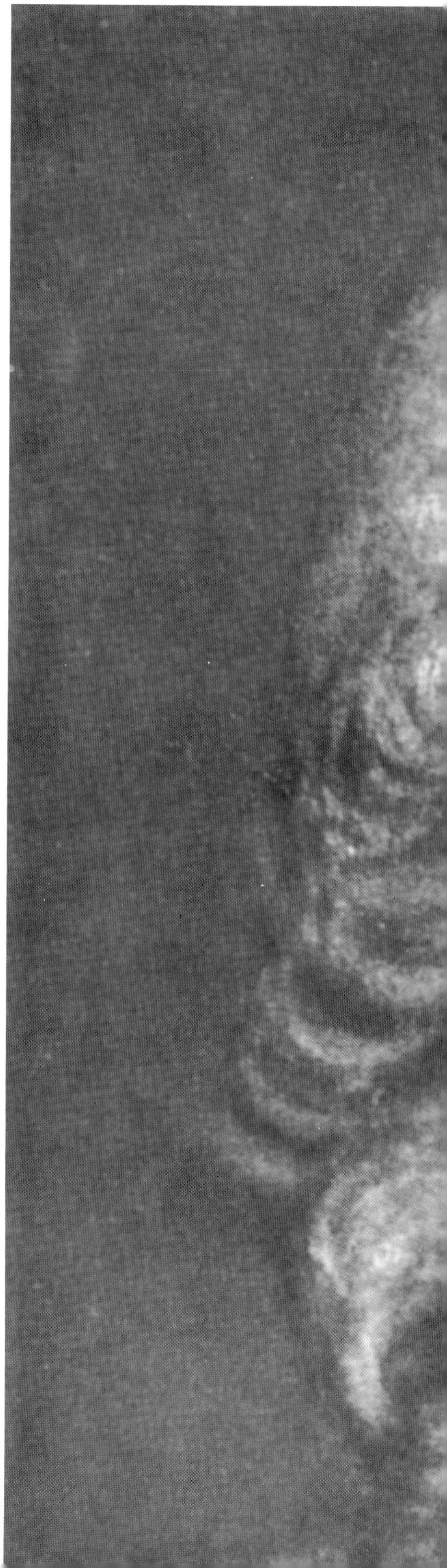

Johann Ernst Reutsch d.Ä. (?),
Bach als Weimarer Konzertmeister
(?), Ölbild um 1715

oder Motiven, Figuren wie die Gestalt der Tonlinien, das Aufundab als Symbol fürs Kreuz, fürs schmerzlich geneigte Haupt, für die Himmelfahrt und die anderen wesentlichen Dinge, Instrumentengruppen wie die Mehrchörigkeit, Klänge wie die Trompeten- und Paukenmusik oder die Oboenmusik der Hirten, Texte und Textverbindungen wie der gleichzeitige Vortrag mehrerer Texte, musikalische Gattungen wie die Suitenmusik oder die Fugenmusik zur Verfügung. Er dachte in Allegorien. Er wollte uns durch die Konfigurationen der Töne hindurchschauen lassen auf deren Sinn im göttlichen Plan. Auch seine Welt, sein Zuhause, das tägliche Leben, die Zeugung und Geburt, die Natur, Liebe und Schönheit sah er im Sinnbild. So unmittelbar das Weltliche überzeugte, so selbstvergessen der kraftstrotzende Mann sich in die lockende Gegenkraft hineinstürzte, so magnetisch auch ihn die Vielfalt der Lebenserscheinungen anzog, so instinktsicher von Streitfall zu Streitfall sein sanguinisches Temperament ihn trieb, er durfte nicht mit dem zufrieden sein, was unmittelbar zu sehen und zu fühlen war, mußte sich von der Oberfläche, der schönen Form, der Haut, den glatten Linien wegreißen, weil sie ihr trügerisches »carpe diem« ausriefen, das Eiapopeia der Erde, ein lügnerischer Gesang, wie nicht nur er wußte. Denn wenn die Philosophie auch weitergekommen war als er mit seinem Denken über Gott und die Welt – nicht der fortschrittliche Komponist mit seiner anfänglichen Experimentierlust steht zur Debatte, sondern der gottesfürchtige Bürger mit seiner Bibeltreue –, prinzipiell schlugen sich die Philosophen noch immer mit der Welt und ihrem göttlichen Ursprung herum, fragten nach dem Platz des Bösen, des Schlechten in dieser Schöpfung. Leibniz hatte die Formel von der besten aller möglichen Welten gefunden und konnte daher sagen: »Wer Geschöpf sagt, muß auch Übel sagen«. 100 Jahre später verschlang die beste aller möglichen Welten Zehntausende von unschuldigen Menschen, als sie sich am Allerheiligentag des Jahres 1755 zu einem Erdbeben aufbäumte. »Die gleiche Erde verschlingt Verfolger und Verfolgte«, lautete der sarkastische Kommentar von Voltaire. Entwicklungen sind das, die Köpfe der Bachzeit begannen zu rauchen, das Prinzip des René Descartes »ich denke, also bin ich« trieb die Gedanken in dunkle Kurven verwirrender Konsequenzen. Da wir aber nicht von Philosophie sprechen, sondern von Kunst, möge das Thema durch eine europäische Bildtradition bezeichnet sein, die seit 1621/23 die Maler bewegt. Es ist eine Wendung, die seitdem auf Bildern erscheint. »Et in Arcadia ego« – »Selbst in Arkadien gibt es mich«. Wen? Den Tod. Selbst im Paradies, dem antiken, versteht sich, gibt es die Vergänglichkeit. Diese Wendung steht auf einem Grabstein, den ein Totenschädel ziert. Solches Wissen steckte in Bach, solche Einsicht ins Wesen der Schönheit. Bachs allegorische Tonsprache ergab sich daraus. Allerdings lähmte sie, diese Einsicht, seine Schaffenskraft nicht. Und hierin unterscheidet er sich von den Nachfahren. Wir wissen aus der Dekadenz von der Lähmung durch den Todesgedanken und der eigentümlichen Todessucht derer, die ihr Einverständnis mit dem Tod besiegelt hatten. Wir kennen die verführerischen »Tristan«-Töne, und die Verzückungen des Thomas Buddenbrook haben wir in jugendlicher Anteilnahme gelesen, die ihn überfallende Sehnsucht nach dem Ende, als er mit diesem Bazillus einer Sterbenssehnsucht auf die alte Schwarte von Arthur Scho-

»Poussin war 1624 oder 1625 nach Rom gekommen, ein oder zwei Jahre, nachdem Guercino es verlassen hatte. Und wenige Jahre später (vermutlich um 1630) schuf er die frühere seiner zwei Kompositionen *Et in Arcadia ego,* die sich nun in der Devonshire Collection in Chatsworth befindet. Als Klassizist (obwohl in einem ganz besonderen Sinn) und vermutlich mit Virgil vertraut, veränderte Poussin die Komposition Guercinos, indem er den arkadischen Flußgott Alpheus hinzufügte und das verfallene Mauerwerk in einen antiken Sarkophag mit der Inschrift *Et in Arcadia ego* umwandelte; überdies betonte er die amourösen Implikationen des arkadischen Milieus durch Hinzufügung einer Hirtin zu den beiden Hirten Guercinos …

Zusammen erteilen die beiden Kompositionen somit eine zweifache Lektion, deren eine vor einer törichten Begierde nach Reichtum auf Kosten der sittlichen Lebenswerte, deren andere vor einem gedankenlosen Genuß bald zu Ende gehender Vergnügungen warnt. Die Wendung *Et in Arcadia ego* läßt sich noch immer so verstehen, daß sie von dem personifizierten Tod ausgesprochen wird, und sie läßt sich noch immer übersetzen als ›Selbst in Arkadien habe ich, der Tod, Gewalt‹, ohne die Übereinstimmung mit dem zu verlieren, was in dem Gemälde selber sichtbar ist.

Nach weiteren fünf oder sechs Jahren schuf Poussin jedoch eine zweite und letzte Fassung des Themas *Et in Arcadia ego,* das berühmte Bild im Louvre. Und in diesem Gemälde … können wir einen radikalen Bruch mit der mittelalterlichen, moralisierenden Tradition beobachten. Das Element der Dramatik und des Überraschenden ist verschwunden. Anstelle von zwei oder drei als Gruppe von links auftretenden Arkadiern haben wir vier vor uns, zu beiden Seiten eines Grabdenkmals symmetrisch angeordnet. Statt in ihrer Bewegung von einer unerwarteten und erschreckenden Erscheinung aufgehalten zu sein, sind sie in einer ruhigen Aussprache und nachdenklicher Kontemplation befangen. Einer der Hirten kniet auf dem Boden, als lese er die Inschrift nochmals für sich selber. Der zweite scheint mit einem reizenden Mädchen darüber zu sprechen, das in stiller, nachdenklicher Haltung nachsinnt. Der dritte scheint in eine mitfühlende, brütende Melancholie versunken. Die Form des Grabes ist zu einem

Nicolas Poussin (1593/94-1665), Et in Arcadia ego. 1. Fassung, um 1630

schlichten rechteckigen Block vereinfacht, der nicht mehr verkürzt, sondern parallel zur Bildebene aufgestellt ist, und der Totenkopf ist völlig weggelassen.

Hier haben wir also einen grundlegenden Wandel in der Interpretation. Die Arkadier werden nicht so sehr vor einer unerbittlichen Zukunft gewarnt, als daß sie in eine einfühlsame Meditation über eine schöne Vergangenheit versunken sind. Sie scheinen weniger an sich selber zu denken als an den in dem Grab bestatteten Menschen – einen Menschen, der einst die Annehmlichkeiten genoß, die sie jetzt genießen, und dessen Denkmal sie nur insofern ›an ihr Ende erinnert‹, als es das Gedächtnis an jemanden heraufbeschwört, der gewesen war, was sie sind. Kurzum, Poussins Louvre-Bild zeigt nicht mehr eine dramatische Begegnung mit dem Tod, sondern ein kontemplatives Versunkensein in den Gedanken der Sterblichkeit. Wir sehen uns einem Wandel von dürftig verschleiertem Moralismus zu unverstelltem elegischem Empfinden gegenüber.

… In Johann Georg Jacobis *Winterreise* von 1769 – die das anscheinend früheste ›Grab in Arkadien‹ in der deutschen Literatur enthält – lesen wir: ›Wenn ich auf schönen Fluren einen Leichenstein antreffe mit der Überschrift ›Auch ich war in Arkadien‹, so zeig' ich den Leichenstein meinen Freunden, wir bleiben stehen, drücken uns die Hand und gehen weiter.‹…

Fragonard hingegen behielt die Vorstellung des Todes bei; doch die ursprüngliche Moral kehrte er um. Er stellte zwei Amoretten dar, wahrscheinlich die Geister verstorbener Liebender, die sich in einem zerbrochenen Sarkophag umarmen, während andere, kleinere Amoretten umherschweben und ein freundlicher Genius die Szene mit dem Licht einer Hochzeitsfackel erleuchtet. Hier hat sich der Kreis der Entwicklung geschlossen. Auf Guercinos ›Selbst in Arkadien gibt es den Tod‹ erwidert die Zeichnung Fragonards: ›Selbst im Tod kann es Arkadien geben‹.«

Erwin Panofsky, Et in Arcadia ego. Poussin und die Tradition des Elegischen, in: Meaning in the Visual Arts, deutsch 1975, S. 362 ff

Die Verarbeitung der Todesfurcht war ein epochales Thema. J.S. Bach findet in dem Christentum die Lösung, die Franzosen mischen klassizistische Gedanken ein. ■

penhauer stößt. »Über den Tod und sein Verhältnis zur Unzerstörbarkeit unseres Wesens an sich«, so heißt das Kapitel im zweiten Band von »Die Welt als Wille und Vorstellung«. Was »die Zeugung mit Wollust geschürzt hatte«, diesen Knoten, der Leben heißt, den löst der Tod. Die »große Enttäuschung« – das Leben – löst er auf. »Wir sind im Grunde etwas, das nicht seyn sollte: darum hören wir auf zu seyn«. Gierig hatte dieses philosophische Gift der dekadente Mensch geschluckt. Was erwartete ihn nach dem Tode? Etwas Rauschhaftes, etwas unbeschreiblich Schönes, das in der Ermattung aller durch den Lebens- und Liebeskampf angestrengten Kräfte sich offenbart. Das konnte am eindringlichsten die Musik aussprechen, und so wurde sie, die Gefährtin von Festen, Gelagen, von Techtelmechteln und die Verkünderin himmlischer Freuden, eine eher dienende als erhobenen Hauptes verkündende Kunst, zum Leitbild der Künste schlechthin.

48 Dieser kleine Exkurs zeigt uns, wohin es mit der Musik schließlich ging. Bach hätte ein derart nebulöser Traum von einem Rausch nicht genügt. Er sehnt sich nicht nach dem Tode als einem Abenteuer in einer tristen Alltagswelt. Er will sterben, weil im Tode das wahre Leben erst beginnt. Sein Wissen um das »Et in Arcadia ego« trennt ihn von den Späteren, sein Leben führt zur Todespforte, durch die der Mensch hindurchgepreßt werden muß, um das ewige Leben zu erreichen. Der Schmerz des Todes ist die Eingangspforte der Seligkeit. Schmerzvoll tritt der Mensch ins Leben, mit Schmerzen verläßt er es wieder. Umso mehr Kraft braucht er, innere Stärke, Lebenswillen, damit er diesem Ende zuversichtlich entgegenschauen kann. Er muß aus der Welt mit jedem Takt, den er niederschreibt, heraustreten, um in das Reich der Musik eintreten zu können, denn die Musik ist aus diesem Jenseits. Ihr Material zeugt von Gottes Willen zu einer schönen Schöpfung. Mit wieviel Neugierde er auch die Tonordnungen erforschen mag, um sie zu immer wieder neuen Konfigurationen zu werfen, um Werke zu zeugen muß er sich der Welt entrücken. Diese Entrückten nannte man in der Bachzeit Melancholiker. »Alle herausragenden Menschen, seien sie nun ausgezeichnet in der Philosophie oder in der Staatskunst, in der Dichtkunst oder in den bildenden Künsten, sind Melancholiker«. Ein Humanist mit Namen Marsilio Ficino hat das 1494 niedergeschrieben. Albrecht Dürer las ihn. Auch davon wußte noch Bach.

Im »Weihnachtsoratorium« versetzt uns Bach anfänglich als Zuschauer in ein himmlisches Theater. Wir sitzen vor einem Wolkenvorhang. Noch ist Stille. Da hören wir Pauken, wie im irdischen Theater, wenn's los geht. Zwei einsame Flöten antworten, klingen wie die Vorfreude aufs Fest. Noch einmal dröhnen die Pauken, dieses Mal antwortet ein anderer Chor, Oboen. Wir beginnen die himmlischen Chöre zu ahnen. Da zerreißt der Vorhang. In herrlichem Schwung fliegen seine Fetzen weg, zugleich eröffnen die englischen Trompeten das Spektakel. Während die Fetzen nach unten wegflattern, setzen die Chöre des Himmels mit dem Thema ihrer Musik ein. Zunächst sind die Flöten und Oboen, nun vereint, dran, dann übergeben sie das Thema an die Trompeten, und diese überlassen den Schluß den Geigen und Bratschen. Dazu fideln unentwegt die für den Generalbaß zuständigen Engel, fideln, klimpern und lassen die himmlische Musik über dem von ihnen fest gegründeten Funda-

»Seit 1690 stoßen wir auf Schritt und Tritt auf die Begriffe Vergnügen – Unvergnügen. Christian Thomasius gibt 1692 seiner *Einleitung zur Sittenlehre* den Obertitel *Von der Kunst, vernünftig und tugendhaft zu lieben, als dem einzigen Mittel, zu einem glückseligen, galanten und vergnügten Leben zu gelangen.* Unter vernünftiger und tugendhafter Liebe versteht Thomasius die ›wechselseitige Bemühung‹ der Menschen umeinander. Diese entspricht nach seiner Meinung so sehr dem äußeren, aber auch dem inneren Aufeinanderangewiesensein, daß er sich zu der Behauptung versteigen kann, die Lasterhaften irrten sich ganz einfach, wenn sie ›sich einbilden, sie lieben sich mehr als andere Dinge in der Welt, dahingegen ein vernünftiger Mensch wohl weiß, daß er andere Menschen mehr liebt als sich‹. Das einzige Mittel, Vergnügen – inneres Genüge – zu finden, sei ja doch die Entfaltung und Ausübung der dem Menschen eingeborenen Nächstenliebe. Thomasius erhebt somit keine sittlichen Forderungen, sondern gründet seine Sittenlehre auf die Erhellung menschlichen Wesens. Der Mensch braucht nur über sich selbst und sein eigentliches Verlangen aufgeklärt zu werden. Diese Methode, dieser Denkstil entspricht durchaus dem Rede- und Dichtstil, der die mores, als bestehende Sitten und gegebene Charaktere aufzeigt. Und Thomasius setzt nicht anders als Weise das Wesen des Menschen in dessen Verlangen nach Vergnügen, d.h. innerer Befriedigung. Später konnte Thomasius nicht umhin, die Wahrheit von Luthers servum arbitrium anzuerkennen, doch für die Aufklärung blieb seine *Einleitung* aus dem Jahre 1692 maßgebend. Denselben psychologischen Sinn, den Christian Thomasius der Sittlichkeit unterschob, beanspruchte – Christian Wolff für die Erkenntnis: ›aus ihr entsteht süßes Vergnügen‹. Könnte, fragen wir uns, das Vergnügen so hoch im Wert stehen, wenn es sich nicht abhöbe von der Erfahrung des Unvergnügens? Handelt es sich doch um eine psychologische Sinngebung und Wertsetzung. Das Unvergnügen, Unbehagen, die malaise scheint gleich einer schleichenden Krankheit des fin de siècle vom 17. ins 18. Jahrhundert eingedrungen zu sein.«

Heinz Otto Burger, Die Geschichte der unvergnügten Seele, in: »Dasein heißt eine Rolle spielen«. Studien zur deutschen Literaturgeschichte, 1963, S. 127 f. ■

Georges de La Tour (1593-1652),
Maddalena penitente

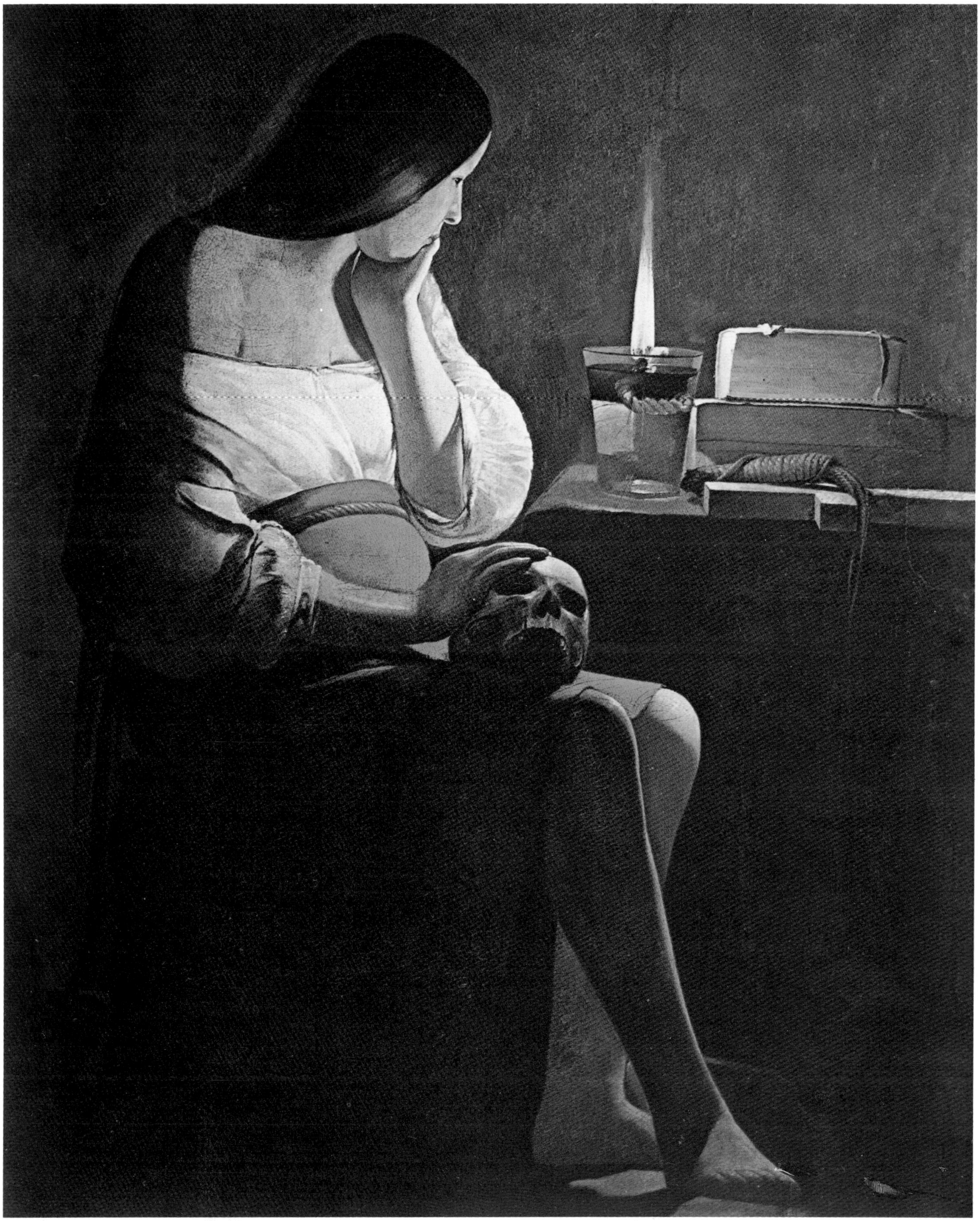

Und der Engel sprach zu ihnen:
Fürchtet euch nicht, siehe,
ich verkündige euch große Freude,
die allem Volke widerfahren wird.
Denn euch ist heute der Heiland geboren,
welcher ist Christus, der Herr,
in der Stadt Davids.

»Ach Herr, laß dein lieb Engelein
am letzten End die Seele mein
in Abrahams Schoß tragen,
den Leib in seim Schlafkämmerlein
gar sanft ohn eine Qual und Pein
ruhn bis am jüngsten Tage!
Alsdenn vom Tod erwecke mich,
daß meine Augen sehen dich
in aller Freud, o Gottes Sohn,
mein Heiland und Genadenthron!
Herr Jesu Christ, erhöre mich,
ich will dich preisen ewiglich!«

Martin Schalling, 1571 ■

Martin Schongauer (um 1450-1491), Geburt Christi
Perugino, d.i. Pietro Vannucci (um 1450-1523), Madonna mit Kind
Le Nain, Die Anbetung der Hirten, um 1635

ment in heitere und luftige Höhen steigen. Später setzen dann auch die Singechöre ein, und die Instrumentalchöre wiederholen ihren Entr'acte. Die Musik schreitet in heiterem Ton voran, aber die Form sagt uns, welchen Weg sie nehmen. Sie gehen im Kreis, und so tönt auch der Chor im da capo und davor in Wiederholungen, als sei man gewillt, den Fortgang der Musik zum Rondo zu vollenden. Danach erklingt ein Rezitativ. Die Klänge sind verhallt. Ein Sänger sagt uns: »Es begab sich aber zu der Zeit ...«. Wir öffnen die Augen und finden uns in der Kirche wieder. Der Eingangschor war wie ein Fresko. Er lüftete die Decke und ließ uns einen Himmel schauen, der von Musik voll ist. Nun sind wir wieder in der Kirche. Das Rezitativ erweitert sich zu einem freien Gesang. Ein »Recitativo accompagnato« erklingt, also ein Stück, das noch Rezitativ ist, Sprechgesang, aber sich in dem Gesang wie den begleitenden Instrumenten zur Arie verdichten möchte. So scheint es. Jesus wird angekündigt, und seine

Lichtgestalt verklären die Klänge zweier Oboen. Noch ist er im Milieu der Hirten, noch unschuldiges Lamm. Später dann wird er als Heiland einen Glorienschein erhalten, eine Aura aus den Klängen der Streicher. (In der Matthäus-Passion). Die Gemeinde beginnt sich ins musikalische Treiben zu mischen. »Er ist auf Erden kommen arm«, singt sie. Und ein Einzelner kann es noch gar nicht fassen. »Wer will die Liebe recht erhöhn, die unser Heiland vor [für] uns hegt?« In der Tat, diese Liebe für den sündigen Menschen ist höchst verwunderlich, und die beiden Oboisten können auch nur mit kurzen verwunderten Aufschreien einer überraschten Seele zur Musik dazutreten. Noch viel später begegnen uns dann die Hirten. Sie treten vor uns mit einer Musik, die aus dem italienischen Barock stammt. Pastorale nennt man solche Stücke von Corelli oder Geminiani. In jedem Weihnachtskonzert sind sie obligatorisch. Pastorale, das ist 12/8-Takt, punktierte Rhythmen, mäßiges Tempo, Flöten oder Oboen, und auch der Wechsel von Instrumentengruppen fehlt nicht. So bezeichnet die Musik den allfälligen Gedanken von Hirten, die ihre Schafe weiden, in Gruppen, und plötzlich erscheint der Engel! (Nicht allfällig ist aber die Beziehung zur Matthäus-Passion, wo solche Musik, nun nach Moll gewendet, den klagevollen Eingangschor bestimmt.)

Und wiederum blättern wir in den Noten ein Stück weiter. Ein Wiegenlied erscheint. »Schlafe, mein Liebster, genieße die Ruh«. Spricht da der erfahrene, der im Getümmel geplagte Familienvater? Eine wunderschöne Melodie, ein Kleinod in Bachs melodischem Garten, ganz einfach gesetzt, sogar mit sogenannten Murkybässen, gebrochenen Oktaven, wie sie in den Liedern Mode wurden, die am Ufer der plätschernden Pleiße gesungen wurden. Und dann, wenn der Klingklang des Vorspiels vorbei ist, eine der rührendsten Szenen in Bachs Musik. Wenn die Singstimme einsetzt, legt Bach den Instrumentalisten gleichsam den Finger aufs Instrument. Ruhig sollen sie sein. Leise, bitteschön. Nur noch eine Oboe d'amore darf mit den Streichern spielen, und diese sollen auf Zehenspitzen ihre musikalischen Linien voranbringen. Im pianissimo. So steht es in den Stimmen. Die Singstimme aber wird von einer himmlischen Musik sekundiert. Zu ihr tritt, eine Oktave höher, eine Flöte, und sie intoniert das himmlische Eiapopeia. Aus vielen Bildern kennen wir es. »Ehre sei Gott in der Höhe«, singen ein wenig später die »himmli-

Gaudenzio Ferrari (um 1471-1546), Musizierende Engel, Kuppel von Santa Maria dei Miracoli in Saronno

M

Musikalisch-rhetorische Figuren, so nennt man bestimmte musikalische Wendungen mit symbolischer Bedeutung. Die Komponisten verwenden sie seit der mittelalterlichen Mehrstimmigkeit, die Theoretiker entwickeln sie in der Mitte des 16. Jahrhunderts, am Ende der Lutherzeit in Übertragung der Rhetorik für Pfarrer, Gelehrte und Dichter. Es gibt drei Bereiche. Einmal sind alle Abweichungen vom normalen konsonanten Tonsatz rhetorisch gedeutet worden. Diese Mittel kann man »Dissonanzfiguren« nennen. Zum anderen sind Bildfiguren ein Bereich. Die sogenannte »Augenmusik« fällt darunter, etwa die Figur des Kreuzes in Form von Tonlinien oder der absteigende Gang für Wörter, die solche Bewegung bezeichnen. Bildfiguren können auch Pausen sein, wo gleichsam die Musik den Atem anhält. Eine dritte Gruppe sind die Verzierungen. Sie geben der Musik den Schmuck, den in einer Rede Metaphern beibringen. Während die Dissonanzfiguren und die Verzierungen unmittelbar erfaßbar sind, erschließt sich die »Augenmusik« nur dem Notenleser. Ihre große Bedeutung für das Werk Bachs belegt dessen Vorstellung von der großen Bedeutung des Buches für den Sinn der Musik und der Schrift für den Charakter.

schen Heerscharen« in einem echt Bachischen Kontrapunkt. Auch die Instrumentalchöre sind dabei, und mächtig rauscht es durch den Himmel, und das Echo wirft die Klänge des einen Chores zurück in den Tönen des anderen Chores. »So recht, ihr Engel, jauchzt und singet«. Des Evangelisten Wort gibt der Gemeinde das Stichwort. »Wir singen dir in deinem Heer aus aller Kraft Lob, Preis und Ehr«. Zu diesem Gesang erklingen die himmlischen Chöre, und da sie ihre Pastoralmusik wieder anstimmen und im Dreiertakt die Trinität verehren, muß die Gemeinde ihre Töne ein wenig aushalten und in punktierten statt normalen Vierteln singen.
Wie eine Folge von Altarbildern faßt Bach den Text des »Magnificat« auf. Der aus dem Lukas-Evangelium stammende Text hat Hunderte von Komponisten durch die Jahrhunderte hindurch zur Komposition angeregt, und Bach, der italienischen Tradition verbunden, von der er einige Zeugnisse besaß und musizieren ließ, komponierte den Text in gedrängter, aber von Station zu Station abwechselnder Gestalt. Hier, wo er vom Text recht unabhängig war, konnte er ganz unterschiedliche Aspekte vereinigen. So faßt er die Niedrigkeit Marias, humilitas ancillae suae, in einen Tonsatz voller flehentlicher Gestalten. So kniet sie gleichsam musikalisch vor dem allmächtigen Schöpfer. In h-Moll hat er einen seiner berühmten Adagio-Sätze geschrieben. Er dehnt diesen Ton auch noch auf den zweiten Teil des Satzes aus, wo es heißt: »Siehe, von nun an werden mich selig preisen«, und faßt die Erwartung eines jubelnden Ausbruches noch in den Tönen des Flehens. Erst dann, wenn tatsächlich die beiden Wörter »omnes generationes« erklingen, alle Generationen, so wollen wir sagen, erst dann bricht ein unbeschreiblicher Jubel los. Die Menschheit singt verzückt von Maria, dieser Wunderfrau. Er liest den Satz: »Und seine Barmherzigkeit währet für und für bei denen, die ihn fürchten« als eine Aussage über das »Erbarme dich, mein Gott«, faßt daher den Satz in e-Moll mit einer Musik, die so fern nicht vom Anfangssatz der Matthäus-Passion steht, einer Komposition, die zwar nach dem »Magnificat« folgte, aber vor der revidierten Fassung des »Magnificat« komponiert wurde. Oder nehmen wir einen anderen Satz. »Denn er übt Gewalt mit seinem Arm und zerstreut, die hoffärtig sind in ihres Herzens Sinn«. Im zweiten Teil des Satzes nach den Worten »dispersit superbos« setzt er einen musikalischen Doppelpunkt. »Des Herzens Sinn«, das erklingt im Adagio, als erschauere der Mensch vor dem Aussprechen des Namens für den Sitz Gottes – das Herz. Aber beim Erschauern bleibt es nicht. Vielmehr verklärt er das Herz. Die Trompeten krönen dessen Anblick. Später, wo von des Herrn Barmherzigkeit die Rede ist, tönt in den Chorsatz die Magnificatmelodie herein wie eine himmlische Botschaft. Wenn die Altvorderen zur Sprache kommen und das, was ihnen verkündet worden, dient der altmodische Chorsatz ohne Instrumente der Bezeichnung dieser alten Geschichten. Und wiederum erhebt sich die Musik aus dem Jammertal im »Gloria Patri«. Dieses Mal, wo nicht die himmlischen Klänge zur Erde niedersinken, sondern sich der Christenmensch aus dem irdischen Jammer erhebt zur Anschauung Gottes, jagen die Tonlinien, die Koloraturen von unten nach oben, wiederum im Vierertakt mit dreitönigen Motiven der Trinität entgegen. Und die Aussage »Sicut erat in principio« – »wie es am Anfang war« – schließt an den Eingangschor des Werkes

Fra Angelico (1386-1455), Die Verkündigung (mit der Vertreibung aus dem Paradies)
dgl., Die Heilige Familie auf der Flucht

dgl., Tafel von Fiesole (Ausschnitt aus der Madonna mit dem Kind, Engeln und 4 Heiligen)

an. Das Wort »Anfang« wird wörtlich genommen, musikalisch interpretiert. Ich sagte, daß dieses »Magnificat« wie eine Folge von Altarbildern erscheine. Das liegt an der Konzeption. Der Komponist dringt durch den Wortsinn hindurch zur Sphäre des theologischen Sinns. Zwar legt er über das Ganze jene verherrlichende Farbe des hymnischen Gesangs. Die revidierte Fassung steht in D-Dur und weicht nur bis zu G-Dur und e-Moll aus. Aber die Stationen der Betrachtung wollen doch deutlich markiert sein, die Niedrigkeit ebenso wie die Ehrfurcht vor heiligen Wörtern, die Allmacht Gottes muß gefeiert werden und der erbarmungswürdige Mensch. Der gute Komponist muß bei seiner Komposition das Ganze im Auge haben, so lautet die Grundregel der Kompositionslehre im Barock. So schaut Bach die Figur der Maria an, wie er sie häufig auf Altarbildern angeschaut haben mag. Der Text bezeichnet ein Bild, der Musiker benutzt den Text, um das Bild musikalisch darstellen zu können.
56 Text und Musik müssen daher nicht ständig übereinstimmen.

Wer aus solchem Tagtraum erwachte, dem wurde die Welt noch schaler. Wohin er auch blickte, überall sah er nur Unvollkommenes, Bruchstücke von Konfessionen, sah die Spuren der Vergänglichkeit, an Mauern, an Blumen, an Freundschaften, auch die Liebe zerrann, sei es durch den eingreifenden Tod oder durch den Herbst des Lebens, und was gerade geboren ward, das ging gleich wieder hinfort. Was hier allgemein ausgedrückt ist, das begegnete in tausend konkreten Fällen dem Kantor und Kapellmeister, dem Ehemann und Vater, dem Freund und Untergebenen täglich. Wir wollen uns Johann Sebastian Bach als einen nachdenklichen Menschen vorstellen, der diese Zeichen sah und zu interpretieren verstand. Er hatte auch die Sprache gelernt, um sie auszusprechen. Die Erbsünde, die den Tod als Schicksal nach sich gezogen hatte, sie ließ sich nur durch »unreine« Intervalle, durch Moll, durch den Klang von Oboen und andere klagende Instrumente darstellen. Schon der Ton drückte sie aus, mit seinem raschen Anschwellen und seinem ebenso raschen Entschwinden. Wenn er nun versonnen diese musikalische Welt untersuchte, so mußte ihm etwas auffallen, was eher beunruhigend war. Die Akkordverbindungen mit den changierenden ungesicherten Tönen, mal höher, mal tiefer – beispielsweise die Folge dis/ e/f/ e/d/ e/fis/ e oder der schwermütige Gang a/gis/g/fis/f/e/ dis/ e, also das Nebeneinander von dis und d sowie fis und f im ersten Falle und die chromatische Skala im zweiten Falle, sie ließen der Musik keine Ruhe. Die Dissonanzen klagten seufzend nach Auflösung, aber Bach führte sie gleich wieder in Dissonanzen, wie der sündenbeladene Mensch trotz aller Gebote und aller Versprechen von Sünde zu Sünde tappt. Wenn er solche Akkordverbindungen hinschrieb, und sein Eigenstes sind gerade solche Verbindungen, seien sie in Chorälen abgebildet oder in einem Stück wie die dreistimmige Invention in f-Moll, mußte ihm auffallen, wie stark die Musik gerade dann leuchtete. Gewiß, er konnte die einfache Himmelsmusik seiner diatonischen Jubelchöre dagegensetzen, aber die »sündenbeladene« Musik blieb eine Faszination. Er machte diese Seite der Musik stark, und so konnte er die Verfallenheit alles Menschlichen und die Gnadensonne der Vergebung in gleichberechtigten Symbolen aussprechen. »Der Tod bleibt doch der menschlichen Natur verhaßt«, so heißt es in der Kantate Nummer 60

»Die Kerbelsuppe mit der ihr eingekochten Grütze mochte die vorher gereizten Gemüter beschwichtigt haben, oder es hatte der Aufruf an die Fürsten die Dichter zur Ader gelassen; jedenfalls hockten sie matt im Halbkreis, maßvoll trug Gerhardt seine Rede gegen den kursächsischen Kapellmeister vor. Heinrich Schütz' Vorwurf, es fehle der deutschen Poeterey an Atem, vollgestopft mit Wortmüll sei sie, keine Musik könne sich in ihrem Gedränge mit sanfter oder erregter Geste entfalten: diese schlechte Zensur, der als Fußnote unterstellt war, es habe wohl der Krieg das Gärtlein der Dichtkunst verdorren lassen, blieb als These haften, denn, von Dach aufgerufen, redete Gerhardt nur allgemein hin. Es habe der Gast einzig seine hohe Kunst im Auge. Bei so kühnem Überblick werde ihm das schlichte Wort entgangen sein. Das wolle zuerst Gott dienen, bevor es sich der Kunst beuge. Weshalb der wahre Glaube nach Liedern verlange, die als Wehr gegen jegliche Anfechtung stünden. Solche Lieder seien dem einfachen Gemüte gewidmet, so daß die Kirchengemeinde sie ohne Mühe singen könne. Und zwar vielstrophig, damit der singende Christ von Strophe zu Strophe seiner Schwäche entkomme, Glaubensstärke gewinne und ihm Trost zuteil werde in schlimmer Zeit. Das zu tun, dem armen Sünder zu ihm gemäßem Gesang zu verhelfen, habe Schütz verschmäht. Selbst der Beckersche Psalter sei, wie er vielenorts hören müsse, den Kirchgemeinden zu vertrackt. Da baue er, Gerhardt, besser auf seinen Freund Johann Crüger, der sich als Kantor aufs strophische Lied verstehe. Dem rage nicht die Kunst vor allem. Dem seien nicht der Fürsten glänzende Hofkapellen teuer, sondern des gewöhnlichen Mannes Nöte wichtig. Dem wolle es mit anderen, wenn auch nicht weitberühmten Komponisten nie zu gering sein, der täglich bedürftigen Christgemeinde zu dienen und strophigen Liedern Noten zu setzen. Er nenne: des so früh zu Gott gegangenen Fleming ›In allen meinen Taten ... ‹ oder des ehrbaren Johann Rist ›O Ewigkeit, du Donnerwort ... ‹ oder unseres freundlichen Simon Dach ›O wie selig seid ihr doch, ihr Frommen ... ‹ oder des grad noch geschmähten, nun wahrlich wortmächtigen Gryphius ›Die Herrlichkeit der Erden muß Rauch und Aschen werden ... ‹ oder auch seine, des ganz dem Herrn ergebenen Gerhardt Strophen: ›Wach auf, mein Herz, und singe ... ‹ oder was er jüngst

Georges de La Tour (1593-1652), Der Heilige Philipp

Hände einer Nürnberger Bürgerin; Studie zu den Händen eines Apostels (A. Dürer)

Albrecht Dürer, Seitenflügel des Dresdner Altars 1497/98; Michel Erhart, Maria mit dem Schutzmantel, um 1480

geschrieben ›O Welt, sieh hier dein Leben am Stamm des Kreuzes schweben ... ‹ oder ›Nun danket all und bringt Ehr ... ‹ oder was er hierorts, in seiner Kammer geschrieben, weil doch der Friede bald komme und dann von den Kirchgemeinden gelobpreiset scin wolle: ›Gott Lob, nun ist erschollen das edle Fried- und Freudenwort, daß nunmehr ruhen sollen die Spieß und Schwerter und ihr Mord ... ‹

Dieses sechsstrophige Lied, in dessen vierter Strophe – › ... ihr vormals schönen Felder, mit frischer Saat bestreut, jetzt aber lauter Wälder und dürre, wüste Heid ... ‹ – des Vaterlandes Zustand zu einfachen Wörtern gefunden hatte, trug Gerhardt auf sächsische Weise in ganzer Länge vor. Die Versammlung war ihm dankbar. Rist grüßte ergeben. Schon wieder in Tränen: der junge Scheffler. Gryphius stand auf, ging auf Gerhardt zu und umarmte ihn mit großer Gebärde. Danach wollte sich Nachdenklichkeit breitmachen. Schütz saß wie unter eine Glasglocke gestellt. Albert voll innerer Not. Dach schneuzte sich laut, mehrmals.«

Günter Grass, Das Treffen in Telgte, 1979. Im Sommer 1647, dreihundert Jahre vor der Gruppe 47, läßt der Autor die deutschen Barockdichter zu einem Treffen ins Münsterland kommen. ■

»O Ewigkeit, du Donnerwort«. Der Sänger – er stellt die Furcht dar – springt innerhalb eines Nonenakkordes vom Ton a zum Ton c, wo doch in fis-Moll ein cis gefordert wäre. Weiter geht es mit dem Sprung c nach fis abwärts. Das ist eine verminderte Quinte, ein vollkommenes Intervall – im Mittelalter nannte man die Quinte perfekt –, das zur Dissonanz herabgestimmt worden ist. Das c nach fis kehrt als a nach dis und h nach eis wieder, und von eis gehts zum d, was einer verminderten Septime entspricht. Plötzlich aber haben wir Dur, »heile« Intervalle. »Selig sind die Toten«, das singt die Allegorie des Christus. In solchem Dialog zwischen einer durch die Todesfurcht zerfressenen Musik und der »heilen« Musik der Verkündigung wechselt dieser Satz insgesamt, ehe Bach mit einem Tritonus-Gang, einer einstens dem Teufel zugeschriebenen Wendung, die Welt allegorisch verläßt. »Es ist genug. Herr, wenn es dir gefällt, so spanne mich doch aus«.

Solche Tonsprache hat er sich erkämpft. In dem frühen Wunderwerk einer Trauermusik, dem »Actus tragicus« aus der Mühlhausener Zeit, bedient er sich noch anderer Mittel. Da steht für den alten Bund, das Gesetz des Todes, eine alte Musik mit einer vielfach verwendeten klagenden Formel, und die Verheißung des Evangeliums rückt in diatonischen Schritten an die Seite der alten Klänge. Auch findet eine Anverwandlung statt. Die Wendung zum Text »Mensch, du mußt sterben« erhält schließlich die Gestalt für die Textworte »Ja, ja, ja komm, Herr Jesu, komm«. Und ein Choral, nämlich »Ich hab' mein' Gott heimgestellt«, muß ausdeuten, was Bach später durch den Gegensatz zweier Tonsprachen auszudrücken schaffte.

Wenn man in Fachkreisen bewundernd von Bachs Harmonik spricht, dann meint man diese Art von Akkorden, die kühne Dissonanzbehandlung, das erst durch Bach wahrhaft erschlossene Reich der verminderten und übermäßigen Intervalle, den durch die Überlappung von Dissonanzauflösung und zugleich Dissonanzschürzung erzeugten Fluß der Musik. Das hier wird ihr durch Bach ebenfalls zur Natur. Sie ist dem Tod verfallen, aber dieses Faktum schreckt nicht mehr. Wir stehen vor diesen Akkorden wie die Hirten in Poussins zweiten Bild zum Thema »Et in Arcadia ego«. Der Tod ist mitten im Glück. Wir nehmen diese Botschaft nachdenklich auf, nicht erschüttert, auch nicht gleichgültig.

Ostern 1725 erklang in Leipzig ein neues Oratorium zum Osterfest. In Weißenfels konnte man diese Musik schon einige Wochen vorher hören. Da erklang sie nicht in der Kirche. Sie umschmeichelte die Ohren des tafelnden Fürsten. Herzog Christian von Sachsen-Weißenfels hatte mal wieder Geburtstag. Die Hirten Damoetas und Menalcas und die Schäferinnen Doris und Sylvia veranstalten auf ihre Weise eine Geburtstagsfête. Doris will »bei den Buchen, Eichen oder Linden« die Blumengöttin Flora aufsuchen und läßt für Christians Glück ihre Schafe auf dem »jungen Rasen« in den tiefen Gründen zurück. Sylvia erfährt, daß im Februar noch keine Blumen gepflückt werden können und ruft Flora herbei, sie möge doch mit dem Westwind »unsre Felder lieblich anwehen«. Das freilich würde in Thüringen im Februar nichts nützen. Aber diese traurige Erfahrung muß sie nicht machen, weil Damoetas sie überzeugt, daß Christian mit einer wohltönenden Luft ebenso zufrieden sei. »Drum auf! Laßt euren Lob-Gesang/Mit untermischten Pau-

»Die dem Mittelalter völlig fremde Idee einer Gottgleichheit des Dichters wurde in der platonischen Akademie zu Florenz zunächst von Marsilio Ficino durch Uminterpretation der bis dahin als verwerflich geltenden ›melencolia‹ eingeleitet: In seinem Traktat *De vita triplici (Vom dreifachen Leben)* – von Dürer, dem die wichtigste Melencolia-Allegorie zu verdanken ist, zitiert – greift Marsilio Ficino auf einen aristotelischen Diskurs zurück, nach dem die Melancholiker von Natur aus durch eine Übererregbarkeit charakterisiert sind; dies läßt sie immer auf dem schmalen Grat zwischen Enthusiasmus und Geistesschwäche wandern, was sie jedoch über die normalen Sterblichen erhebt, wenn sie ihr Gleichgewicht behalten und ›ihre Anomalie sich irgendwie ausgeglichen schön benimmt‹. So schwanken sie zwar immer noch zwischen Aufgeregtheit und Niedergeschlagenheit, aber ›alle herausragenden Menschen, seien sie nun ausgezeichnet in der Philosophie oder in der Staatskunst, in der Dichtkunst oder in den bildenden Künsten, sind Melancholiker – einige von ihnen sogar in solchem Ausmaß, daß sie an Krankheiten leiden‹ *(Problemata)*. Die großen Künstler der Renaissance galten als Melancholiker, die sich der Erde verbunden fühlten, dem Planeten Saturn, der als Gott der Erde dem Jupiter erhaben ist – ursprünglich zeugend –, sowie dem Herbst, dem Abend, der die Fülle einfährt und zugleich der Untergang ist.«

Christoph Hubig, »Genie« – Typus oder Original?, in: Propyläen Geschichte der Literatur IV, S. 187 ff. ■

»Die Sehnsucht, seiner eigenen Individualität zu entkommen, sei es durch Liebe, durch Tod oder durch Musik – eine Tendenz, die in der deutschen Geschichte des neunzehnten und zwanzigsten Jahrhunderts zu tragischen Folgen geführt hat – ist eine ihrem Wesen nach formlose und nihilistische Sehnsucht, sich dem Chaos des Universums zu unterwerfen. Die mystische Philosophie hingegen, welche die Persönlichkeit bewahren und reinigen und nur vor dem Schöpfer aufgeben wollte, ist ein Triumph der inneren Form über das Chaos der Welt.«

Leo Spitzer, Eine Methode Literatur zu interpretieren, 1966, S. 51 ■

Valdés Leal, Finis Gloriae Mundi, Ausschnitt

Hans Baldung Grien, Der Kuß des Todes, Ausschnitt

»Ein Mensch, der seinen eigenen Körper als Leichnam betrachtet – das ist ein typisches Thema barocker Kunst, bei dem wir den gleichen Schluß wie im Buch *Prediger* erwarten müssen: der Leib des Menschen muß zu dem Staub zurückkehren, aus dem er gekommen ist. Ein typisches Beispiel für dieses Thema ist das Gemälde von Valdés Leal (1691) im *Hospital de la Caridad* zu Sevilla, das einen König und einen Bischof in fürstlichem Gewand aufgebahrt zeigt, ihre Gesichter von der Fäulnis des Todes zerfressen. Die Aufschrift lautet: ›Finis Gloriae Mundi‹. Es gefiel dem Zeitalter des Barock, irdische Machthaber auf dem Gipfel ihrer weltlichen Macht dahingerafft zu zeigen, in dem Zustand körperlichen

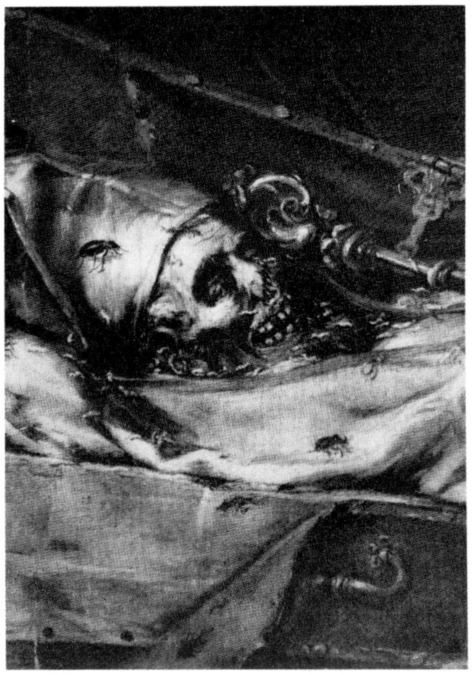

Verfalls, den der große Gleichmacher bewirkt. So wurde das Motiv des Totentanzes aus dem ausgehenden Mittelalter weitergetragen in das vorromantische achtzehnte Jahrhundert, dessen Friedhofspoesie, die in Goethes Gedicht auf Schillers Schädel ihren Höhepunkt findet, sich von der Barockkunst ableitet. Je naturalistischer letztere den Kadaver des menschlichen Körpers abbildete, je schärfer der Gestank des Todes (und hier fühlt sich der moderne Leser an Hemingway erinnert) den Leser oder Betrachter traf, desto einschneidender sollte die Lehre seiner angeborenen Schwachheit für den großsprecherischen Menschen sein.«

Leo Spitzer, Eine Methode Literatur zu interpretieren, 1966, S. 64 f. ■

ken-Klang/Erthönen und erschallen«. Das tut Bach für die holden Schäferinnen. Einige Wochen später heißen die Hirten nun Petrus und Johannes und die Schäferinnen Maria Jacobi und Maria Magdalena, ist aus dem Idyll eine österliche Szenerie auf dem biblischen Schauplatz geworden. Nun werden im Text nicht mehr Pauken angefordert. Nun sinnt man »auf Freudenlieder«. Bach aber ließ die Pauken und Trompeten in seiner Partitur stehen. Auch die Musik bleibt, mit der die »sanften Schafe« sich selbst in den Schlummer wiegen sollen (weil eben Doris auf Blumensuche gehen will): »Sanfte soll mein Todeskummer,/nur ein Schlummer,/Jesu, durch dein Schweißtuch sein«. Und all die andere Tafelmusik bleibt auch und versüßt nun die österliche Freude der Leipziger Gemeinde.

Auch anderen Lämmern geht es wohl. Noch einmal ist es der Herzog Christian von Sachsen-Weißenfels, ein passionierter Jäger. Die »wollenreiche Herde« seiner Untertanen wird durch das gepriesene Thüringer Land »lustig ausgetrieben«. Und darüber können sich diese Schafe – die Untertanen – nur freuen. (Übrigens wirtschaftete der Fürst sein Land »derartig herunter, daß der Kaiser in späteren Jahren eine Kommission zur Verwaltung der Finanzen einsetzen mußte« – A. Dürr). Die Freudenmusik für die Schafe gab es am Pfingstsonntag 1725 in Leipzig. »Mein gläubiges Herze,/Frohlocke, sing, scherze,/Dein Jesus ist da!«. Zweifellos mehr Anlaß zur Freude als die Jagdleidenschaft des Fürsten! Bach hat für die verlassenen Schafe eine wunderbar klangsinnliche Musik erfunden, gespielt von zwei Violinen nebst obligatorischem Baß, Klangflächen aus vibrierenden Tonlinien, flimmernd wie warme Luft, Klangzauber, der die Glieder löst, der die Leidenschaften betörend einschlummern läßt. (Mozart schrieb ein ähnliches Stück in »Cosi fan tutte«, wenn die beiden Damen ihren enteilenden Liebhabern nachwinken.) Für den Todeskummer des Jüngers Petrus verstärkte er noch diesen Zauber. Er schrieb nun für die Geigen »con sordino« vor, mit Dämpfer, wodurch die Farben einen gedämpften Braunton erhalten, Mattigkeit als köstlichen Trost. So dachte dieser Komponist. Für den Christenmenschen muß er noch mehr tun, um ihn zu trösten, mehr noch als bei Betrachtung der Natur schon getan worden war. Auch in der anderen Arie beschwört er das Bild der Wiege. In der »Jagdkantate« (BWV 208), wo die Untertanen als »wollenreiche Herde« bezeichnet werden (in Form von Steuern hatten sie weißgott viel Wolle zu liefern), ist es im Original eine Wiegenmusik für Baß. Dadurch hat sie einen leicht grotesken Zug. Ein wenig täppisch kommt sie daher, wie die sanften, aber eben auch blöden Tiere. Über das täppische Gedudel erhebt sich die Singstimme mit einem freien und fröhlichen Gesang. Im Kontext des Pfingstfestes war dies zu tilgen. Bei dieser Übertragung mußte der spezifische Naturton getilgt werden. Bach fügte weitere Instrumentalstimmen hinzu, führte die Gesangsstimme geschmeidiger und erweiterte das Stück. Vorbild dafür war ihm ein Instrumentalsatz, der zur »Jagdkantate« gehört und die täppische Schafsmusik in einen kontrapunktischen Satz verwandelt. Hatte er schon in der »Jagdkantate« aus künstlerischen Gründen dem Genrebild einen ausgearbeiteten Tonsatz folgen lassen, so wird in der Pfingstkantate »Also hat Gott die Welt geliebt« (BWV 68) dieser Instrumentalsatz zur Rechtfertigung der übernommenen Arie. Von hinten nämlich interpretiert, vom Instrumentalsatz aus die Arie,

M

Über geheime Aussagen durch Zahlen in Bachs Werken wird seit nunmehr einem guten halben Jahrhundert spekuliert. Dabei geht es sowohl um Symbolzahlen wie 1, 3, 7 und 12 und deren Quadratzahlen bzw. Multiplikationen (etwa 3 x 3 x 3 = 27) als auch um das Zahlenalphabet, nach dem der Name BACH die Zahl 2+1+3+8 hat, also 14. Man kann solche Zahlen in der Zahl der Stücke finden, in den Taktzahlen, in der Menge von Tönen eines bestimmten Abschnitts. Das neunteilige »Credo« oder der auf der Zahl sieben aufgebaute erste Satz der h-Moll-Messe wären solche Stücke aus dem Geiste einer in Zahlen geordneten Welt. Die Gegenprobe müßte unter den Prinzipien der Wahrscheinlichkeitsrechnung gemacht werden. Zu solchen Ordnungen gehört auch die Symmetrieform. Wie eine Menge von Schalen legen sich um einen Kern Formteile. Diese Anlage ist mit barocker Architektur in Zusammenhang gebracht worden. Dies würde aber bedeuten, daß die Komponisten Bauformen unter solchen Abstraktionen erfahren konnten, ein logischer Schluß, an dessen Gültigkeit man eher zweifeln kann. Viel eher wäre an symmetrische Formen auf Bildern zu denken, an eine Bildwelt, die dem Kirchenmusiker zum zweiten Alltag wurde.

Karl Remshard (1678-1735), Gartengesellschaft mit Musik, »ein Vorspiel zum Himmels Paradiß«

erweist sie sich als Vorstudie. Nicht mehr täppisches Gedudel, sondern eine springlebendige Musik, der vermutlich durch eine entsprechende Charakterisierung in der Aufführung noch zusätzlich aufgeholfen wurde.

Diese Art der Wiederverwendung von weltlichen Gesangswerken – die Bachforschung nennt dies Parodie – hat viel Beunruhigung gestiftet. Ganz zu Unrecht, wenn man den Aufbau der Welt kennt, an dem Bach festhält. Die Natur ist dabei im Ganzen wie in jedem Teil eine Allegorie. Man kann durch sie hindurch, aber auch durch jedes einzelne Ding, einen Berg, einen Baum, einen Elefanten, das Feuer oder Wasser, hindurchschauen auf Allgemeines, auf Geistliches und Moralisches. Die Verfasser von Emblemen taten das, die Dichter taten das, und Bach tat es eben auch. Und die Fürsten waren in ihrer Herrschaft von Gott eingesetzt, mochte man das angesichts ihres weltlichen Wirkens auch häufig genug bezweifeln. Für

Bach galt das nicht. Er unterschied zwischen Vorgesetzten, die ihn mochten und bei ihm bestellten, und solchen, mit denen er streiten mußte und die darob sowieso nichts bestellten. Warum also sollte er nicht die Gelegenheitskompositionen wieder verwenden, zumal unter dem entsetzlichen Druck der wöchentlich abzuliefernden Kantate. Sein Weltbild und eine gesunde Pragmatik beförderten das Verfahren der Parodie. Aber in ihr galt die Hierarchie. Eine geistliche Kantate konnte nicht zu einer Tafelmusik umfunktioniert werden. Die Welt wurde von unten nach oben aufgebaut vorgestellt. Aus Tafelmusik konnte Kantatenmusik werden, aus Trauermusik Passionsmusik.

Diese Hierarchie galt auch im Bereich des Tanzes. Dabei stufte Bach nach dem Schwierigkeitsgrad ab, der auf einen höheren Grad von kompositorischer Würde verwies. Für die gelegentlich zum Klavier eilenden Damen Menuette und andere Galanteriewaren der Zeitgenossen (in den beiden Klavierbüchern für Anna Magdalena Bach). Für die heranwachsende Jugend bestimmte Bach folgende Reihenfolge: Beginn mit den zwei- und dreistimmigen Inventionen, Klavierstücke im reinen zwei- und dreistimmigen Satz zur Erzielung eines sauberen und kantablen Klavierspiels und zur Ordnung der musikalischen Phantasie, damit der Schüler »gute Inventiones« bekomme, für das Stück, Genre, den Zweck das richtige Thema. Danach folgen die leichteren Französischen und die mit gepfefferten Vorspielen bedachten Englischen Suiten und danach das Wohltemperierte Klavier, also Präludien und Fugen. Die Liebhaber sahen das anders. Ihnen klangen die Suiten mit ihren galanten Tanzsätzen »viel anständiger … als die tiefsinnigen Kunststücke« (1697). Dabei verzichtete er niemals in seinen Klaviersuiten auf die Sarabande. Inmitten all des Gehüpfes und Gespringes sollte ein Ruhepunkt sein; der pomphafte Tanz aus den Zeiten Philipp des Zweiten (1556-98) gab dazu Gelegenheit. Und wo wir die verzierte Fassung aus Bachs unmittelbarer Umgebung überliefert bekamen, in der 3. Englischen Suite, oder das Double wie in der 6. Englischen Suite, spielen wir tief empfundene Adagiosätze, die sich vom Tanz weit entfernen. Auch hier sehen wir Bach am Werk und die Tanzmusik in den Kosmos seines Werks eingliedern, abgehoben vom Tanz, hingewendet zur Vorstellung vom Tanz. So wurde der Tanz ein Symbol für das Körperliche, das im Geist aufgehoben wird.

M

Instrumente haben symbolischen Wert. Trompeten und Pauken bestimmen die festliche Himmelsmusik, Oboen und Flöten verweisen auf die Sphäre der Hirten und reißen einen vielfältig gegliederten pastoralen Hintergrund auf. Die Symbolik der Instrumente und der Tonsätze ist mit dem System der Stile verwoben. Die Lehre vom Stil ist ein Klassifikationssystem zur Erfassung aller Erscheinungen. Es gab den hohen, den mittleren und den niederen Stil. Die gesellschaftliche Funktion führte zur Gliederung von Opern-, Kammer- und Kirchenstil. Und es gab nationale Stile, den italienischen, den französischen und den gemischten deutschen Stil. Dafür standen Gattungen wie Konzert oder französische Ouvertüre, Formen wie Sonate oder Suite, Tänze und Rezitativarten. Komposition ging aus dem Wissen um Figuren und Stile hervor und war daher tatsächlich eine Wissenschaft, eine ars combinatoria.

An keinem Kunstgebilde scheint der Geist der allegorischen Weltdeutung Plastischer auf als am Emblem. »In einem Emblemate muß man mit keinem Gemählde aufgezogen kommen/daß nicht ex historia naturali vel artificiali genommen sey. Denn ein Emblema ist ein Gemählde/darinnen ein Orator denen Zuhörern zu erkennen giebet/wie die Moralia auch in der Natur und Kunst gegründet sind«. Dies schrieb zu Beginn des 18. Jahrhunderts ein Domprediger in Magdeburg. Die Embleme bestehen aus einer Überschrift, einem Bild und einer verbalen Sinndeutung. Sie zeigen, wie die Dinge mit den Glaubens- und Moralsätzen verwoben sind. Durch sie lernt ein nachdenklicher Mensch, in den natürlichen oder künstlichen Dingen die Welt- und Gottesordnung zu erkennen, lernt sehen, wie sich die Symbole in der Natur zeigen. Mit der Bach-Zeit gingen sie zugrunde. Als man anfing, den Zusammenhang der natürlichen Dinge als organisch zu deuten, mußte die Herausstellung des Einzelnen und seine Deutung auf allgemeine Gesetze als »kindische Einfalt« erscheinen, als Verfehlung der »großen, offenen Poesie«. Was für Winckelmann oder Herder abgeschmackt war, bildete für die Dichter von Kantatentexten ein willkommenes Mittel, um gute Inventionen zu bekommen und in richtigen Vergleichen den Text kunstvoll zu gestalten. In dem »Handbuch zur Sinnbildkunst des XVI. und XVII. Jahrhunderts« haben Arthur Henkel und Albrecht Schöne unter dem Obertitel »Emblemata« die faszinierendste Sammlung von Sinnbildern für die göttliche Ordnung, ihre menschliche Verkehrung und die göttlichen Strafen solcher Vergehen geschaffen. Das Buch erschien in Stuttgart 1967.

Ich werde ihn zerschneiden

Alle Menschendinge hängen an einen dünnen Faden, den Gott zerschneidet, wenn er will. Sei fromm!

An einem Tag blüht und verwelkt die Rose, ihre Schönheit wird in kurzer Zeit zunichte. Das Alter auch, ohne lang zu rasten, furcht die früher straffe Haut.

Der Winter entblößt die Felder, und der Frühling bekleidet sie wieder. Zephyr gibt zurück, was durch Boreas verloren ging. Vernichtet aber das Alter die Schönheit, dann geht sie unwiederbringlich verloren.

Alles fließt

Es gibt kein Ding unter dem Monde, das ewig, fest, dauerhaft und beständig wäre, weder der Koloß, die Pyramide und die Säule noch das Mausoleum und der verehrungswürdige Tempel: Alles stirbt den sicheren Tod, und das tiefe Meer stürzt in eins zusammen, ohne daß uns die Güter dieses vergänglichen Daseins eine Spur von Erinnerung hinterlassen.

Leben und Todt
Beydes von Gott

Die Wiesen grün die allhie steht/ Zeigt deß Menschen felicitet/Die Glori und sein Herrligkeit. Der Baum die Fruchtbarkeit andeut/Daß jeder Mensch zu jedem ziel/Soll tragen guter Früchten viel. Ein Sensen ist an Baum geleint/Lehrt/wer doch alle Menschen seynd: Ein Graß und Blumen hüpsch und schon/Das bald welck wird/und muß davon. Auß der Wolck geht herfür ein Hand/Dieselbig gibt uns den verstand: Gleich wie man bald ein Frucht abbricht/ Also es mit uns Menschen gschicht. Ein theil der blüt/ein theil verdorrt. Ein alten Stock man sihet dort/Der wider grünt/lieblich aufschlägt/Und viel der guten Früchtlein trägt. Drumb in Unglück vertraw deim Gott/Er herrschet über Lebn und Todt.

Unter Einarbeitung vieler biblischer Gleichnisse, u.a. Joh. 15,16; Ps. 103,15; Jes. 40,6; Ps. 102,24

Die Schäflein mein
Einzeichnet seyn

Ein Schäflein steht in der Figur/Das zeigt ein Christen rein und pur/Der wie ein Schaf soll fruchtbar seyn/Sich allzeit sauber halten rein/Sich annemen der gmeinen Not/Dem hungrigen brechen das Brodt/Mit Kleidern die armen begabn/Deß wird er grossen Lohn dort haben. Das Schäflein steht auff einem Buch/Das soll uns Christen machen klug/Daß wir kein andre Stimm nicht hörn/ Denn was uns Gottes Wort thut lehrn: Ein Krafft GOTTES ist CHRISTI Wort/das selig machet hie und dort. Ein Hand gezeichnet mit eim Creutz/ Bedeut Gottes Hülff allerseits/Damit er schützt und schirmt allein/All Auserwehlte Schäflein sein/Und weil er ist der ewig Rath/Durchs Creutz alles versöhnet hat.

Unter Bezug auf Ps. 80,2; Jes. 58,7; Matth. 25,63; Joh. 10,16 u.a.

Ich werde gezeichnet, damit ich
erkannt werde

Diß zeichen den Hammel nicht schendt / Er tragts damit er werd erkent. / Manchem Menschen ein Klett anhangt / Die ihm hernach zu Ruhm gelangt.

Sie gehen
ohne Unterschied zugrunde

Das Zeichen so das Schäfflein tregt/ Den Wolff nicht zur Erbärmd bewegt. Also ein Bluthund und Tyrann Erwürgt und Tödt/sicht niemand an.

Süsser Wein und geile Sinnen
können offt viel Wunders spinnen

Was wilt einfältigs Schaff du eine Klag erwecken / Daß deine Wolle klebt an scharffer Dornen Hecken? Dieweil daß du nicht bist geblieben bey der Heerde / Ist recht daß dir allein es Schuld gegeben werde. Wie manche Klage wird doch offtermahls getrieben / Daß eine Jungfrauschafft ist auff dem Lauff geblieben: Und dennoch wann man recht die Sache will einsehen / So hat das Mägdlein Schuld / daß solches ist geschehen.

Der Schäflein wart
Sey nicht zu hart

Petrus deß HERREN Jünger gut / All Hirten trewlich warnen thut / Daß sie die Herd zu jeder frist Wäiden / die jhn befohlen ist / Unzwungen und auch williglich / Und ja nicht selbsten wäiden sich / Suchen das jhre nur allein / Und sorgen wenig für die Gmein. Drumb der Artzt mit seim Bundzeug hier / Den Hirten diese Lehr helt für / Daß sie nemen die Schaf in acht / Wie es der Ertzhirt Christus macht: Fleissig suchen was ist verirrt Curiren was ist vulnerirt / Der schwachen warten mit gebür / Drumb jhnen dort wird glohnt dafür. / Da zu jhn sagen wird der Grecht / Komb her du frommer trewer Knecht / Geh ein zu deines HERREN frewd / Die dir von anfang ist bereit.

Er versüßt das Bittere

Keine Galle haben die Schafe des Pontus, die sich vom Wermutstrauch nähren: Wer gewohnt ist, Übel zu ertragen, pflegt ohne Aufbegehren zu dulden.

Das Gleichnis hat Vorbilder in antiken Schriftstellern

Durch kein Kraut zu heilen

Wenn die Hirschkuh durch den vergifteten Pfeil des Jäger verwundet ist, sucht sie Heilung der Wunde durch das Kraut Dictamnum. Weh mir, daß Liebe durch kein Kraut zu heilen ist und das Leiden durch keine ärztliche Kunst vertrieben werden kann.

Sinnbild nach Ovid

Das Pferd nimmt Zügel, Gebiß und Halfter, um sich schneller am Hirsch zu rächen. Dann gereut es und sagt, wie schön es ist, ein Freier und kein Höriger zu sein.

Jung das Joch trag
Folg CHRisto nach

In einer Kripp hie ligt ein Kind/Zu welchem sich ein Schlangen findt: CHRistum das Kind allhier bedeut/Mit dem die Schlang hat jmmer Streit/Die will sich an dem Kindlein rechn/Und dasselb in die Fersen stechn. Ein Engel zu nechst steht dabey/Zeigt was jhr Ampt und Pflicht dann sey: Nemblich weils dienstbar Geister sind/Daß sie auffwarten diesem Kind/Und jhm die Schlang nicht bring gefahr/Auch nicht mög krümmen einig Haar. Drey Creutz allhier zur seiten stahn/Zeigen diß Kindes Zustand an: Armut/Schmähwort/und dann der Todt/Hat gwärt biß in die letzten not. Drumb liebes Kind folg Christo nach/Dein Joch bald in der Jugendt trag/Nimbs Creutz auff dich/und schick dich drein/Es muß doch hier nur glidten seyn.

Bezogen u.a. auf Jes. 9,6; Hebr. 2,13; Ps. 91,11; Hebr. 1,14; Matth. 4,11; Mark. 1,13; Ps. 22,14

Lebe im Gedanken an den Tod

Was freust du dich so, schöner Knabe, am Bilde des Todes? Was zeigt der Totenschädel, was die kurze Stunde an? Lebe im Gedanken an den Tod, dann lebst du fromm. Die Saat der Leichtfertigkeit zeigt ihre Nichtigkeit in der letzten Stunde. Lebe fromm, dann wirst du fromm sterben und glücklich leben nach dem Tode. Der Tod ist der heilige Zugang zum neuen Leben.

Bezogen u.a. auf 2. Petr. 1,14; Hiob 7,1 und 30,23; Off. 1,18

Zum Todtes Grab
Die Schlüssel ich hab

Ein Grabstein hie gezeiget wird/ Dardurch uns diß praefigurirt: Daß nach ablegung dieser Hüttn/Wenn wir hiemit gfahr viel gestrittn/ Endlichen müssen doch hinauß/Mit andern in das Todtenhauß. Die Ursach uns die Tafel zeigt/Daß wer vom Gsetz deß HERREN weicht/ Nicht thut was darinn ordinirt/Mit einem Stein wird onerirt. Auß der Wolcken ein Hand geht vor/Welche den Schlüssel hat zum Thor/Der Davids Sohn gegeben ist/Das ist der Heyland JESUS CHRIST/der ist der starck gewaltig Mann/Der unser Gräber will aufthan/Uns führen in die ewig Frewd/Daß wir bey jhm seyn alle zeit.

Dennoch werde ich lernen

Und wenn auch der eine Fuß schon im Grab und nur noch der andere im Leben steht, so will ich dennoch eifrig bleiben im Studium der Wissenschaften.

Dieses Emblem klingt wie die Altersweisheit Bachs bei Vollendung der Missa in h-Moll.

Menschenordnung

A

Am 21. März 1685 wurde Johann Sebastian Bach in Eisenach in die Musikerfamilie Bach hinein geboren. Ihr Stammvater war Veit Bach. Er kam aus Ungarn. Ob er aus Deutschland stammte oder in einem Hans Bach, einem Gemeindemitglied in Wechmar, seinen Vater hatte, ist umstritten. Johann Sebastian Bach ging 1735 in einer Aufstellung aller Mitglieder der Familie von Veit Bach aus. Er sei ein Weißbäcker in Ungarn gewesen und aus religiösen Gründen ausgewandert. In Thüringen habe er einen sicheren Ort für seine lutherische Religion gefunden und in der Nähe von Gotha sein Gewerbe wieder betrieben. Er habe »sein meistes Vergnügen an einem Cythringen gehabt«, wohl einem Zymbal, »welches er auch mit in die Mühle genommen, und unter währendem Mahlen darauf gespielet. (Es muß doch hübsch zusammen geklungen haben! Wiewohl er doch dabei den Tact sich hat imprimiren lernen.) Und dieses ist gleichsam der Anfang der Music bey seinen Nachkommen gewesen«. Musiker wurden sie, Organisten oder Stadtpfeifer, Kunstgeiger oder Kapellmeister, Sänger oder Instrumentenbauer. Aber auch dem Handwerk und Geschäft blieben manche treu. »Wurde ein Chirurgus«, so schreibt Johann Sebastian Bach, »nähret sich mit einem Materialisten Kram«. Auch Abenteurer kennt die Familie. »Ist auch der Musik zugethan«, heißt es von einem der vielen Johann Christoph genannten. »Hat sich aber niemalen zu einer function begeben, sondern sein Plaisir in Reisen gesuchet«. Ein Johann Michael war ein Orgelmacher, »ist aber nach diesem in die Nordländer gereiset, und nicht wieder retourniret, daß man also keine weitere

Ölbild aus der
Musikbibliothek Peters

Nachricht von ihm hat«. Doch die Familie war weit verzweigt, so daß der Verlust eines Mitglieds nicht auffiel. Man vermehrte sich tüchtig, und mancher tat es dem Thomaskantor gleich. Der »Chirurgus« etwa habe »das ganze Haus voll Kinder.«

Die Generalogie führt uns ins Wesen der Familie Bach. In ihr herrscht Familienstolz und nüchterne gegenseitige Beurteilung. Was der Vater angefangen hatte, setzte der Sohn Carl Philipp Emanuel fort. »Inter nos, machte es anders als der ehrliche Veit«, so heißt seine Eintragung zu den Daten des jüngsten Bruders Johann Christian. »Unter uns«, fein und familienverbunden war er nicht, dieser Bruder, als er 1760, um Domorganist in Mailand werden zu können, zum katholischen Glauben überwechselte.

Was bewog den Thomaskantor zu dieser Aufstellung? Wir wissen es nicht. Ende 1735 mag aber schon der Streit mit dem noch nicht dreißigjährigen neuen Rektor der Thomasschule getobt haben. Aus Dresden war trotz der »Missa« und mancher persönlicher Versuche noch immer kein Titel eines Hofkapellmeisters gekommen, und vielleicht vermehrte sich auch die Schar der Kritiker, die Bach altmodische Kunstprinzipien vorwarfen. Manches spricht für die Annahme, daß der Leipziger Kantor sich seiner Familie versichern wollte als einer Stütze im sehr rauh gewordenen Lebensklima. Vielleicht, so können wir nur sagen. Und vielleicht – so werden wir nun häufig sagen müssen.

Johann Ambrosius Bach – so hieß der Vater. Er hatte am 22. Februar 1645 das Licht der Welt zu Erfurt erblickt, und zwar gemeinsam mit Johann Christoph Bach, seinem Zwillingsbruder. Dieser war Hof- und Stadtmusikus in Arnstadt, jener in gleicher Funktion in Eisenach tätig. Der selbstbewußte und genialische Vater zeugte acht Kinder, sechs Söhne und zwei Töchter. Johann Sebastian Bach war der Jüngste.

Das Leben großer Persönlichkeiten aus fernen Jahrhunderten spiegelt sich für uns heute mehr aus Gehalts- und Verpflegungslisten als aus Dokumenten künstlerischen oder gar privaten Inhalts. So wissen wir eher, wann Bach Geld bekommen hat oder Holz, Fleisch und (sauren norddeutschen Tiefebenen-)Wein, als daß wir über seine Kindheit Genaueres aussagen könnten. Was wir über ihn wissen, stammt aus herzlich wenig Dokumenten eigener Handschrift und den Erzählungen der Söhne Wilhelm Friedemann und Carl Philipp Emanuel. Aber was sollten sie von dem zugeknöpften wortkargen Mann wirklich erfahren haben?

Seine Kindheit war bis zum Sommer 1693 glücklich. Er lernte Klavier und Geige spielen und war in der Eisenacher Lateinschule besser als sein drei Jahre älterer Bruder Johann Jakob. Er fehlte häufig in der Schule, im Durchschnitt rund hundert Stunden pro Jahr. Vermutlich mußte er zu Hause helfen, die Mutter war krank. Sie starb im Frühjahr 1694. Der Vater hatte schon durch den Tod seines Zwillingsbruders im Sommer 1693 einen Schock erlitten. Nun ergriff ihn Panik. Rasch heiratete er wieder, aber des neuen Eheglücks, wenn's denn eines war, erfreute er sich nur wenige Wochen. Im Februar 1695 starb auch er. Johann Sebastian war Vollwaise.

Er kam zusammen mit seinem drei Jahre älteren Bruder zum ältesten Bruder Johann Christoph nach Ohrdruf, einem Kaff mit einer guten Lateinschule. Dieser Johann Christoph schlug die Orgel,

erschien er aber erst innerhalb der »Musikalischen Bibliothek« von Lorenz Mizler 1754 in Leipzig. Der Nekrolog bildet die Grundlage für alle seither erschienene biographische Bach-Literatur. Auf ihn, auf Aussagen von Wilhelm Friedemann Bach und einiger Schüler Bachs ruht denn auch die erste Bach-Biographie von Johann Nikolaus Forkel. Vor allem das Werkverzeichnis des Nekrologs bleibt umstritten. Die Angaben von fünf Kantatenjahrgängen und fünf Passionen beispielsweise würden bedeuten, daß etwa hundert Kantaten und drei Passionsmusiken verloren gegangen wären, außerdem »viele Oratorien, Messen, Magnificatkompositionen« etc. Der folgende Text gibt die wichtigsten Passagen dieses Nachrufes wieder.

»Johann Sebastian Bach, gehöret zu einem Geschlechte, welchem Liebe und Geschicklichkeit zur Musick, gleichsam als ein allgemeines Geschenck, für alle seine Mitglieder, von der Natur mitgetheilet zu seyn scheinen . . .

Er wurde im Jahre 1685 am 21. März, in Eisenach gebohren. Seine Eltern waren: Johann Ambrosius Bach, Hof- und Stadtmusikus daselbst; und Elisabeth, gebohrne Lemmerhirtin, eines Rathsverwandten in Erfurth Tochter. Sein Vater hatte einen Zwillingsbruder mit Nahmen Johann Christoph, welcher Hof- und Stadtmusikus in Arnstadt war. Diese beyden Brüder, waren einander in allem, auch so gar was den Gesundheitszustand, und die Wissenschaft in der Musik betrifft, so ähnlich, daß man sie, wenn sie beysammen waren, blos durch die Kleidung unterscheiden mußte.

Johann Sebastian war noch nicht zehen Jahr alt, als er sich, seiner Eltern durch den Tod beraubet sahe. Er begab sich nach Ohrdruff zu seinem ältesten Bruder Johann Christoph, Organisten daselbst, und legte unter desselben Anführung den Grund zum Clavierspielen. Die Lust unsers kleinen Johann Sebastians zur Musik, war schon in diesem zarten Alter ungemein. In kurtzer Zeit hatte er alle Stücke, die ihm sein Bruder freywillig zum Lernen aufgegeben hatte, völlig in die Faust gebracht. Ein Buch voll Clavierstücke, von den damaligen berühmtesten Meistern, Frohbergern, Kerlen, Pachelbeln aber, welches sein Bruder besaß, wurde ihm, alles Bittens ohngeachtet, wer weis aus was für Ursachen, versaget. Sein Eifer immer weiter zu kommen, gab

Eisenach, Merian, Topographia, 1650

Johann Ambrosius Bach. Seit 1761 war er als Stadtmusikant in Eisenach tätig

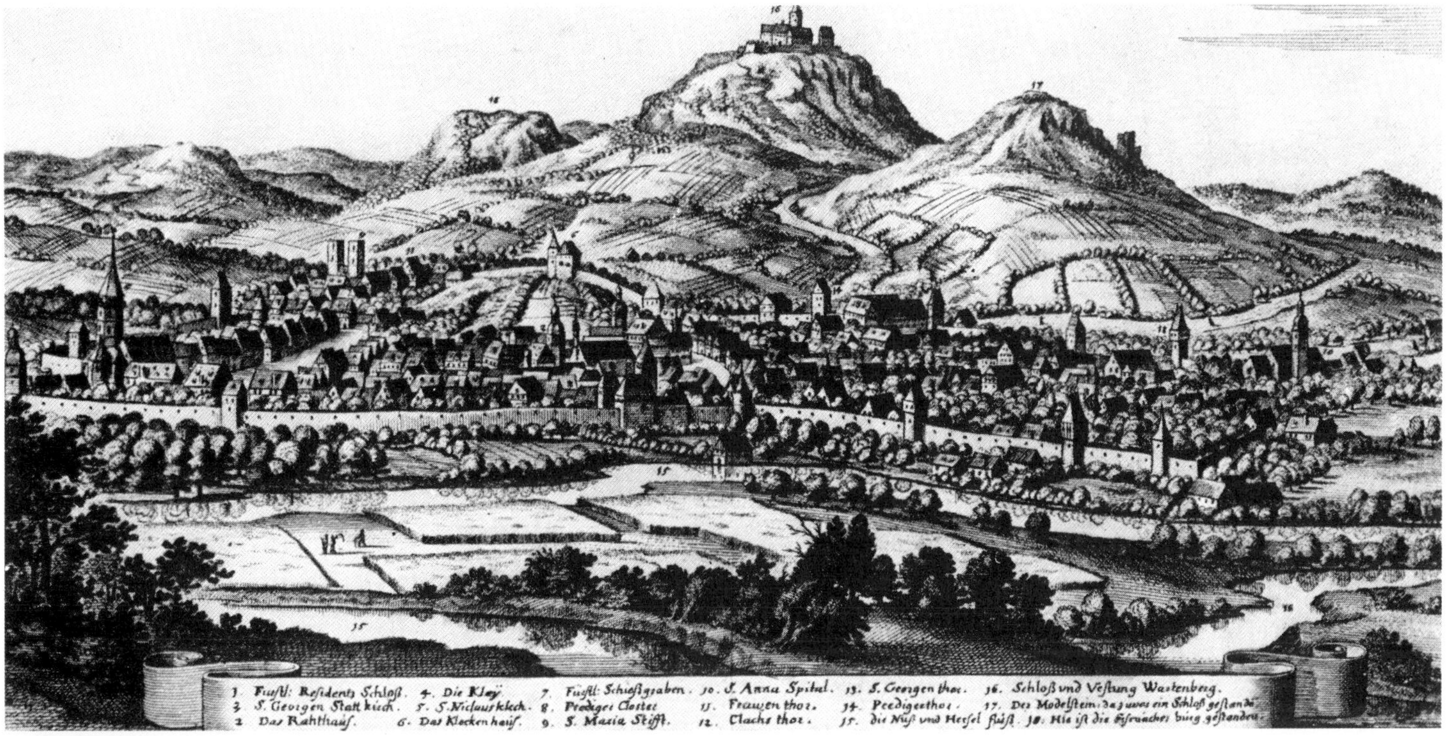

hatte gerade geheiratet und erwartete den Stammhalter. Begeistert wird man über diese unvermutete Ausweitung der Familie nicht gewesen sein. So war Johann Sebastian allein wie ein Erstgeborener, Puffer für alle mißlungenen Erziehungsversuche, und doch hatte er in frühester Kindheit die Zärtlichkeit für den Jüngstgeborenen erhalten. Aus dieser Mischung von Erstgeborenem und Nesthäkchen entstand unter Nachhilfe des Bachschen Erbteils die Mischung aus Gefühl und Jähzorn, dickem Kopf und empfindlichster Haut, die uns Bachs kraftvolle und gefühlstiefe Musik beschert hat, die Familie zu einer Mannschaft anwachsen ließ und im Umgang mit Menschen das Verquere betonte, welches unseren J.S.B. immer wieder in Konflikte zog.

Von Ohrdruf ging es nach Lüneburg, nicht ohne gründliche Kenntnisse im Orgelspiel und in der lateinischen Sprache auf die gut dreihundertfünfzig Kilometer Fußweg mitzunehmen. Das war 1700.
74 Die Fürsprache durch seinen Lehrer bei den Oberen von St. Michaelis muß glänzend gewesen sein. Denn eigentlich wollte man Knaben, die mit der Mutation der Stimme sich noch Zeit ließen oder Jünglinge an der Schwelle der Zwanziger. In Lüneburg lernte er die Musik der Altvorderen. Die Bibliothek der Kirche besaß rund tausendeinhundert Handschriften mit Werken von hundertfünfundsiebzig Komponisten. Hier sog er die Tradition der Kirchenmusik in sich auf. Aber es gab noch anderes zu hören. Celle war nicht weit, die Residenz der Herzöge von Braunschweig-Lüneburg. Herzog Georg Wilhelm, der Regent in diesen für Bach so entscheidenden Jahren, war kunstsinnig und mit einer Französin verheiratet. Auch die französische Musik sog der junge Bach auf, und es muß in seinem Inneren erstaunlich getobt haben, wenn französische Ouvertüren auf die Dreiklangsseligkeiten des alten Palestrina stießen. Und noch einer war von Bedeutung – Georg Böhm, eines der führenden Häupter der norddeutschen Orgelschule, die für manchen überhaupt die einzige Orgelschule war, die anständige Orgelmusik hervorbrachte, vielstimmige und pedalfreudige. Waren doch auch die norddeutschen Instrumente mit mehreren Manualen (Klaviaturen, wenn Sie's übersetzt haben wollen!) und ausgebautem Pedal ein noch zu entdeckendes Reich vielfältigster Klänge.

Der achtzehnjährige Schüler verläßt 1703 die Michaelisschule in Lüneburg und geht für einige Monate als Hofmusiker, also Geiger, zu Herzog Johann Ernst von Sachsen-Weimar, erhält dann aber im Herbst 1703 die Organistenstelle in Arnstadt, wo man die Familie Bach als exzellente Musiker gut kennt. Arnstadt war ein hübsches Städtchen, mit Lindenalleen und gut gepflegten Gärten, einer romanisch-gotischen Kirche, der Liebfrauenkirche, und einem Rathaus im Renaissancestil. Der verwandtschaftliche Umgang führte ihm auch seine künftige Frau zu, Maria Barbara, eine Verwandte zweiten Grades. Er war ein Feuergeist, die Chorsänger aber wünschten sich eher eine Schlafmütze. Er zeigte sein ganzes Können. Das machte sie schwindlig, und Reibereien, ja Raufereien blieben nicht aus. Man müsse mit dem Unvollkommenen leben, so riet der Kirchenrat recht weise. Man solle sich gefälligst gegenseitig leben lassen – leben und leben lassen. Von Arnstadt aus marschierte Bach nach Lübeck, um den großen Buxtehude zu hören. Bach hatte vier Wochen Urlaub erhalten, blieb aber vier Monate weg, Maria Barbara im Ungewissen

ihm also folgenden unschuldigen Betrug ein. Das Buch lag in einem blos mit Gitterthüren verschlossenen Schrancke. Er holte es also, weil er mit seinen kleinen Händen durch das Gitter langen, und das nur in Pappier geheftete Buch im Schranke zusammen rollen konnte, auf diese Art, des Nachts, wenn jedermann zu Bette war, heraus, und schrieb es, weil er auch nicht einmal eines Lichtes mächtig war, bey Mondenscheine, ab. Nach sechs Monaten, war diese musicalische Beute glücklich in seinen Händen. Er suchte sie sich, insgeheim mit ausnehmender Begierde, zu Nutzen zu machen, als, zu seinem größten Herzeleide, sein Bruder dessen inne wurde, und ihm seine mit so vieler Mühe verfertigte Abschrift, ohne Barmherzigkeit, wegnahm. Ein Geiziger dem ein Schiff, auf dem Wege nach Peru, mit hundert tausend Thalern untergegangen ist, mag uns einen lebhaften Begriff, von unsers kleinen Johann Sebastians Betrübniß, über diesen seinen Verlust, geben. Er bekam das Buch nicht eher als nach seines Bruders Absterben, wieder. Aber hat nicht eben diese Begierde in der Musik weiter zu kommen, und eben der, an das gedachte Buch, gewandte Fleiß, zufälliger Weise vielleicht den ersten Grund zu der Ursache seines eigenen Todes geben müssen? wie wir unten hören werden. Johann Sebastian begab sich, nachdem sein Bruder gestorben war, in Gesellschaft eines seiner Schulcameraden, Namens Erdman, welcher nunmehr, vor nicht gar langen Jahren, als Baron und Rußisch-Kayserlicher Resident in Danzig, das zeitliche gesegnet hat, nach Lüneburg, auf das dasige Michaels-Gymnasium.

In Lüneburg wurde unser Bach, wegen seiner ungemein schönen Sopranstimme, wohl aufgenommen. Einige zeit hernach ließ sich einsmals, als er im Chore sang, wider sein Wissen und Willen, bey den Soprantönen, die er auszuführen hatte, auch zu gleicher Zeit die Octave tiefer mit hören. Diese ganz neue Art von einer Stimme behielt er acht Tage lang: binnen welcher Zeit er nicht anders als in Octaven singen und reden konnte. Hierauf verlohr er die Töne des Soprans, und zugleich seine schöne Stimme.

Von Lüneburg aus reisete er zuweilen nach Hamburg, um den damals berühmten Organisten an der Catharinenkirche Johann Adam Reinken zu hören. Auch hatte er von hier aus Gelegenheit, sich durch öftere Anhö-

In Ohrdruf lebte Bach bei seinem Onkel. In Lüneburg beendete er seine Schulzeit.

Im benachbarten Celle konnte Bach französische Kultur kennenlernen

M

1685 – Aufhebung des Edikts von Nantes. Zahlreiche Hugenotten wandern aus und werden vom großen Kurfürsten aufgrund des Edikts von Potsdam aufgenommen. 1686 – Der prächtige Barockbau der Stiftskirche St. Florian wird begonnen. 1687 – Christian Thomasius hält die erste Vorlesung in deutscher Sprache. Die Venezianer zerstören die Akropolis. Newton formuliert entscheidende Gesetze der Mechanik. 1688 – Im »Magdeburger Konzert« vereinigen sich Brandenburg, Kursachsen, Hannover und Hessen-Kassel gegen Frankreich. 1689 – In der großen Allianz verbünden sich der Kaiser, England und Holland gegen Frankreich – die »Declaration of Rights« setzt einen Markstein in der modernen Verfassungsgeschichte. 1690 – Locke formuliert Prinzipien der Toleranz. 1691 – Andrea Pozzo malt die Gewölbefresken in S. Ignazio zu Rom. 1692/93 – Mit Baubeginn des Stadtpalais Liechtenstein entsteht in Wien ein weiteres Zeugnis barocker Architektur. 1694 – Bernhard Fischer von Erlach beginnt mit dem Schloß Schönbrunn, einer nahezu ein halbes Jahrhundert währenden Architekturarbeit. In England wird die Zensur aufgehoben und eine dreijährige Legislaturperiode für das Parlament festgesetzt. 1695 – Die Franckeschen Stiftungen entstehen. 1696 – In Berlin wird die Akademie der Künste gegründet. (1700 folgt die Gründung der Akademie der Wissenschaften).

zurücklassend. Er hätte in Lübeck bleiben können, wenn er Buxtehudes Stellung angenommen hätte, die aus Gründen der Einsparung eines Witwengeldes für die dreißigjährige Tochter des Altmeisters norddeutscher Orgel- und Kirchenmusik mit der Auflage, selbige zu heiraten, verbunden war. Nun, schon der große Georg Friedrich Händel und der bedeutende Johann Mattheson hatten dies nach Besichtigung dankend abgelehnt, und auch Bach zog die Fußreise zurück nach Arnstadt vor, so daß schließlich das altjüngferliche Mädchen mit einem »Schiefferdecker«, so hieß der Musikus, zufrieden sein mußte.

Was Bach auf dem Rückmarsch durch den Kopf ging, wir haben es schon zu beschreiben versucht. Er war hingerissen von Buxtehudes Kunst, aber stark genug, kein Epigone zu werden. Er fand zu sich selbst zurück und erkannte den Fehler für die Entwicklung der Kunst, den die Verschränkung von freien Präludien- und strengen Fugenteilen bedeutete. Das freie Wesen der Kontrapunktstimmen mengte er fortan eher in die Begleitung des Chorals und verwirrte damit die Gemeinde gründlich. In der Fuge übte er sich, und bald begann das große Orgelwerk zu entstehen, das sich nicht durch Menge, sondern durch Qualität der Stücke auszeichnet.

Von Arnstadt geht er nach Mühlhausen und heiratet, kaum ist er finanziell notdürftig abgesichert, Maria Barbara. Das war am 17. Oktober 1707. Es geht ihm, soweit die künstlerischen Dinge gemeint sind, gut, und er kann mit einer Werkgattung beginnen, die sein späteres Leipziger Leben prägt: mit der Kantatenkomposition. Sogleich entstehen bedeutende Kompositionen, so wie das im Orgelwerk der Fall ist. (Vermutlich ist das berühmteste Stück, Toccata und Fuge d-Moll, schon in Arnstadt entstanden.) Der »Actus tragicus« schlägt erstmals das Todesthema an – der Komponist war dreiundzwanzig Jahre alt –, »Christ lag in Todesbanden« entfaltet aus dem berühmten, ins Mittelalter zurückreichenden Kirchenlied den spezifischen Bach-Ton einer inbrünstigen Frömmigkeit.

Aber es hält ihn nicht in Mühlhausen. Er strebt nach Weimar, mit einem Hintergedanken im Kopf. Der Wechsel von Mühlhausen nach Weimar wird in der Regel aus dem theologischen Streit zwischen den Pastoren von Bachs Kirche, St. Blasius, und der Marienkirche erklärt. Der für ihn zuständige Pastor habe dem Pietismus angehangen, der andere dem orthodoxen Luthertum. Bach habe, da die Lutheraner musikfreudig waren, die Pietisten musikmuffig, zur Partei des kirchlichen Konkurrenten gehört, und dies habe Bachs Weggang befördert. Bach selbst hat das anders dargestellt. Er erklärte, daß er seinen Endzweck, nämlich »eine regulirte kirchen music zu Gottes Ehren«, nicht habe verfolgen können, wegen Geldmangel und daher mangels geeigneter Musiker für moderne Kantaten mit Geigen, Flöten, Oboen, Pauken und Trompeten. Aber in Weimar war er nur Organist, und damit rückte er von seinem Endzweck noch weiter ab. Denn die Hierarchie der Stellen lautete »Organist–Kantor–Kapellmeister«, von unten nach oben. Aber im Hinterkopf dürfte er spekuliert haben auf die Kantorenstelle, die mit einem ältlichen und ausgepreßten Subjekt besetzt war. Es hatte also mit dem »Endzweck« schon seine Richtigkeit. Diese Vermutung erhält Nahrung aus Bachs ungewöhnlich heftiger Verärgerung, als er die Stelle nicht bekam, obwohl der Alte denn endlich im Dezember 1716

rung einer damals berühmten Capelle, welche der Hertzog von Zelle unterhielt, und die mehrentheils aus Frantzosen bestand, im Frantzösischen Geschmacke, welcher, in dasigen Landen, zu der Zeit was ganz Neues war, fest zu setzen.

Im Jahre 1703 kam er nach Weymar, und wurde daselbst Hofmusikus. Das Jahr drauf erhielt er den Organistendienst an der neuen Kirche in Arnstadt. Hier zeigte er eigentlich die ersten Früchte seines Fleisses in der Kunst des Orgelspielens, und in der Composition, welche er größtentheils nur durch das Betrachten der Wercke der damaligen berühmten und gründlichen Componisten und angewandtes eigenes Nachsinnen erlernet hatte. In der Orgelkunst nahm er sich Bruhnsens, Reinkens, Buxtehudens und einiger guter französischer Organisten ihre Werke zu Mustern. Hier in Arnstadt bewog ihn einsmals ein besonderer starker Trieb, den er hatte, so viel von guten Organisten, als ihm möglich war, zu hören, daß er, und zwar zu Fusse, eine Reise nach Lübek antrat, um den dasigen berühmten Organisten an der Marienkirche Diedrich Buxtehuden, zu behorchen. Er hielt sich daselbst nicht ohne Nutzen, fast ein vierteljahr auf, und kehrete alsdenn wieder nach Arnstadt zurück.

Im Jahre 1707, wurde er zum Organisten an der S. Blasiuskirche in Mühlhausen berufen. Allein, diese Stadt konnte das Vergnügen nicht haben, ihn lange zu behalten. Denn eine im folgenden 1708 Jahre nach Weymar gethane Reise, und die daselbst gehabte Gelegenheit, sich vor dem damaligen Herzoge hören zu lassen, machte, daß man ihm die Kammer- und Hoforganistenstelle in Weymar antrug, von welcher er auch so gleich Besitz nahm. Das Wohlgefallen seiner gnädigen Herrschaft an seinem Spielen, feuerte ihn an, alles mögliche in der Kunst die Orgel zu handhaben, zu versuchen. Hier hat er auch die meisten seiner Orgelstücke gesetzet. Im Jahre 1714 wurde er an eben dem Hofe zum Concertmeister erkläret. Die mit dieser Stelle verbundenen Verrichtungen aber, bestunden damals hauptsächlich darinn, daß er Kirchenstücke componiren, und sie aufführen mußte. In Weymar hat er nicht weniger verschiedene brafe Organisten gezogen; unter welchen Johann Caspar Vogler, sein zweyter Nachfolger daselbst, vorzüglich bemerket zu werden verdienet. Nach Zachaus, Musikdirectors

Arnstadt, Merian, Topographia, 1650
Arnstadt um 1580. Kupferstich nach einem alten Gemälde

Lübeck, Merian, Topographia, 1653
Mühlhausen, Merian, Topographia, 1650

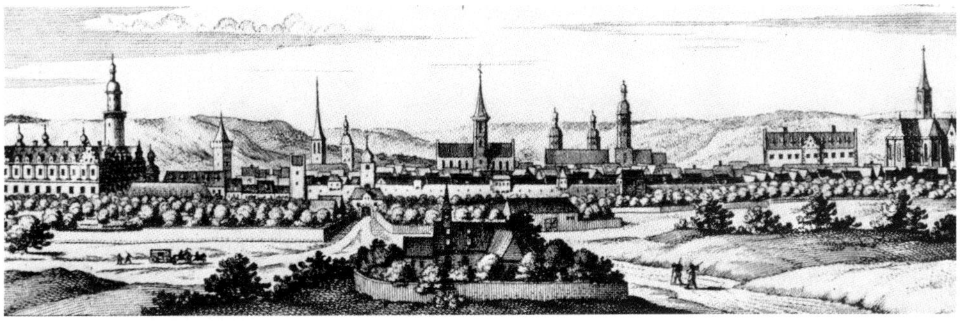

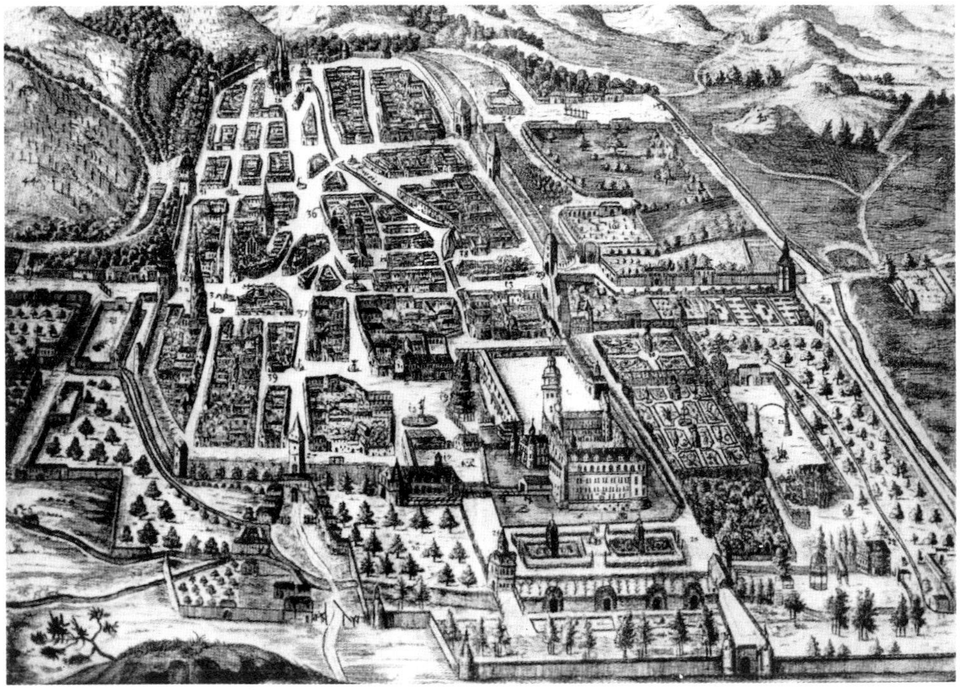

M

1697 – Kurfürst Friedrich August I. von Sachsen, ein siebenundzwanzigjähriger Monarch, krönt sich zum polnischen König. 1698 – Schlüter übernimmt den Bau des Schlosses in Berlin. 1699 – In Versailles entsteht die Schloßkapelle. 1701 – Kurfürst Friedrich krönt sich zum preußischen König. 1702 – Baubeginn am Stift Melk und am Howard Castle. 1704 – Die Preußen entdecken »ihr« Blau. 1705 – Die Dampfmaschine wird erfunden, und Lebensversicherungen werden möglich. Der Halleysche Komet stärkt den Wunderglauben. 1706/08 – Kriege. 1709 – Die Massenauswanderung nach Nordamerika beginnt. Böttger schafft das devisenbringende Porzellan. 1710 – In Berlin entsteht die Charité, in Meissen die Manufaktur.
1711 – Die englische Südseegesellschaft wird gegründet. 1712 – Christian Wolff untersucht die »Kräfte des menschlichen Verstandes«. 1713 – Die Wahrscheinlichkeitsrechnung wird gefunden. 1714 – Endlich ist Friede. Leibniz entwirft seine Lehre von den Monaden als Substanzen des Seins, Fahrenheit mißt mit einem Thermometer die Temperatur. 1715 – Ludwig XIV. stirbt im Alter von 77 Jahren. 1716 – die Banque générale versucht die Staatsfinanzen zu sanieren.

die Welt verließ. Bach reagierte sozusagen mit Arbeitsverweigerung. Aber nun greifen wir ein wenig vor.

In Weimar hatte er die Orgel zu schlagen und Geige zu spielen, wohl auch Bratsche. (Übrigens sind die Bratschenspieler für die Auffüllung des Tonsatzes mit kräftigenden Mittelstimmen besonders geeignet.) Hier in Weimar entstand Bachs Orgelwerk. Die heutige Bachforschung verlegt es in diese Zeit und glaubt mit einleuchtenden Gründen, daß Bach in Leipzig nur die Triosonaten, den »Dritten Teil der Klavierübung« geschrieben habe sowie die korrigierten Fassungen der älteren Orgelchoräle und überarbeitete Fassungen von Präludien/Toccaten/Fantasien und Fugen.

In Weimar fand Bach den Herzog Wilhelm Ernst vor, der ein frommes Regime unter den Maximen Luthers führte. Keine Theatertruppe, kaum Festlichkeiten, viel Beten und strengste Aufmerksamkeit für die Verkündigung von Gottes Wort, so sah der Alltag aus. Dem Orgelspieler wurde durch derartige fromme Übung natürlich das Ohr besonders geöffnet. Sein Ruf als Virtuose festigte sich, und bei Banausen provozierte er den Verdacht, er spiele wie der Teufel. Ein Jahrhundert später galt dieser Verdacht dem Teufelsgeiger Niccolo Paganini. Hier auch ist sein Ruhm als Orgelprüfer begründet, eine Tätigkeit für die vielen Jahrzehnte seines Lebens. Diesem Ruhm verdankte Bach auch das Interesse, das man in Halle für ihn hatte. Nach einigem Hin und Her und im Stile von »Bleibeverhandlungen«, wie man so etwas heute in Professorenkreisen nennt, schlug Bach die vertraglich ihm bereits zugewiesene Stelle an der Liebfrauenkirche aus. Ob er dabei auch die bedenklichen Klauseln in seinem Vertrag erwogen hatte, wonach er Choräle nur im einfachen akkordischen Satz begleiten durfte, ein Verfahren, das seiner Auffassung von Choralsatz und Harmonik zuwiderlief, wissen wir nicht. In Weimar wurde Bach mit der italienischen Konzertmusik bekannt, und zwar durch einen Neffen des regierenden Fürsten, Johann Ernst. Der kaum achtzehnjährige Prinz brachte die Musik Vivaldis aus den Niederlanden mit, und am öden lutherisch frommen Hof dürfte das gemeinsame Debattieren über die neueste Musik zu den innig ersehnten Abwechslungen in Bachs Leben gehört haben. Auch zu dem anderen Neffen, Ernst August, gibt es freundschaftliche Beziehungen.

Wer aber nun denkt, daß Bach sich ins Schreiben von Konzerten stürzt, täuscht sich. Er nimmt nur auf, er transkribiert einige Stücke für die Orgel, damit man's sich auch klanglich richtig vorstellen kann, aber dann wartet er. Zunächst einmal interessiert ihn die Kantate, und zwar in der modernen, ebenfalls aus Italien stammenden Form. Am 2. März 1714 wird er beauftragt, Kantaten zu schreiben, und erhält zur Belohnung mehr Gehalt und den Titel Konzertmeister. Die ausschweifenden Weimarer Kantaten entstanden, in späteren Zeiten Entlastungsmaterial für den überanstrengten Thomaskantor. Sein Œuvre wuchs, und seine Familie wuchs auch. In Weimar sind sechs Kinder geboren worden, unter ihnen die so begabten Söhne Wilhelm Friedemann und Carl Philipp Emanuel. (Man wüßte natürlich gern etwas Näheres über die Töchter, aber deren Erdenleben war einzig für die Ehe bestimmt, und da erscheinen sie in den Akten nur in Zahlen über ihre Gebärfreudigkeit.) Der alte Kantor von Weimar starb, man versuchte, den viel-

und Organistens an der Marcktkirche in Halle, Tode, erhielt unser Bach einen Beruf zu desselben Amte. Er reisete auch wircklich nach Halle, und führete daselbst sein Probestück auf. Allein, er fand Ursachen, diese Stelle auszuschlagen, welche darauf Kirchhof erhielt.

Das 1717. Jahr gab unserm schon so berühmten Bach eine neue Gelegenheit noch mehr Ehre einzulegen. Der in Franckreich berühmte Clavierspieler und Organist *Marchand* war nach Dreßden gekommen, hatte sich vor dem Könige mit besonderm Beyfall hören lassen, und war so glücklich, daß ihm Königliche Dienste in Dreßden, mit einer starken Besoldung angeboten wurden. Der damahlige Concertmeister in Dreßden, *Volumier,* schrieb an Bachen, dessen Verdienste ihm nicht unbekannt waren, nach Weymar, und lud ihn ein, ohne Verzug nach Dreßden zu kommen, um mit dem hochmüthigen *Marchand* einen musikalischen Wettstreit, um den Vorzug, zu wagen. Bach nahm diese Einladung willig an, und reisete nach Dreßden. *Volumier* empfing ihn mit Freuden, und verschaffete ihm Gelegenheit seinen Gegner erst verborgen zu hören. Bach lud hierauf den *Marchand* durch ein höfliches Handschreiben, in welchem er sich erbot, alles was ihm *Marchand* musikalisches aufgeben würde, aus dem Stegreife auszuführen, und sich von ihm wieder gleiche Bereitwilligkeit versprach, zum Wettstreite ein. Gewiß, eine grosse Verwegenheit! *Marchand* bezeigte sich dazu sehr willig. Tag und Ort, wurde, nicht ohne Vorwissen des Königes, angesetzet. Bach fand sich zu bestimmter Zeit auf dem Kampfplatze in dem Hause eines vornehmen Ministers ein, wo eine grosse Gesellschaft von Personen vom hohen Range, beyderley Geschlechts, versammelt war. *Marchand* ließ lange auf sich warten. Endlich schickte der Herr des Hauses in *Marchands* Quartier, um ihn, im Fall er es etwan vergessen haben möchte, erinnern zu lassen, daß es nun Zeit sey, sich als einen Mann zu erweisen. Man erfuhr aber, zur größten Verwunderung, daß *Monsieur Marchand* an eben demselben Tage, in aller Frühe, mit Extrapost aus Dreßden abgereiset sey. Bach der also nunmehr allein Meister des Kampfplatzes war, hatte folglich Gelegenheit genug, die Stärcke, mit welcher er wider seinen Gegner bewafnet war, zu zeigen. Er that es auch, zur Verwunderung aller Anwesenden. Der König hatte ihm dafür ein Geschenk von 500 Thalern

Die Wilhelmsburg in Weimar vor dem großen Brand 1714

Schloßhof in Köthen

»Doch sieht man Gottes Bild aus einer Seele strahlen« – Oben – Wilhelm Ernst von Sachsen-Weimar. Unten – Fürst Leopold von Anhalt-Köthen (1694–1728)

bekannten Georg Philipp Telemann aus Leipzig zu gewinnen, und schließlich übergab man das Amt dem Sohn des alten Kantors. Bach reagierte mit Sturheit, tat nichts mehr für den Dienst und sah sich nach einer neuen Stelle um. Sein Dienstherr war nicht gewohnt, daß ihm widersprochen wurde, und auch für die Meinung, ein Untertan könne sein Fürstentum nicht als das beste aller möglichen Fürstentümer ansehen, hatte er kein Verständnis. Man versuchte, den Konzertmeister durch eine Art Beugehaft weich zu machen, als er bereits im Sold seines neuen Dienstherrn stand. Das nützte bei Bach nichts. Er vertrieb sich die Gefängniszeit mit der Komposition von Orgelchorälen aus seinem »Orgelbüchlein«, und so ließ man ihn ungnädig aus dem Dienst. Es wird ihm schnuppe gewesen sein. Rechthaberische Menschen mochte er nicht leiden. Aus der Geschichte von Saulus hatte er das Gleichnis für derartige Frömmler im Kopf.

Er zog umso erleichterter ab, als er Monate zuvor in Dresden
80 über den Franzosen Marchand in einem sogenannten Orgelwettstreit siegreich geblieben war und sich wie ein Olympiasieger fühlen konnte. Eines aber hatte der regierende Fürst für die Nachwelt erreicht. Johann Gottfried Walther, der Freund aus den gemeinsamen Weimarer Jahren, Verfasser eines berühmten »Musicalischen Lexikons« und einer bemerkenswerten Kompositionslehre, in Weimarer Dienst verblieben, durfte in seinen Publikationen den Freund kaum würdigen. Wo hätten wir heute den Konzertmusikkomponisten, den großen Lehrer, den Verfasser des »Wohltemperierten Klaviers«, wenn Bach sogleich Kantor geworden wäre! Für uns ist der Wechsel ins Amt eines Kapellmeisters am Hofe zu Köthen unter dem musikbegeisterten Fürsten Ernst August ein Glücksfall.

Seit dem August 1717 war Bach angestellt, und in den sechs Jahren seiner Tätigkeit als Kapellmeister schuf er ein umfangreiches Werk in Form von Konzerten, Sonaten, Suiten und anderen Zusammenstellungen von Tanz- und freier Präludienmusik. Er schuf auch die ersten Lehrwerke, die Sammlungen der »Inventionen und Sinfonien«, zwei- und dreistimmige Klaviersachen und den ersten Band des »Wohltemperierten Klaviers«. Seine Reisen zum Einkauf von Instrumenten brachten ihn mit dem Berliner Hof in Berührung. Daraus resultieren die »Brandenburgischen Konzerte«.

Die Jahre in Köthen machen bis heute den Verfechtern eines seinem lieben Gott dienenden Erzkantors zu schaffen. Der Köthener Hof war nämlich nicht lutherisch, sondern reformiert, und Religion spielte insgesamt eine nebensächliche Rolle. Die Distanz zu Weimar muß mit Händen greifbar gewesen sein! Bach hat sich darob nicht gegrämt. Im Gegenteil, in einer Stunde tiefster Verärgerung schrieb er im Jahre 1730 rückblickend auf die Köthener Zeit: »Daselbst hatte einen gnädigen und Music so wol liebenden als kennenden Fürsten; bey welchem auch vermeinete meine Lebenszeit zu beschließen«. Und später sagt er dann ausdrücklich, es sei ihm zunächst schwergefallen, von einem Kapellmeister wieder zu einem Kantor zu werden. Sein Urteil deckt sich mit demjenigen von Georg Philipp Telemann.

In diese Köthener Zeit fällt der Tod seiner ersten Frau. Bach weilte mit dem Fürsten in Karlsbad. Er erfuhr den Tod erst nachträglich. Von den Kindern lebten noch vier. Sie waren zwölf, zehn, sechs und fünf Jahre alt. Nach einer ungewöhnlich langen Wartezeit heira-

bestimmet: allein durch die Untreue eines gewissen Bedienten, der dieses Geschenk besser brauchen zu können glaubte, wurde er drum gebracht, und mußte die erworbene Ehre, als die einzige Belohnung seiner Bemühungen mit sich nach Hause nehmen. Sonderbahres Schicksal! Ein Franzose läßt eine ihm angebothene dauerhafte Besoldung, von mehr als einem Tausend Thaler freywillig im Stiche, und der Deutsche, dem jener doch durch seine Flucht, augenscheinlich den Vorzug einräumet, kann nicht einmal eines ihm von der Gnade des Königs ein für allemahl zugedachten Geschencks theilhaftig werden. Uebrigens gestund unser Bach dem *Marchand* den Ruhm einer schönen und sehr netten Ausführung gerne zu. Ob aber *Marchands* Müsetten für die Christnacht, deren Erfindung und Ausführung ihm in Paris den meisten Ruhm zu Wege gebracht haben soll, gegen Bachs vielfache Fugen vor Kennern würden haben Stand halten können; das mögen diejenigen, welche beyde in ihrer Stärcke gehöret haben, entscheiden.

Nachdem unser Bach wieder nach Weymar zurück gekommen war, berief ihn, noch in eben diesem Jahre, der damalige Fürst Leopold von Anhalt Cöthen, ein grosser Kenner und Liebhaber der Musik, zu seinem Capellmeister. Er trat dieses Amt unverzüglich an, und verwaltete es fast 6 Jahre, zum größten Vergnügen seines gnädigen Fürsten. Während dieser Zeit, ungefehr im Jahr 1722, that er eine Reise nach Hamburg, und ließ sich daselbst, vor dem Magistrate, und vielen andern Vornehmen der Stadt, auf der schönen Catharinenkirchen Orgel, mit allgemeiner Verwunderung mehr als 2 Stunden lang, hören. Der alte Organist an dieser Kirche, Johann Adam Reinken, der damals bey nahe hundert Jahre alt war, hörete ihm mit besondern Vergnügen zu, und machte ihm, absonderlich über den Choral: An Wasserflüssen Babylon, welchen unser Bach, auf Verlangen der Anwesenden, aus dem Stegreife, sehr weitläuftig, fast eine halbe Stunde lang, auf verschiedene Art, so wie es ehedem die braven unter den Hamburgischen Organisten in den Sonnabends Vespern gewohnt gewesen waren, ausführete, folgendes Compliment: Ich dachte, diese Kunst wäre gestorben, ich sehe aber, daß sie in Ihnen noch lebet. Es war dieser Ausspruch von Reinken desto unerwarteter, weil er vor langen Jahren diesen Choral selbst, auf die

Handschrift J. S. Bach

Oben – Handschrift von Anna Magdalena. Unten – Menuett aus ihrem Klavierbuch

M

1717 – In Preußen wird die Schulpflicht eingeführt. In London entsteht der Bund der Freimaurer. 1718 – New Orleans wird gegründet. 1719 – »Robinson Crusoe« von Defoe. 1720 – Die Würzburger Residenz wird gebaut. 1721 – Die spanische Treppe vermehrt die römischen Baudenkmäler. 1722 – Der Stahl- und Schmiedeguß wird in Europa erfunden. Fernab werden die Osterinseln mit ihren merkwürdigen Skulpturen entdeckt. 1723 – Preußens Verwaltung wird reformiert. Christian Wolff muß Halle verlassen. 1724 – Keine Angabe. 1725 – Vico entwirft eine Wissenschaft über die gemeinschaftliche Natur der Völker. Aus ihr wird die Historie als Wissenschaft. In Wien erhalten Bücher einen wunderbaren Bau, die Hofbibliothek. 1726 – In Dresden wird mit dem Bau der Frauenkirche begonnen. 1727 – Die Neuberin spielt in Leipzig. 1728 – Die Behringstraße wird erstmals durchfahren. 1729 – Bachs »Matthäus-Passion«. 1730 – Katte wird hingerichtet. 1731 – Die Salzburger Emigranten kommen nach Preußen. »Manon Lescaut« von Abbé Prevost erscheint. 1732 – Fassade von Saint Sulpice in Paris. 1733 – Verkehrssteuern in England. 1734 – Schloß Amalienburg bei München. Voltaire schreibt die »philosophischen Briefe«. 1735 – Linné schreibt sein Natursystem. 1736 – Euler untersucht die Mechanik. 1737 – In Hamburg entsteht die erste deutsche Freimaurerloge. Wien verschönt sich mit dem Neumarktbrunnen. Die Universität Göttingen öffnet.

tete Bach im Dezember 1721 eine junge Sängerin, Anna Magdalena Wilcken. Sie stand im Dienst des Hofes und sang in der Kirche. (Bei den Reformierten war das erlaubt.) Die zwanzigjährige Frau übernahm eine äußerst schwierige Aufgabe. Die Ältesten aus erster Ehe, vornehmlich die begabten Söhne, haben wohl zu ihr nie Kontakt gefunden. Sie war mit Kindern gesegnet. Von 1723 bis 1729 kamen sieben Kinder, von 1731 bis 1733 drei Kinder, und dann kamen noch einmal drei, 1735, 1737 und 1742. Sie mußte mit dem Schicksal eines schwachsinnigen Kindes fertig werden, dem 1724 geborenen Gottfried Heinrich, der sie überlebte, und hatte nur in der Ältesten, Catharina Dorothea – sie wurde knapp siebzig Jahre alt – zeitlebens eine Stütze im Haushalt. Sie lebte an der Seite eines Johann Sebastian Bach, der in der Meinung seiner Zeitgenossen auf dem absteigenden Weg lief. Der Kapellmeister in Köthen war ein geachteter Mann. »Als Barbara, Bachs siebentes Kind, geboren wurde, versammelte sich eine erlauchte Gruppe von Paten bei der Taufe; drei Mitglieder fürstlicher Familien fungierten im Verein mit einem Hofrat und der Gattin eines Ministers, beide aus adeligem Hause« (K. Geiringer). Als Bach gestorben war und man einen Nachfolger suchte, faßte der Herr Geh. Kriegsrat und Bürgermeister Stieglitz seine Auffassung über siebenundzwanzig Jahre Tätigkeit in Leipzig in die Worte: »Die Schule brauchte einen Cantorem u. keinen CapellMeister«.

Die Bewerbung für das Amt des Thomaskantors war ein Fehlgriff, wenn man den Ärger addiert, den Bach in Leipzig hatte. Doch den Kirchenmusiker zog es eben wieder in eine Stelle, wo er Aspekte seines Werks entfalten konnte, die bislang nur in ihm steckten: die Gattungen von Passionsvertonung und Kantate. Unter diesem Aspekt ist die Reise nach Hamburg zu verstehen, im November 1720. Die Organistenstelle an der Jakobikirche war zu besetzen. Er glänzte, aber das Ansinnen, einen Geldbetrag zu zahlen, damit er die Stelle erhalte, lehnte er strikt ab. »Wenn einer von den bethlehemitischen Engeln vom Himmel käme, der göttlich spielte, und wollte Organist zu Sankt Jakobi werden, hätte aber kein Geld, so möchte er nur wieder davonfliegen«, so lautete der sarkastische Kommentar des Predigers und Kantatendichters Erdmann Neumeister. Krämerseelen! Vermutlich hatte Bach eruiert, ob auch Kirchenmusik mit Instrumenten erwünscht sei. Nun, mit Hamburg wurde es nichts. Dorthin ging Georg Philipp Telemann, und dieses Finanzgenie unter den deutschen Komponisten, dieser erste Manager in einer Phalanx von Künstlern, an deren Spitze heute einige Dirigenten stehen, paßte nach Hamburg auch viel besser. Nach Leipzig paßte aber Bach auch nicht. Er paßte mit dem Ansinnen, das er nun zu verwirklichen gedachte, nirgends hin. Mit diesen Passions- und Kantatenkompositionen war er »der Welt abhanden gekommen«.

Das Kantorat an der Leipziger Thomasschule war eine Art Musikdirektorenstelle. Mit ihr war die Leitung der Musik in den vier Kirchen der Stadt verbunden, von ihm aus konnte das Musikleben an der Universität erfaßt werden, und die Kompositionsaufträge liefen beim Thomaskantor zusammen. Johann Kuhnau hatte diesem Amt Ansehen verschafft, ein moderner Komponist mit einem damals schicken Hang zur Programmusik. Die Story um Bachs Bewerbung ist bekannt. Georg Philipp Telemann verhandelte mit

obengemeldete Weise gesetzet hatte: welches, und daß er sonst immer etwas neidisch gewesen, unserm Bach nicht unbekannt war. Reinken nöthigte ihn hierauf zu sich, und erwies ihm viel Höflichkeit. Die Stadt Leipzig erwählte unsern Bach im Jahre 1723, zu ihren Musikdirector und Cantor an der Thomasschule. Er folgte diesem Rufe; ob er gleich seinen gnädigen Fürsten ungern verließ. Die Vorsehung schien ihn noch vor dem bald darauf, wider alles Vermuthen erfolgten Tode des Fürsten, von Cöthen entfernen zu wollen, damit er zum wenigsten bey diesem betrübten Falle nicht mehr gegenwärtig seyn durfte. Er hatte noch das traurige Vergnügen, seinem so innig geliebten Fürsten, die Leichenmusic von Leipzig aus, zu verfertigen, und sie in Person in Cöthen aufzuführen.

Nicht lange darauf erklärte ihn der Herzog von Weissenfels zu seinem Capellmeister; und im Jahr 1736, wurde er zum Königlichen Polnischen, und Churfürstlichen Sächsischen Hofcompositeur ernennet: nachdem er sich einigemal vorher, in Dresden, öffentlich, vor dem Hofe, und den dasigen Musikverständigen, mit grossem Beyfalle, auf der Orgel hatte hören lassen.

Im Jahre 1747. that er eine Reise nach Berlin, und hatte bey dieser Gelegenheit die Gnade, sich vor Seiner Majestät dem Könige in Preusen, in Potsdam hören zu lassen. Seine Majestät spielten ihm selbst ein Thema zu einer Fuge vor, welches er so gleich, zu Höchstderoselben besondern Vergnügen, auf dem Pianoforte ausführete. Hierauf verlangten Seine Majestät eine Fuge mit sechs obligaten Stimmen zu hören, welchen Befehl er auch, so gleich, über ein selbst erwähltes Thema, zur Verwunderung des Königs, und der anwesenden Tonkünstler, erfüllete. Nach seiner Zurückkunft nach Leipzig, brachte er ein dreystimmiges und ein sechsstimmiges so genanntes Ricercar, nebst noch einigen andern Kunststücken über eben das von Seiner Majestät ihm aufgegebene Thema, zu Pappiere, und widmete es, im Kupfer gestochen, dem Könige.

Sein von Natur etwas blödes Gesicht, welches durch seinen unerhörten Eifer in seinem Studiren, wobey er, sonderlich in seiner Jugend, ganze Nächte hindurch saß, noch mehr geschwächet worden, brachte ihm, in seinen letzten Jahren, eine Augenkrankheit zu Wege. Er wolte dieselbe, theils aus Begierde, Gott und seinem

Abraham Bosse (1602–1676),
Die Gebärende

Jan Steen (1626–1679),
Die Kindtaufe

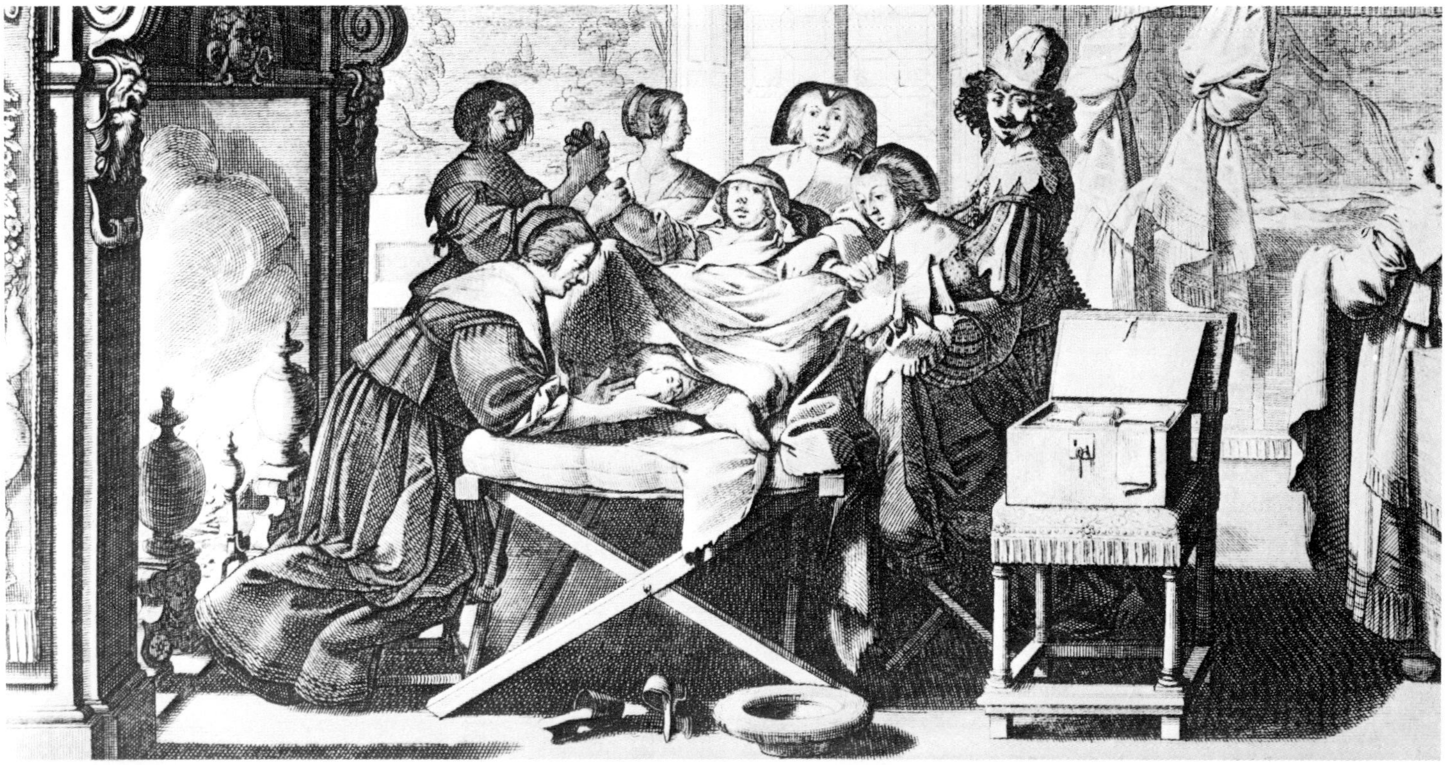

dem Rat in der Absicht, für seine Position in Hamburg mehr herauszuschlagen. Und Christoph Graupner ließ sich nach Aufbesserung seines Salärs in Darmstadt halten. So kam der »mittlere« Komponist Johann Sebastian Bach an die Reihe. Sein Drang zur Kirchenmusik muß bestimmend gewesen sein, denn finanziell gingen die »Bäche« ein Wagnis ein. Anna Magdalena verlor ihren Job als Sängerin. In Leipzig durften Frauen nicht im Kirchenchor oder solistisch singen. Und Johann Sebastian mußte auf die Nebeneinnahmen hoffen, vor allem aus Aufträgen für Begräbnismusik. Kein Wunder, daß er später die »gesunde Luft« beklagte, die das Leben der Bürger schonte. Ein innerer Dämon trieb ihn nach Leipzig, und er trieb ihn auch zu einer Zusage, die den meisten Verdruß machte. In der Meinung, Telemann dadurch endgültig ausstechen zu können, versprach er, das mit dem Kantorat verbundene Schulamt, den Lateinunterricht, gewissenhaft auszufüllen. Er gedachte natürlich nicht, diesen Punkt zu

erfüllen, und so brach einer der schrecklichsten Konflikte in dem konfliktreichen Leben unseres Titelhelden aus. Und schließlich machte er den Fehler, über Nebeneinnahmen erst nach seiner Zusage zu verhandeln. Als nichts mehr zu erreichen war, stand er schlecht da. Er mußte in der Thomasschule unterrichten oder den für ihn tätigen Lehrer aus dem eigenen Beutel bezahlen, hatte versäumt, die Zusatzeinnahmen seines Vorgängers auch für sich verträglich zu regeln, und war mit Kompositionen von Kantaten über Jahre zugedeckt, erwartete doch der Rat der Stadt für jeden Sonntag eine neue Kantate. Für Telemann wäre das nicht schwer gewesen. Seine Kantaten sind kurz und simpel. Für Bach war dieses »theatralische« Werk zentral. Zwar hatte er unterschrieben, die Kantaten nicht theatralisch zu komponieren, aber er war es gewohnt, Regeln und Gebote zu übertreten. Da kehrte er den selbstbewußten Komponisten gern heraus.

Die nicht abreißenden Konfliktsituationen in Leipzig haben einen einzigen psychologischen Grund. Bach wollte nun endlich den »Endzweck« seines Lebens, die »regulierte Kirchenmusik zur Ehre Gottes« verwirklichen und brauchte Schonung und Ruhe von allen ablenkenden Tätigkeiten. Der Rat der Stadt Leipzig aber suchte einen Kantor und Schulmann, einen Internatsaufseher und Organisator einer passablen Kirchenmusik. Vermutlich war den meisten Ratsherren die Qualität der Musik egal. Darin haben die Kommunalpolitiker bis in unsere Tage viele Nachfolger gefunden. Nun war der neue Mann da, beschwerte sich ständig, vernachlässigte den Schuldienst und erklärte, daß der Zustand der Musik übel sei. Warum war denn Johann Kuhnau, so wird man sich gefragt haben, so gut zurecht gekommen? Gewiß, das konnten auch die Unmusikalischen merken, die sonntägliche Kantate klang nun merkwürdig. Viele Fehler, unsauberes Singen, alles schlecht geprobt! Denn so muß sie geklungen haben, die sonntägliche Musik, wenn man die beengten Verhältnisse bedenkt und die Menge der unkorrigierten Fehler im Stimmenmaterial der Kompositionen in Erwägung zieht. Und nun erst die Musik in den drei anderen Kirchen, wo gerade keine Kantate gesungen wurde. Bach zog ja alles musikalisch Anständige in die Kirche der Kantatenaufführung! Die Ratsprotokolle belegen, daß dem einen oder anderen dämmerte, was da Sonntag für Sonntag an Qualität geboten wurde, aber man wollte es nicht.

Nächsten, mit seinen übrigen noch sehr muntern Seelen- und Leibeskräften, ferner zu dienen, theils auf Anrathen einiger seiner Freunde, welche auf einen damals in Leipzig angelangten Augen Arzt, viel Vertrauen setzeten, durch eine Operation heben lassen. Doch diese, ungeachtet sie noch einmal wiederholet werden mußte, lief sehr schlecht ab. Er konnte nicht nur sein Gesicht nicht wieder brauchen: sondern sein, im übrigen überaus gesunder Cörper, wurde auch zugleich dadurch, und durch hinzugefügte schädliche Medicamente, und Nebendinge, gäntzlich über den Haufen geworfen: so daß er darauf ein völliges halbes Jahr lang, fast immer kränklich war. Zehn Tage vor seinem Tode schien es sich gähling mit seinen Augen zu bessern; so daß er einsmals des Morgens ganz gut wieder sehen, und auch das Licht wieder vertragen konnte. Allein wenige Stunden darauf, wurde er von einem Schlagflusse überfallen; auf diesen erfolgte ein hitziges Fieber, an welchem er, ungeachtet aller möglichen Sorgfalt zweyer der geschicktesten Leipziger Aerzte, am 28. Julius 1750, des Abends nach einem Viertel auf 9 Uhr, im sechs und sechzigsten Jahre seines Alters, auf das Verdienst seines Erlösers sanft und seelig verschied …

Dieß ist die kurtze Beschreibung des Lebens eines Mannes, der der Musik, seinem Vaterlande, und seinem Geschlechte, zu gantz ausnehmender Ehre gereichet.

Hat jemals ein Componist die Vollstimmigkeit in ihrer größten Stärke gezeiget; so war es gewiß unser seeliger Bach. Hat jemals ein Tonkünstler die verstecktesten Geheimnisse der Harmonie in die künstlichste Ausübung gebracht; so war es gewiß unser Bach. Keiner hat bey diesen sonst trocken scheinenden Kunststücken so viele Erfindungsvolle und fremde Gedanken angebracht, als eben er. Er durfte nur irgend einen Hauptsatz gehöret haben, um fast alles, was nur künstliches darüber hervor gebracht werden konnte, gleichsam im Augenblicke gegenwärtig zu haben. Seine Melodien waren zwar sonderbar; doch immer verschieden, Erfindungsreich, und keinem andern Componisten ähnlich. Sein ernsthaftes Temperament zog ihn zwar vornehmlich zur arbeitsamen, ernsthaften, und tiefsinnigen Musik; doch konnte er auch, wenn es nöthig schien, sich, besonders im Spielen, zu einer leichten und schertzhaften Denkart bequemen.

Ansicht Leipzigs vom Hallischen Tor aus, 1704

Thomaskirche mit Schule

Nicolaikirche; unten – »Das in gantz Europa berühmte … Leipzig«, 1725

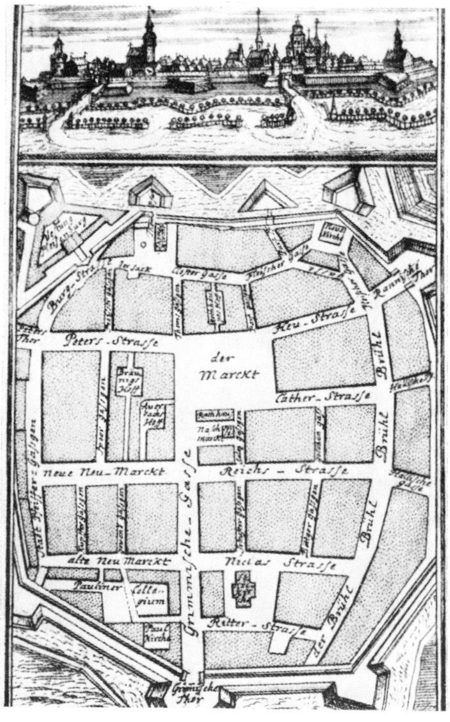

Man wollte überall den gleichen Durchschnitt. Bach war eben unter die Bürger geraten, hatte einen kunstverständigen Mäzen verlassen und schlug sich mit Pragmatikern herum. Verlassen um einer Aufgabe willen, die er trotz aller Widrigkeiten erfüllte. Er komponierte Jahr für Jahr durchschnittlich neunundfünfzig Kantaten. Veranschlagt man eine Kantate mit etwa zwanzig Minuten Aufführungsdauer, so kommt man auf rund tausendeinhundertachtzig Minuten Musik. Das sind rund zwanzig Stunden. Eine Oper hat durchschnittlich zwei Stunden Spielzeit, vielleicht auch zweieinhalb Stunden. Ein Opernkomponist müßte, um die gleiche Leistung zu bringen, rund acht bis zehn Opern pro Jahr schreiben.

In den Jahren 1729 und 1730 spitzten sich die Konflikte zu. Bach hatte mit der Matthäus-Passion ein Jahrhundertwerk vollendet und aufgeführt, aber die Klagen und Sticheleien scheinen nicht aufgehört zu haben. So antwortete er mit einer Schrift »Kurtzer, iedoch höchstnöthiger Entwurff einer wohlbestallten Kirchen Music« im August 1730. Darin zeigt er auf, was man brauche, um mit bescheidensten Mitteln eine gute Kirchenmusik machen zu können, und was er habe. Er kommt aufs Geld zu sprechen und den Widerspruch, daß man von ihm eine gute Kirchenmusik verlange, aber für Aushilfen kein Geld zur Verfügung stelle. »Der Schluß ist demnach leicht zu finden, daß bei ceßirenden beneficiis (ausbleibenden Sondermitteln) mir die Kräffte benommen werden, die Music in beßeren Stand zu setzen«. Der Rat der Stadt antwortete mit einer »Verkümmerung der Gelder« für ihn. Er wurde bei der Verteilung von Sondermitteln übergangen. Bach antwortete seinerseits mit dem abrupten Abbruch der Kantaten- und Passionskomposition. Er orientierte sich nach außerhalb. Nun reiste er mit Wilhelm Friedemann, dem ältesten Sohn, gern nach Dresden, dorthin auch schickte er Kyrie und Gloria seiner Messe in h-Moll, und von dort empfing er den Titel eines kurfürstlich-sächsischen Hofkomponisten. Und er fand in der Universität junge Mitstreiter. Mit ihnen zusammen baute er das Collegium musicum neu auf und holte die Konzerte der Köthener Zeit hervor, um sie zu Klavierkonzerten umzuschreiben. In der Thomasschule hatte er vorübergehend in dem bedeutenden Altphilologen Johann Matthias Gesner einen Förderer, bis Johann August Ernesti den Posten übernahm, ein guter Pädagoge und ein lauer Musikfreund. Mit ihm focht er noch einmal einen Streit aus, den sogenannten »Präfektenstreit«. Da hatte Bach zunächst einen Präfekten, d.h. einen Schüleraufseher, übel zugerichtet, Ernesti setzte einen neuen ein, der bei Bach auf Ablehnung stieß. Noch einmal brach die Streitlust aus Bach hervor.

Die Kinder gingen allmählich aus dem Haus, Schüler sammelten sich um ihn, einer hatte zu Elisabeth Juliane Friederica zarte Bande geknüpft. Es war der treue Altnikol, sein erster Schwiegersohn. Für sie lehrte er, für sie sammelte er, was an die Nachwelt überliefert werden sollte. Die Triosonaten für Orgel waren Lehrwerke, die Sammlung der Leipziger Orgelchoräle galt den Schülern und der Nachwelt. Er vollendete die Messe in h-Moll und zog im »Musikalischen Opfer« die Summe der Kanonkünste, in der »Kunst der Fuge« die Summe von Fuge und Variationskunst. Auch das Interesse am Collegium musicum verblaßte, nachdem ein ehemaliger Schüler, Johann Adolph Scheibe, Bachs Musik mit der schwülstigen Dicht-

Die beständige Uebung in Ausarbeitung vollstimmiger Stücke, hatte seinen Augen eine solche Fertigkeit zu Wege gebracht, daß er in die stärksten Partituren, alle zugleich lautende Stimmen, mit einem Blicke, übersehen konnte. Sein Gehör war so fein, daß er bey den vollstimmigsten Musiken, auch den geringsten Fehler zu entdecken vermögend war. Nur Schade, daß er selten das Glück gehabt, lauter solche Ausführer seiner Arbeit zu finden, die ihm diese verdrießlichen Bemerkungen ersparet hätten. Im Dirigiren war er sehr accurat, und im Zeitmaaße, welches er gemeiniglich sehr lebhaft nahm, überaus sicher.

So lange als man uns nichts als die bloße Möglichkeit des Daseyns noch besserer Organisten und Clavieristen entgegen setzen kann; wird man uns nicht verdenken können, wenn wir kühn genug sind, immer noch zu behaupten, daß unser Bach der stärkste Orgel- und Clavierspieler gewesen sey, den man jemals gehabt hat. Es kann seyn, daß mancher berühmter Mann in der Vollstimmigkeit auf diesen Instrumenten sehr viel geleistet hat: ist er deswegen eben so fertig, und zwar in Händen und Füssen zugleich, so fertig als Bach gewesen. Wer das Vergnügen gehabt hat, ihn und andere zu hören, und sonst nicht von Vorurtheilen eingenommen ist, wird diesen Zweifel nicht für unbegründet halten. Und wer Bachens Orgel und Clavierstücke, die er, wie überall bekannt ist, in der grösten Vollkommenheit selbst ausführte, ansieht, wird ebenfalls nicht viel wider den obigen Satz einzuwenden haben. Wie fremd, wie neu, wie ausdrückend, wie schön waren nicht seine Einfälle im Phantasiren; wie vollkommen brachte er sie nicht heraus! Alle Finger waren bey ihm gleich geübt; Alle waren zu der feinsten Reinigkeit in der Ausführung gleich geschickt. Er hatte sich so eine bequeme Fingersetzung ausgesonnen, daß es ihm nicht schwer fiel, die größten Schwierigkeiten mit der fließendesten Leichtigkeit vorzutragen. Vor ihm hatten die berühmtesten Clavieristen in Deutschland und andern Ländern, dem Daumen wenig zu schaffen gemacht. Desto besser wußte er ihn zu gebrauchen. Mit seinen zweenen Füssen konnte er auf dem Pedale solche Sätze ausführen, die manchem nicht ungeschikten Clavieristen mit fünf Fingern zu machen sauer genug werden würden. Er verstund nicht nur die Art die Orgeln zu handhaben, die Stimmen

Die erweiterte Thomasschule

Canaletto II (1720–1780), Dresden, 1748. Vorn die katholische Hofkirche, im Hintergrund die Frauenkirche

kunst des Herrn von Lohenstein verglichen und seiner Musik Natürlichkeit abgesprochen hatte. Er verkehrte mit den Liebhabern der kontrapunktischen Kunst, trat in die »Societät der musicalischen Wissenschaften« 1747 ein und ließ zu diesem Zweck vermutlich das heute bekannteste Bachbild anfertigen. Noch immer nahm er Orgeln ab, aber ansonsten war er nun wirklich der Welt abhanden gekommen. Schließlich ließ seine Gesundheit nach. Vor allem das Augenlicht trübte sich immer mehr. Er hatte noch genügend Kraft, um eine Augenoperation zu wagen. Im »Extract der eingelauffenen Nouvellen« ist für den 4. April 1750 zu lesen, daß der Ritter Taylor Bach erfolgreich operiert habe. Das stimmte aber nicht. Vielmehr zog sich Bach offenbar eine Blutvergiftung zu, der er am 28. Juli erlag. »Sr. Königlichen Majestät in Pohlen und Churfürstlichen Durchlaucht zu Sachßen wohlbestallter HoffCompositeur, HochFürstlich Anhalt-Cöthischer und Sachsen-Weisenfelsischer Capellmeister,

wie auch Director und Cantor der Schulen zu St. Thom« war gestorben. Die Aufzählung der Titel entsprach Bachs eigenem Sprachgebrauch. Wer sie aufmerksam liest, wird erkennen, was ihm Leipzig bedeutet hat.

Er hinterließ ein wenig Geld, einiges an Silbergeschirr, sieben Klaviere, zwei Violinen, eine kleine Geige, sieben weitere Streichinstrumente, eine Laute und ein Spinett (ein Tischklavier), einiges an Zinn, Kupfer und Messing, Kleidung, einen silbernen Degen, drei Schränke, achtzehn Stühle (man hatte viele Kinder und Verwandte), einen Schreibtisch, einen Tisch und ein Bett, eine Menge geistlicher Bücher. Für sie interessierten sich die Söhne nicht. Was sie haben wollten, Noten und Bücher, das hatten sie schon vorher beiseite geschafft. Die Erbschaft betrug tausend Reichstaler, viel Geld. Es wurde geteilt. Der Ehefrau überließ man die Gegenstände. Da Witwen nur ein Übergangsgeld erhielten, mußte Anna Magdalena nach und nach alles verscherbeln, was ihr geblieben war. Die Familie verstreute sich. Um die Frau kümmerten sich die Kinder kaum. Nur die Älteste aus erster Ehe blieb an ihrer Seite. So starb die Frau des Thomaskantors in größtem Elend zehn Jahre nach ihrem Ehemann, dem großen Thomaskantor.

Johann Sebastian Bach glaubte an ewige Ordnungen. Die Wechselhaftigkeit der Menschenordnung schien ihm »verwunderenswürdig«. Er hielt treu am Beruf des Kantors fest. Er hatte gelernt, daß ein Kantor oder Kapellmeister der Kirchen- oder Kammermusik vor allem »gelehrt« sein solle. Gelehrsam war er in hohem Maße. Er war ein »musicus poeticus«, ein mit der Rhetorik vertrauter Komponist. Was damit gemeint ist, können wir einem Buch entnehmen, das 1739 unter dem Titel »Der vollkommene Kapellmeister« erschien. Sein Verfasser, Johann Mattheson, war selber Komponist. Der Untertitel des Buches lautet: »Gründliche Anzeige aller derjenigen Sachen, die einer wissen, können, und vollkommen inne haben muß, der einer Capelle mit Ehren und Nutzen vorstehen will«. Das Buch umfaßt das gesamte Wissen über die Theorie der Musik, ist eine Anleitung zur Komposition bis zur Verfertigung einer Doppelfuge, erklärt die Instrumente und gibt Hinweise auf die Praxis des Musizierens und Dirigierens. Wissenschaftler, Komponist, Dirigent und Virtuose, so würden wir diesen vollkommenen Kapellmeister bezeichnen. Am Ende des Jahrhunderts spricht Joseph Haydn

derselben auf das geschickteste mit einander zu vereinigen, und jede Stimme, nach ihrer Eigenschaft hören zu lassen, in der größten Vollkommenheit; sondern er kannte auch den Bau der Orgeln aus dem Grunde. Das letztere bewies er sonderlich, unter andern, einmal bey der Untersuchung einer neuen Orgel, in der Kirche ohnweit welcher seine Gebeine nunmehr ruhen. Der Verfertiger dieses Werks war ein Mann, der in den letzten Jahren seines hohen Alters stund. Die Untersuchung war vielleicht eine der schärfsten, die jemals angestellet worden. Folglich gereichte der vollkommene Beyfall, den unser Bach über das Werck öffentlich ertheilete, so wohl dem Orgelbauer, als auch wegen gewisser Umstände, Bachen selbst, zu nicht geringer Ehre.

Niemand konnte besser, als er, Dispositionen zu neuen Orgeln angeben, und beurtheilen. Aller dieser Orgelwissenschaft ungeachtet, hat es ihm, wie er oftmals zu bedauren pflegte, doch nie so gut werden können, eine recht grosse und recht schöne Orgel zu seinem beständigen Gebrauche gegenwärtig zu haben. Dieses beraubet uns noch vieler schönen und nie gehörten Erfindungen im Orgelspielen, die er sonst zu Papiere gebracht, und gezeiget haben würde, so wie er sie im Kopfe hatte. Die Clavicymbale wußte er, in der Stimmung, so rein und richtig zu temperiren, daß alle Tonarten schön und gefällig klangen. Er wußte, von keinen Tonarten, die man, wegen unreiner Stimmung, hätte vermeiden müssen. Andere Vorzüge, die ihm eigen waren, zu geschweigen.«

Carl Philipp Emanuel Bach verfaßte gemeinsam mit Johann Friedrich Agricola nach dem Tod des Vaters und Lehrers einen Nachruf, der schon Anfang 1751 fertiggestellt war.

Dieser Nachruf erschien in: Musikalische Bibliothek, oder Gründliche Nachricht nebst unparteyischem Urtheil von alten und neuen musikalischen Schriften und Büchern ... Des vierten Bandes Erster Theil ... Leipzig, im Jahr 1754, Im Mizlerischen Bücher-Verlag. Die »Musikalische Bibliothek« ist im Faksimile-Nachdruck 1966 erschienen. Außerdem erschien der »Nekrolog« als Mitgliedsgabe der Neuen Bach-Gesellschaft, herausgegeben von Ch. Trautmann, 1965 in Hannover. Am besten zugänglich ist er in: Bach-Dokumente, III, Dokumente zum Nachwirken Johann Sebastian Bachs 1750–1800, 1972, S. 80ff. ■

Felix Mendelssohn Bartholdy stiftete das Bach-Denkmal und zeichnete 1843 Thomaskirche, Schule und Denkmal

noch immer von der Kompositionswissenschaft, verbindet nun aber diese Fertigkeit mit dem guten Geschmack, den ein Komponist haben muß.
Nun war aber die Bachzeit eine Zeit des Umschwungs, und der Gebrauch von Wörtern begann zu schwanken. Wenn Bach vom »gusto« sprach, so meinte er etwas anderes, als wenn betonte Anhänger der Fortschrittspartei von »Geschmack« sprachen. »Gusto« bezeichnete einfach die Praxis der Musik. »Geschmack« aber stand mit »Natur« im Bund. Kunstpraxis, darin waren sich alle einig, hatte Bach. Aber er hatte keinen »Geschmack«. Dies behauptete Johann Adolph Scheibe, ein gescheiterter Organist und Herausgeber eines Musikjournals mit dem Titel »Der Critische Musicus«. Vielleicht hat Bach auch ihm, wie unter der Hand seinem Kollegen an der Universitätskirche, geraten, lieber Schuster zu werden, und Scheibe rächte sich auf seine Weise. Auf jeden Fall verglich der Musikkritiker Bach mit dem Barockdichter Lohenstein, einem Vertreter überladener Rhetorik. Bach sei zwar der »Vornehmste unter den Musicanten«, aber es fehle ihm an Geschmack. Dies traf. Und zwar traf das Wort »Musicant« wie in unseren Tagen das Wort »Chorist«. Musicanten seien verächtliche Leute, so lautete der Tenor in der Verteidigungsschrift eines Magisters Birnbaum aus Leipzig. Musicanten schreiben billige »Liedergen«, der Herr Hof-Compositeur dagegen sei ein Mann der Wissenschaft. Er sei gelehrt. Nun war das Mißverständnis auf der anderen Seite. Gelehrt, so Scheibe, sei man nicht schon, wenn man Kontrapunkte schreiben könne. Der wahre Gelehrte übe sich vielmehr in der »Rede- und Dichtkunst«, und da sei es nicht weit her mit Bach, sowohl in Texten als auch in der Art, wie fremde Texte vertont würden. Es gehöre »mehr zu einem außerordentlichen, geübten und gelehrten Componisten, als etwan die Geschicklichkeit ein Instrument auf das stärkste zu spielen und die künstlichsten Regeln der musicalischen Composition auszuüben«. Es gehöre – Geschmack dazu. Ein unterschiedlicher Sprachgebrauch für gleich klingende Wörter verhedderte alles. Bachs gelehrter Komponist kam aus der mittelalterlichen Tradition des »musicus«, der weiß, was er tut, im Gegensatz zum bloßen Musikanten, der einfach spielt, was man von ihm fordert, ein dressierter Affe, der den Tieren vergleichbar ist. Er war in den mathematischen Künsten zu Hause. Scheibes gelehrter Komponist war aber ein Poet, der in der Dichtung zu Hause war. Kein Wunder, daß man sich nicht verstand.

Aber nicht nur der Sprachgebrauch in der Menschenordnung begann zu schwanken. Das gesamte Klassifikationssystem veränderte sich. Die Kirchenmusik verlor ihre zentrale Position zugunsten der Opern-, Orchester- und Kammermusik. Die Positionen des Kantors, des Organisten verloren ihre Attraktivität. Man suchte den experimentierfreudigen Kapellmeister, man nahm Einseitigkeiten in Kauf. Christoph Willibald Gluck konnte nur das Metier Opernkomposition, Joseph Haydn exzellierte trotz schöner Stellen in seinen Opern nur im Bereich der Instrumentalmusik, in den Gattungen Sinfonie und Streichquartett.

Diesem Verfall alter Normen und Werte ist es zuzuschreiben, daß Bachs Name über den engen Kreis des mitteldeutschen Raumes nicht hinausgelangte. Der Verfasser einer französischen Musikgeschichte kennt im Jahre 1767 ihn nicht, und sein Leipziger Rezensent

»Der Teutschen gröster Harmonist«, 1772; unten – Anonyme, wahrscheinlich echte Zeichnung

Der Brief an den Jugendfreund Georg Erdmann in Danzig ist das wichtigste erhaltene private Dokument. Bach hatte Erdmann in der Lateinschule zu Ohrdruf in der Tertia kennengelernt. Von 1698 bis 1699 gingen beide in die selbe Klasse. Beide gingen auch gemeinsam nach Lüneburg, dann

trennten sich die Wege. Erdmann wurde Jurist, trat 1713 in russische Dienste. Seit 1718 lebte er als russischer diplomatischer Vertreter in Danzig. Bach schrieb ihm im Herbst 1730, als der Konflikt mit dem Rat der Stadt Leipzig kulminierte.

»Hoch Wohlgebohrner Herr.
Ew: Hochwohlgebohren werden einem alten treüen Diener bestens *excusiren,* daß er sich die Freyheit nimmet Ihnen mit diesen zu *incommodiren.* Es werden nunmehr fast 4 Jahre verfloßen seyn, da E: Hochwohlgebohren auf mein an Ihnen abgelaßenes mit einer gütigen Antwort mich beglückten; Wenn mich dann entsinne, daß Ihnen wegen meiner *Fatalitäten* einige Nachricht zu geben, hochgeneigt ver-

Die Zeitgenossen Couperin, Telemann und Johann Adolf Hasse

Die Zeitgenossen Rameau und Händel sowie der wichtigste Komponist zwischen Bach und Mozart, Christoph Willibald Gluck

M

1738 – Papst Clemens XII. geht sechsundachtzigjährig gegen die Freimaurer vor. 1739 – Der Seekrieg zwischen England und Frankreich bricht los und währt bis 1748. Der »Antimachiavell« des preußischen Kronprinzen erscheint. 1740 – Zwei junge Monarchen erben jeweils den Thron und beherrschen in den kommenden Jahrzehnten Europa: Friedrich II. (28 Jahre) und Maria Theresia (23). 1741 – Das Opernhaus in Berlin wird von Knobelsdorff gebaut. Der Schlesische Krieg wird zum österreichischen Erbfolgekrieg. 1742 – Preußen erhält Schlesien, Österreich kann massiert gegen Bayern vorgehen. Boucher malt »Diana im Bade«. 1743 – Noch immer wird prunkvoll gebaut, beispielsweise das Treppenhaus in Schloß Brühl. 1744 – Es gibt um Schlesien erneut Krieg. Piranesi bringt seine »Carceri« heraus. 1745 – Maria Theresia heiratet Franz I. Madame Pompadour macht auf sich aufmerksam. Schloß Sanssouci wird gebaut. 1746 – Die »Histoire de mon temps« von Friedrich II. erscheint. 1747 – Der Zuckergehalt der Rübe wird entdeckt. 1748 – Klopstock schreibt seinen »Messias«. Montesquieu erkennt den Geist der Gesetze. 1749 – Bücher von Buffon, Swedenborg, Fielding erscheinen. 1750 – Tiepolo malt die Fresken in der Würzburger Residenz. Voltaire kommt an den Hof nach Sanssouci. Bach stirbt.

vermutet ihn unter der Verballhornung »dall'Abaco«, weil er nun wiederum nicht den süddeutschen vorklassischen Komponisten Felice dall'Abaco kennt.

Nun gehört Bach auch zu jenem Zweig der Familie Bach, der seßhaft war und nur in kleinstem Raume sich bewegte. Der nördlichste Punkt, den er erreichte, war Lübeck, der südlichste Karlsbad, der östlichste Dresden und der westlichste seine Geburtsstadt Eisenach. Von Leipzig aus sind alle Stätten seines Lebens in einem Radius von rund hundert Kilometer zu erfassen, wenn man die beiden Spitzen im Norden und Süden wegläßt. Was in dieser Gotteswelt an Schönheiten der Natur da war, er kannte es nicht, was Menschen an Bauwerken geschaffen hatten, davon hatte er nur sehr geringe Kenntnisse. Wie anders erfahren waren seine berühmten Kollegen. Georg Friedrich Händel war in Italien gewesen und stellte in London eine Macht dar, Johann Adolph Hasse lebte immer wieder in Italien und war mit einer der ersten Primadonnen der damaligen Welt verheiratet. Georg Philipp Telemann konnte in französisch wie in deutsch gewandt dichten und suchte sich die Stellen aus, die man ihm reihum anbot. Das waren weitgereiste, sprachgewandte Künstler, die sich in der eleganten Welt heimisch fühlen durften. Auch im Vergleich mit diesen Komponisten sticht Bach eigentümlich aus der Menschenordnung heraus, aus seiner Zeit, aus den Möglichkeiten, die Menschen durch Jahrhunderte Arbeit sich in Europa geschaffen hatten.

Nun wissen alle Musikfreunde vom Kapellmeister Bach und seinen Konzerten, seinen Suiten und Sonaten. Wie stehen sie in der Zeit? Wie konnte er die damalige Modegattung der Musik ergreifen, wenn er der Zeit derart entfremdet war, wie hier behauptet wird und wie die Quellen es anzunehmen nahelegen? Werfen wir also einen Blick auf die »Brandenburgischen Konzerte«, die Sonaten und Partiten für Violine solo.

Die »Brandenburgischen Konzerte« sind für Christian Ludwig, Markgraf von Brandenburg, den jüngsten Sohn des Großen Kurfürsten geschrieben. Zwischen dem Auftrag und der Absendung des Widmungsexemplars liegen einige Jahre. Darauf weist Bach selbst hin. Wissenschaftliche Untersuchungen erhärteten die Vermutung, daß der Köthener Kapellmeister Ende 1718 in Berlin weilte und einen »Kielflügel« bestellte, den er am 14. März 1719 nach Köthen brachte. Der Markgraf lebte abwechselnd in Berlin selbst und in einem kleinen Vorort im Nordosten der Stadt namens Malchow. Das Widmungsexemplar trägt das Datum vom 24. März 1721. Wenn so alles seine Richtigkeit haben sollte, lägen zwischen Auftrag und Versendung der Partitur etwa zweieinhalb Jahre. Ich erzähle die Daten, weil an ihnen die Interpretation der Stücke hängt. Warum nämlich erinnert sich Bach nach zwei Jahren an einen alten Auftrag? Natürlich können Fakten eine Rolle spielen, die wir nicht kennen. Doch ich möchte vermuten, daß die Ausführung des alten Auftrags mit seiner Bewerbung um das Organistenamt an der Kirche St. Jakobi zusammenhängt. Wieder einmal hatte Bach sein innerer Trieb zur Veränderung im Griff. In Hamburg hatte Bach kurz vor Weihnachten 1720 abgesagt. Die Gründe sind mitgeteilt worden. Ich vermute nun, daß die Ausführung des markgräflichen Auftrags mit der Absage in Hamburg zusammenhängt. Bach mag gehofft haben,

langet wurde, als soll solches hiermit gehorsamst erstattet werden. Von Jugend auf sind Ihnen meine *Fata* bestens bewust, biß auf die *mutation,* so mich als Capellmeister nach Cöthen zohe. Daselbst hatte einen gnädigen und *Music* so wohl liebenden als kennenden Fürsten; bey welchem auch vermeinete meine Lebenszeit zu beschließen. Es mußte sich aber fügen, daß erwehnter *Serenißismus* sich mit einer Berenburgischen Princeßin vermählete, da es denn das Ansehen gewinnen wolte, als ob die *musicalische Inclination* bey besagtem Fürsten in etwas laulicht werden wolte, zumahln da die neue Fürstin schiene eine *amusa* zu seyn: so

fügte es Gott, daß zu hiesigem *Directore Musices* u. *Cantore* an der *Thomas* Schule *vociret* wurde. Ob es mir nun zwar anfänglich gar nicht anständig seyn wolte, aus einem Capellmeister ein *Cantor* zu werden, weßwegen auch meine *resolution* auf ein vierthel Jahr *trainirete,* jedoch wurde mir diese *station* dermaßen *favorable* beschrieben, daß endlich (zumahln da meine Söhne denen *studiis* zu *incliniren* schienen) es in des Höchsten Nahmen wagete, u. mich nacher Leipzig begabe, meine Probe ablegete, u. so dann die *mutation* vornahme. Hieselbst bin nun nach Gottes Willen annoch beständig. Da aber nun (1), finde, daß dieser Dienst bey weitem nicht so erklecklich als mann mir Ihn beschrieben, (2) viele *accidentia* dieser *station* entgangen, (3) ein sehr theürer Orth u. (4) eine wunderliche und der *Music* wenig ergebene Obrigkeit ist, mithin fast in stetem Verdruß,

Landkarte um 1700

Titelbild zu »Sperontes Singende Muse an der Pleiße«, 1736

daß diese Konzerte in Berlin Aufsehen erregen würden und sich vielleicht im Umkreis dieses Hofes eine Möglichkeit zur beruflichen Veränderung ergeben werde. Diese Annahme würde erklären, warum Johann Sebastian Bach die sechs Konzerte in einer Besetzung schrieb, die vermutlich den Rahmen der markgräflichen Kapelle sprengte, und weshalb Bach alle ihm zur Verfügung stehenden Stile und alle damals konzertierend verwendeten Instrumente einsetzte. Die »Brandenburgischen Konzerte« sind ein Kompendium der Konzertkomposition. Sie seien, so schreibt er in seiner Widmung, »nicht nach der Richtschnur des feinen und erlesenen Geschmacks« zu beurteilen, und er hoffe »zu Gelegenheiten herangezogen zu werden, die Ihrer und Ihres Dienstes würdiger sind«. Zugegeben, diese Floskeln der Höflichkeit lassen sich in flüchtige Wolken auflösen. Dennoch sei die Meinung geäußert, daß Bach einen möglichst breiten Überblick über die Landschaft seiner Kompositionen geben wollte.

Zunächst einmal vereinigt Bach Solokonzerte mit Orchesterkonzerten, sogenannte Concerti grossi. Sie tragen die Nummern 3 und 6. Die Solokonzerte für mehrere Instrumente sind wiederum farbig besetzt. Konzert Nr. 1 vereinigt zwei Hörner, drei Oboen, Fagott und die kleine Violine, die Violine piccolo. Das Konzert Nr. 2 bringt Trompete, Blockflöte, Oboe und Violine, wobei wir von dem schlankeren Klang der Bachtrompete ausgehen müssen. Konzert Nr. 4 ist für zwei Blockflöten und Violine geschrieben, Konzert Nr. 5 für Querflöte, Violine und solistisch gehandhabtes Klavier. Über diese Vielfarbigkeit hinaus versammelt Bach auch alle ihm bekannten Formen. Es gibt moderne Konzertformen im Sinne Vivaldis, in den Konzerten Nr. 2, 4 und 5, es gibt noch ein Konzert nach Art der alten Violenkonzerte des 17. Jahrhunderts, und das erste Konzert, von dem es eine Frühfassung gibt, arbeitete er so um, daß es sowohl als Konzert wie als Suite mit einem konzertanten ersten Satz und anschließenden Tanzsätzen gespielt werden kann. Auf drei erste konzertartige Sätze folgen Menuet-Trio-Menuet-Polonaise-Menuet-Trio-Menuet. Einer der Triosätze ist für zwei Oboen und Fagott, der andere für zwei Hörner und Generalbaß geschrieben. Aber auch die Vielfalt musikalischer Charaktere vereinigt diese Sammlung. Nehmen wir zum Beispiel die langsamen Sätze. Nr. 1 hat eine gleichsam improvisierte Melodie und ähnelt in der dissonanzreichen Harmonik der Fantasie, Nr. 2 ist im imitatorischen Stil als Quartett geschrieben. Nr. 3 hat keinen komponierten langsamen Satz. Vielmehr improvisiert der Cembalospieler ein Zwischenstück zwischen den beiden hurtigen Sätzen. In Nr. 4 begegnen wir einem menuettartigen Satz mit den damals so beliebten Echoeffekten. In Nr. 5 haben wir eine Triosonate vor uns, für Flöte, Violine und obligates Cembalo, und in Nr. 6 sehen wir eine altertümliche Triosonate, in der vom Cembalospieler nur Generalbaßspiel verlangt wird. In einem der Konzerte – es ist die Nr. 4 – gelingt Bach außerdem die Synthese aus Konzert- und Fugenform. Er schreibt eine konzertante Fuge. Die Themeneinsätze sind Fugen, die Zwischenspiele sind konzertant.

Bach schrieb moderne Konzerte, in Köthen und in Leipzig. Er schrieb sie für verschiedene Instrumente. Überliefert sind uns die Fassungen für Klavier und Orchester. Doch hat die wissenschaftliche Praxis die älteren Vorbilder rekonstruiert und im Rahmen der Neuen

Neid und Verfolgung leben muß, als werde genöthiget werden mit des Höchsten Beystand meine *Fortun* anderweitig zu suchen. Solten Eu: Hochwohlgebohren vor einen alten treüen Diener dasiges Ohrtes eine *convenable station* wißen oder finden, so ersuche gantz gehorsamst vor mich eine hochgeneigte *recommendation* einzulegen; an mir soll

es nicht *manquiren,* daß dem hochgeneigten Vorspruch und *interceßion* einige *satisfaction* zu geben, mich bestens befließen seyn werde. Meine itzige *station* belaufet sich etwa auf siebenhundert rthl., und wenn es etwas mehrere, als *ordinairement,* Leichen gibt, so steigen auch nach *proportion* die *accidentia;* ist aber eine gesunde Lufft,

Ursprung unbekannt; unten – Erschienen im Verlag von Robert Schumanns Brüdern

so fallen hingegen auch solche, wie denn voriges Jahr an *ordinairen* Leichen *accidentien* über hundert rthl. Einbuße gehabt. In Thüringen kan ich mit vierhundert rthl. weiter kommen als hiesiges Ohrtes mit noch einmahl so vielen hunderten, wegen der *exceßiven* kostbahren Lebensarth. Nunmehro muß doch auch mit noch wenigen von meinem häußlichen Zustande etwas erwehnen. Ich bin zum 2ten Mahl verheurathet und ist meine erstere Frau seelig in

Potsdam

Berlin, um 1730

Adolph von Menzels bekanntes Bild mit den Musikern an Friedrichs Hof. Bach lernte aber nur das Musikzimmer im Stadtschloß kennen.

»Allen früheren Bildnissen Bach's bei weitem vorzuziehen« (R. Schumann)

Bach-Gesamtausgabe herausgegeben. Für die Frage, wie sich Bach zu dem Stilwandel seiner Zeit verhielt, geben uns die »Brandenburgischen Konzerte« aber besseren Aufschluß. Ich teile nicht die Auffassung der Bachforschung, daß der Köthener Kapellmeister aus Zeitnot Neues mit Altem vermischte. Vielmehr möchte ich diese Sammlung von Konzerten als Beleg für Bachs Auffassung verwenden, daß alte Formen weiterhin Bestand hatten, auch wenn diese Auffassung von seinen Zeitgenossen nicht geteilt wurde.

Die gleiche Haltung nimmt er bei der Komposition seiner Sonaten ein. Es gibt da sehr moderne Stücke, etwa die Triosonate für Orgel, die aus d-Moll geht – da hat Bach im ersten Satz bereits die Anlage zweier Themen, eine Grundregel des Sonatensatzes der Klassik, geahnt –, und es gibt Stücke, die aus allem herausgehen, was um 1720 als modern galt. Dafür wären die Sonaten und Partiten für Violine solo zu nennen und die Suiten für Violoncello solo. Auch für diese Stücke gab es Vorbilder in der Komposition der Jahrhundertwende. (Als Name wäre da beispielsweise Franz Ignaz Biber zu nennen.) Aber sie überflügelte er leicht. Denn sie hatten weniger Einblick in das Reich der Harmonie, und daher spürten sie in einstimmigen Linien nicht mit der gleichen Gründlichkeit wie Bach, was ein einzelner Ton im musikalischen Bewußtsein des Spielers und eventuell des Hörers an Assoziationen anderer Töne hervorrufen kann. Eventuell des Hörers, sage ich. Denn ob solche Musik für Hörer war, das ist sehr die Frage. Wenn man überhaupt an Hörer denken will, dann eher an die Kirchgänger, die der Kommunion harrten. Einige Argumente sprechen nämlich dafür, daß die Sonaten, wie das landläufig war, als Kommunionsmusik einen Zweck nebenbei erfüllten. Auf jeden Fall aber waren die Stücke schon damals die hohe Schule des Violin- und Violoncellospiels und eine unüberbietbare Einführung in das Wesen des Tones als Teil eines imaginären Akkords, und des Akkords als Teil eines nur unvollständig dargestellten Töne- und Akkordesystems.

Gerade für solche Musik mußten die Ohren erst wieder gereinigt werden. Noch im 19. Jahrhundert glaubte man, gerade die einstimmigen, aber auch mehrstimmige Sätze aus den Sonaten und Partiten nur mit Begleitung des Klaviers aufführen zu können. Felix Mendelssohn Bartholdy improvisierte zu diesen Stücken Klaviersätze, Robert Schumann schrieb für die berühmte Chaconne eine Klavierbegleitung.

Bach hätte diese Praxis nicht verstanden. Ging es ihm doch um Musik an der Grenze, an der Grenze harmonischer Verständlichkeit, spieltechnischer Schwierigkeit, an der Grenze des auf einem Streichinstrument darstellbaren Tonsatzes.

So sehen wir auch hier den Systematiker am Werk, eine eher forschende als eine dem Spielerischen ergebene Figur des Musiklebens. Er war der »gelehrte« Komponist. Er sann auf Gelehrsamkeit. Hatte er schon selbst aus den beschriebenen Familienschicksalen heraus auf ein Studium verzichten müssen, so sollten seine Söhne gelehrt werden. Er schickte sie auf die Universität, und der Wechsel von Köthen nach Leipzig war nicht zuletzt, wie er selbst schrieb, von diesem Gedanken bestimmt, in Leipzig könnten die Söhne studieren und ihm gleichzeitig bei der Verrichtung seiner kompositorischen Tätigkeit weiterhin behilflich sein.

Cöthen gestorben. Aus ersterer Ehe sind am Leben drei Söhne u. eine Tochter, wie solche Eu. Hochwohlgebohren annoch in Weimar gesehen zu haben, sich hochgeneigt erinnern werden. Aus 2ter Ehe sind am Leben ein Sohn u. zwei Töchter. Mein ältester Sohn ist ein *Studiosus Juris,* die andern beyden *frequentiren* noch, einer *primam* der andere *2dam Classem,* u. die älteste Tochter ist auch noch unverheurathet. Die Kinder anderer Ehe sind noch klein, u. der Knabe als erstgebohrener sechs Jahr alt. Insgesamt aber sind sie gebohrne *Musici,* u. kan versichern, daß schon ein *Concert Vocaliter* u. *Instrumentaliter* mit meiner *Familie formiren* kan, zumahln da meine itzige Frau gar einen sauberen *Soprano* singet, auch meine älteste Tochter nicht schlimm einschläget. Ich überschreite fast das Maaß der Höfligkeit wenn Eu: Hochwohlgebohren mit mehreren *incommodire,* derowegen eile zum Schluß mit allem ergebensten *respect* zeit Lebens verharrend Eu: Hochwohlgebohren
ganzt gehorsamst-
ergebenster Diener
Joh: Sebast: Bach.«

Johann Sebastian Bach, Brief an den Jugendfreund Georg Erdmann vom 28. Oktober 1730, abgedruckt in: Bach-Dokumente, I, Schriftstücke von der Hand Johann Sebastian Bachs, 1963, S. 67 f. ■

Johanniskirche mit Friedhof, 1749

An der Wende der Zeit

J

Johann Sebastian Bach will als ein Komponist am Ende der Zeit verstanden sein. Am Ende seines Lebens, in den letzten zehn Jahren der Leipziger Tätigkeit ordnet er seinen Nachlaß, ergänzt das von ihm geschaffene Werk um Kompositionen aus einer bewußt konservativen Haltung. Er sammelt Kanons und Fugen, er ordnet das Beste aus dem umfangreichen Schaffen von Choralvorspielen, vollendet die Messe und gibt den beiden Passionen ihre endgültige Gestalt. Was er als Konzertkomponist geschaffen hatte, das sammelt er nicht. Er gibt sein Wissen an seine Kinder und Schüler weiter. Vor allem mit Friedemann Bach pflegte er die Dresdner Oper zu besuchen. Was neu entstand, die Veränderungen im Geschmack, das interessierte ihn schon, aber wenn er dann die Opern und Lieder zu Gehör bekam, dann gefielen sie ihm nur wenig. Er wußte, daß die Welt weitergehen würde. Aber er fühlte, daß er in dieser Welt nichts zu sagen habe. Die Einsamkeit seines ganzen Lebens drückt sich in der Todessehnsucht aus, die viele Kantaten durchzieht, Chorälen einen spezifisch süßen Ton gibt. Er sammelt – ja für wen? Ich glaube nicht, daß er sich Illusionen über seine Wirkung machte. Gewiß, immer wieder überrannte ihn der innere Elan, und er komponierte in der Hoffnung, Gehör zu finden. So war es jahrelang in Leipzig geschehen, wo er die Kantaten komponierte, so geschah es gegenüber Friedrich dem Großen und seinem vermaledeiten »königlichen Thema« im »Musikalischen Opfer». Aber für die Nachwelt kompo-

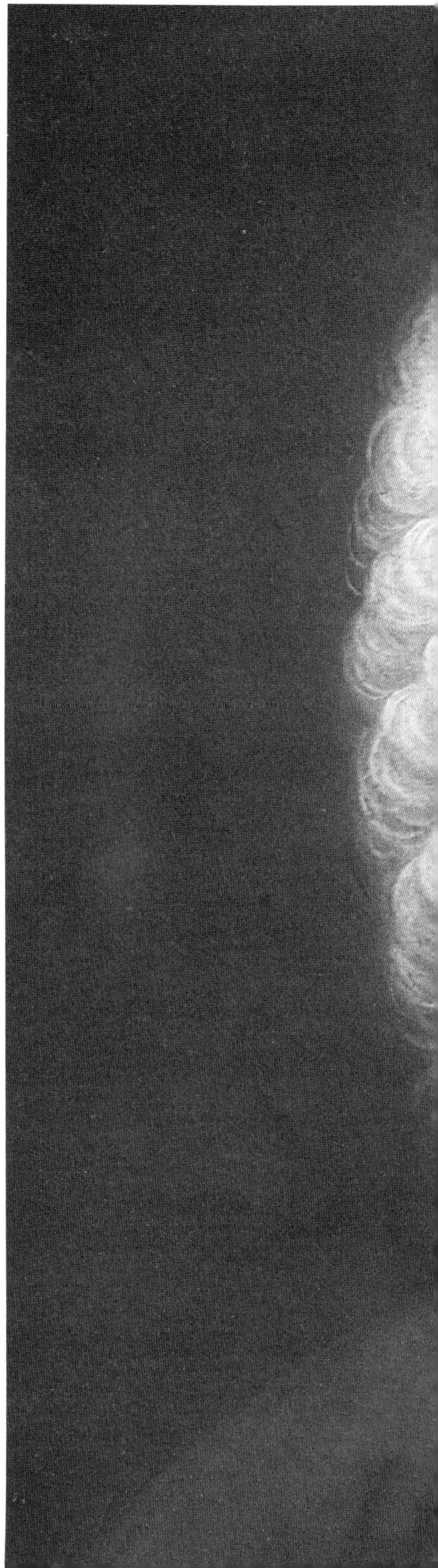

Elias Gottlob Haußmann, Ölbild von 1746

nierte er dann doch wohl nicht. Eher sah er sich in die Pflicht genommen. Das war sein christliches Erbe. Er sah sich in der Pflicht gegenüber seinem Talent, gegenüber dem, was er tatsächlich beherrschte. Vielleicht auch dachte er zuweilen an eine himmlische Kirche. So realistisch er im Leben stand, ein mystischer Zug bestimmt die Zahlenordnungen, die Verflechtung von Themen, den gesamten Bereich der Musik fürs Auge, vom Kreuzeszeichen über den Höllensturz und die Himmelfahrt in Linien fixiert. Und vor allem die Kantaten breiten solches Geheimwissen aus.

Für ihn gab es nicht mehr viel zu tun. Aber auch eine neue Musik konnte er sich schwerlich vorstellen. Als er damals, in Weimar, die Konzerte von Antonio Vivaldi kennengelernt hatte, da war ein Funken von der Kraft dieser brillanten Musik in sein Reich übergesprungen. Am Ende seines Lebens wäre er wohl zu solchem Enthusiasmus nicht mehr fähig gewesen. Warum denn hatte ihn die Polemik des Kritikers Scheibe so tief getroffen? Reagiert denn ein seiner Sache sicherer Künstler derart allergisch, wenn er eine eher unsachliche Polemik liest? So müssen wir denn annehmen, daß Bach den empfindlichsten Punkt seiner Kunst berührt fand, das Hauptwerk seiner Leipziger Zeit dem Vergleich eines Dichters ausgesetzt, der unter dem neuen Schlagwort »Natur« als besonders dunkler und trüber Mensch erschien. Das Hauptwerk seiner Leipziger Zeit waren die Kantaten. In ihnen hatte Bach die Vergänglichkeit gepredigt, die »Leiche als Emblem« aufgefaßt. Vom Tod her verstanden er und seine Textdichter das Leben, und der Musiker tat das ihm Gemäße, wenn er der Intensität dieser Todesfurcht Ausdruck gab, das unerbittliche Gesetz der Welt in eindeutigen Harmonien beschwor und durch chromatische Gänge und komplexe Akkorde Todessehnsucht und weltliche Lust ineins setzte. Ineins, wohlgemerkt. Denn vom Tod her ergab sich die Verderblichkeit von Lust, und Todessehnsucht war zugleich die höchste Form von Lust und doch der einzige Weg, der aus ihrem Reich herausführte. Allerdings auch herausführte aus der Welt selbst. Diesen Gedanken hatte er ständig vor Augen, ihm gab er vielfache künstlerische Gestalt. Umso mehr mußte ihn schmerzen, wie diese wahrhaft metaphysisch gedachte Musik schikaniert wurde mit Hilfe des Begriffs von Natur. War doch gerade das, was er darstellte, die Verfallenheit des Leibes, die wahre Natur.

Nehmen wir an, daß der Kritiker Scheibe etwas formulierte, was in Leipzig eine kritische Partei an der Musik des Kantors auszusetzen hatte. Vorausgesetzt, das Urteil lasse sich, wenn schon nicht als Volkes Stimme, so doch als Einwand von Bürgern verstehen, die einer solchen Gedankenführung nicht mehr folgen wollen, die die »Leiche als Emblem« auf den Schutthaufen der Geschichte werfen wollten, um einer neuen Auffassung Platz zu machen, der Idee einer unverdorbenen Natur, dann beginnen wir zu begreifen, was in diesen Jahrzehnten vor sich ging im Innern Bachs, dieses besonnenen grüblerischen Menschen. Er fühlte Endzeitstimmung. Seine Söhne gingen eigene Wege und verließen den Bereich einer das Gottesreich, den Sündenfall, die Todessehnsucht beschreibenden vokalen Kompositionsform. Die Kantaten kamen noch zur Aufführung, aber irgendwelche sammlerische Tätigkeit ist an ihnen nicht zu erkennen. Was gesammelt wurde, das hing mit weiter reichenden Traditionen,

Gerard David (um 1460-1523), Landschaft. Die ikonographische Tradition reicht in die deutsche Romantik hinein

Lucas van Leyden (1494-1533), Das jüngste Gericht, Linker Altarflügel

Anonymus aus Oberschwaben, um 1320, Johannes an der Brust Christi

als es die modernen Kantatentexte waren, zusammen, mit dem Kirchenlied von Luther, ja vom späten Mittelalter her, mit dem Messtext, den Berichten der Evangelisten über die Passion, mit Fuge und Kanon. Es scheint zwei Zeitvorstellungen gegeben zu haben, eine weitdimensionierte, von der Bach ein Weiterwirken annahm, und eine engere im Sinne der Epoche, deren Ende er fühlte.

Musik am Ende der Zeit – unter diesem Aspekt erschließt sich Bachs Werk in seinen welthistorischen und gottesreichverbundenen Dimensionen. Ein Endzweck sei sie, die »regulierte Kirchenmusik zur Ehre Gottes«. Das hatte Johann Sebastian Bach den Mühlhausener Stadtvätern geschrieben, um seinen Abgang nach Weimar unter die gottesgefälligen Werke zu mischen. Man glaubte ihm und ließ ihn gnädig ziehen. Wir glauben ihm nicht mehr. Die Anhänger des Erzvaters protestantischer Kirchenmusik lasen zwar aus diesem Bekenntnis das unwiderrufbare Geständnis eines theologischen Auftrags. Aber ihre Argumentation wurde brüchig. Skeptiker nämlich wiesen auf die verwunderliche Tatsache hin, daß Bach durch seinen Wechsel nach Weimar dem Endzweck keinen Meter näher kam. Der Weimarer Organist hatte mit der Komposition von Kirchenkantaten nichts zu tun. Zwar kam er wegen der Altersschwäche des ansässigen Kapellmeisters dann doch zur Kantatenkomposition, aber die warf er nach nicht einmal einem Jahr hin, beleidigt, weil man ihn übergangen hatte, als des verblichenen Amtsinhabers Posten neu zu besetzen war. Und in Köthen war er vom Endzweck noch mehr entfernt. So blieb die Leipziger Zeit für seinen Herzenswunsch übrig. Für ihn hat er sich wahrscheinlich fünf Jahre lang geschunden, durch wöchentliche Kompositionen Phantasie, Arbeitskraft und kompositorisches Ingenium verschwendet. So kam er noch zur »regulierten Kirchenmusik« in Form von Kantaten. Und vor den Regale füllenden Bänden mit seinen Kantaten fragt man sich, was ihn dazu trieb? Der Amtseifer oder ein künstlerischer Drang? Was ist das eigentlich – eine Kantate? Die Kantate ist zunächst und vor allem eine Form von Dichtung, zur sonntäglichen Erbauung vor oder nach dem Gottesdienst erschaffen und seit Beginn des Jahrhunderts – Bach war gerade erwachsen geworden – in den Formen von Rezitativ und Arie geschrieben, Formen aus dem Ursprungsland der Oper und mit der Oper verwandt. Dem Namen nach ein Singstück, dem Geist nach ein dramatischer Dialog zwischen singenden Personen und der zuhörenden Gemeinde, zwischen dem Christen und Gott, zwischen dem Menschen und den Erscheinungen in der Welt. »Mein Gott, verwirf mich nicht«, heißt es, oder »Schweig nur, taumelnde Vernunft«, oder »Ihr Sterblichen, verlanget ihr, mit mir das Antlitz Gottes anzuschauen?«, oder »Merkt und hört, ihr Menschenkinder«, aber auch »Bleibt, ihr Engel, bleibt bei mir!«. Nicht jeder Text ist dialogisch. Auch die Rede zu sich selbst kommt vor. »Ich fürchte mich vor tausend Feinden nicht«, oder »Der Höchste läßt mich seinen Willen wissen und was ihm wohlgefällt«, aber auch »O könnt ich im voraus mir eine Hütte bauen«, um den Erlöser zu beherbergen, wie es in der 128. Kantate zum Himmelfahrtstag heißt.

Die Kantaten entfalten im Kirchenraum ein imaginäres Welttheater, sie rufen Gott Vater und Sohn und Heiligen Geist ebenso herbei wie sie die Elemente beschwören, Satans Fall bejubeln. Sie stellen dem Christenmenschen Sünde und Vergebung eindringlich

»Kein Arzt ist außer dir zu finden,
Ich suche durch ganz Gilead;
Wer heilt die Wunden meiner Sünden,
Weil man hier keinen Balsam hat?«
»Die ganze Welt ist nur ein Hospital,
Wo Menschen von unzählbar großer Zahl
Und auch die Kinder in der Wiegen
An Krankheit hart darniederliegen.
Den einen quälet in der Brust
Ein hitzges Fieber böser Lust;
Der andre lieget krank
An eigner Ehre häßlichem Gestank;
Den dritten zehrt die Geldsucht ab
Und stürzt ihn vor der Zeit ins Grab.
Der erste Fall hat jedermann beflecket
Und mit dem Sündenaussatz angestecket.
Ach, dieses Gift durchwühlt auch meine Glieder.
Wo find ich Armer Arzenei?
Wer steht mir in meinem Elend bei?
Wer ist mein Arzt, wer hilft mir wieder?

Ach, wo hol ich Armer Rat?
Meinen Aussatz, meine Beulen
Kann kein Kraut noch kein Pflaster heilen
Als die Salb aus Gilead.
Du, mein Arzt, Herr Jesu, nur
Weißt die beste Seelenkur ...
Öffne meinen schlechten Liedern,
Jesu, dein Genadenohr!
Wenn ich dort im höhern Chor
Werde mit den Engeln singen,
Soll mein Danklied besser klingen«.
Kantate Nr. 103 »Ihr werdet weinen und heulen« und Kantate Nr. 25 »Es ist nichts Gesundes an meinem Leibe« ■

Raphael (1483-1520), -
Transfiguration, 1517/20

M

Die Kantate ist Dichtung zur sonntäglichen Lektüre. Sie orientiert sich seit 1700 an der italienischen Kantate mit Rezitativ und Arie. Erdmann Neumeister führt sie ein und gab 1704 erstmals »Geistliche Cantaten statt einer Kirchen-Music« zum Druck. Bach begann mit altertümlichen Kantaten ohne freie Dichtung. In ihnen galt noch ausschließlich das Bibelwort. Beispiele dafür sind »Christ lag in Todesbanden« (4) oder »Gott ist mein König« (71). In Weimar übernahm Bach seit 1714 die neue Form, und sein Hauptdichter wurde der wortgewandte phantasiebegabte Salomon Franck. Insgesamt 21 Werke entstanden. In Leipzig schließlich mußte jeden Sonntag eine Kantate her, und da Bach nur Weniges aus Weimar mitgebracht hatte und auch der Vorrat an weltlichen Kantaten zum Zwecke einer neuen Textierung mit geistlichen Texten nur gelegentlich herangezogen werden konnte, mußten Hunderte von Kantaten her. Sie wurden in Jahrgängen geordnet. Der Beginn des Jahrgangs lag am ersten Sonntag nach Trinitatis. Ein Jahrgang umfaßte etwa 59 Kantaten. Neben den Werken für die Sonntage waren spezielle Feiertage wie Mariae Verkündigung, Michaelisfest oder Reformationsfest auszuschmücken. Dagegen gab es in der Fastenzeit und am zweiten bis vierten Advent keine Kantatenmusik. Von besonderem Interesse ist der zweite Jahrgang 1724/1725. Er umfaßt Choralkantaten. In ihnen liegen dem Text und daher auch einzelnen Musikstücken Kirchenlieder zugrunde, einmal in der überlieferten Gestalt, zum anderen in Paraphrase. 1728/29 ist offenbar ein Jahrgang mit Texten von Picander, dem Dichter der Matthäus-Passion, geplant gewesen. Ob er zustandekam und zum großen Teil vernichtet wurde, ist ebenso unbekannt wie die wahre Zahl der komponierten Kantaten. Dagegen wissen wir heute, daß Bach spätestens 1735, also 15 Jahre vor seinem Tod, mit der Komposition solcher Kirchenmusik aufhörte.

vor und predigen auf ihn mit starker Zunge ein. Dabei bedienen sich die Kantatentexte, die Bach vertont hat, nicht nur der symbolreichen neuen dichterischen Sprache. Sie stellen das Deutsch des Martin Luther vor und entfalten die vielen lyrischen Töne barocker Kirchenlieddichtung. Ja, ein ganzer Jahrgang, d.h. im Falle Bachs die Folge von Kantaten für jeden Sonn- und Feiertag im Jahr, das mit dem Sonntag nach Trinitatis begann und Pfingsten des kommenden Jahres endete, ist über solche Kirchenlieder komponiert worden. Choralkantaten nennt die Wissenschaft solche Stücke. Sie stellen die erste Strophe des Kirchenlieds am Anfang vor in Form einer Choralbearbeitung, eines kunstvoll verschlungenen Instrumentalsatzes um die einzelnen Verse des Liedes, und beziehen sich in den folgenden Rezitativen und Arien auf weitere Strophen, zitieren zuweilen gar einen oder mehrere Verse, kommen womöglich inmitten des Stücks auf eine ganze weitere Strophe zurück und schließen mit

einer Strophe, die auch im Kirchenlied einen Schluß bildet. Mit diesen Liedern geleiten solche Musikstücke den liedkundigen Gläubigen durch die Komposition, bewegen ihn zum Aufmerken vor den geläufigen Texten und verhelfen ihm in den wogenden Tonfluten der Arien zu einem Halt.

Schauen wir auf eine dieser Kantaten. Sie erklang am 11. Juni 1724, als Pfingsten wieder einmal recht spät fiel. Dieser Kantate liegt ein Kirchenlied aus den letzten Jahren des Dreißigjährigen Krieges zugrunde. »O Ewigkeit, du Donnerwort, o Schwert, das durch die Seele bohrt, o Anfang sonder Ende!« Das sind die ersten Worte des Liedes und unserer Kantate mit der Nummer 20. Dem Dichter Johann Rist ist dies in einer Endzeitstimmung aus der Feder geflossen. Die verwüsteten Felder, die geschändeten Menschen, die ins Rohe erniedrigten Sitten ließen den Gedanken aufkeimen, nun sei das Ende der Welt gekommen. Was wollte Johann Sebastian Bach im Frühsommer 1724 inmitten eines schläfrigen Leipziger Sonntags mit dieser Schreckensvision? Er wollte die Seele bis ins Innerste aufwühlen, aus der Angst vor dem jäh hereinbrechenden Ende den Funken moralischer Besserung schlagen.

Bach läßt das jüngste Gericht unmittelbar hereinbrechen. Er wählt für das erste Musikstück der Kantate die Form der Ouvertüre, läßt in feierlichen Rhythmen die Toten zum Richtplatz geleiten unter dem Schall der jüngsten Posaune. Zu diesem Zweck holte er den Turmbläser mit seiner Zugtrompete – »tromba da tirarsi« heißt sie – vom Stadt- und Kirchenturm, damit dessen »Hört ihr Leut und laßt euch sagen« durch den Kirchenraum schallte mit der Melodie des Chorals vom Donnerwort der Ewigkeit. So baut er seine musikalische Bühne auf. Dann breitet er die Schrecken der ewigen Verdammnis aus. »Ach! aber ach! die Pein der Ewigkeit hat nur kein Ziel; sie treibet fort und fort ihr Marterspiel«. An der Trauermarschtonart c-Moll saugt sich die Angst fest, die ewigen Flammen züngeln als Koloraturen durch den Tonraum. Mit vielen Querständen gibt Bach zu verstehen, daß der Teufel in die Musik eingebrochen sei – »mi contra fa, diabolus in musica« –, und später läßt er in Form einer Courante den Totentanz aufmarschieren in einer wahrhaft gespenstischen Landschaft, durch die eine unsichtbare Stimme tönt mit den Worten »O Mensch, errette deine Seele«, ohne Pause tönt sie, letzte Mahnung an die Zuschauer. Damit die Christen in ihrem sonntägli-

»Mein Wandel auf der Welt
Ist einer Schiffahrt gleich:
Betrübnis, Kreuz und Not
Sind Wellen, welche mich bedecken
Und auf den Tod
Mich täglich schrecken;
Mein Anker aber, der mich hält,
Ist die Barmherzigkeit,
Womit mein Gott mich oft erfreut.
Der rufet so zu mir:
Ich bin bei dir,
Ich will dich nicht verlassen noch versäumen!
Und wenn das wütenvolle Schäumen
Sein Ende hat,
So tret ich aus dem Schiff in meine Stadt,
Dies ist das Himmelreich,
Wohin ich mit den Frommen
Aus vielem Trübsal werde kommen.
Endlich, endlich wird mein Joch
Wieder von mir weichen müssen.
Da krieg ich in dem Herren Kraft,
Da hab ich Adlers Eigenschaft,
Da fahr ich auf von dieser Erden
Und laufe sonder matt zu werden.
O gescheh es heute noch!«

Kantate Nr. 56 »Ich will den Kreuzstab gerne tragen« ■

Portal der Marienkirche zu Mühlhausen

»Man höre sich ›Orfeo‹ an, und man vernimmt jene vollkommene Einheit von Dichtung und Musik – jenes Entstehen jeder musikalischen Form, jedes melodischen Intervalls, jeder harmonischen Fortschreitung und jedes Orchesterklangs aus einem Gefühl oder Zweck, die zum Drama gehören –, wie man sie vorher nur in Bachs Kantaten und Wagners Musikdramen gehört hat«.

G.B. Shaw, Musik in London, 12. November 1890 ■

Mittelschiff der Kirche Divi Blasii zu Mühlhausen; Schloßkirche von Weimar nach dem Umbau 1714; Nikolaikirche zu Leipzig vor dem Umbau 1785

Thomaskirche zu Leipzig vor der Renovierung 1885; Neue Kirche

»Letzte Stunde, brich herein,
Mir die Augen zuzudrücken!
Laß mich Jesu Freudenschein
Und sein helles Licht erblicken,
Laß mich Engeln ähnlich sein!
Letzte Stunde, brich herein!«

Kantate Nr. 31
»Der Himmel lacht!
die Erde jubiliert«

chen Gottesdienst nicht allzu philiströs sich mit der Güte Gottes herausreden, erklärt eine Stimme bündig: »Gott ist gerecht«. »Kurz ist die Zeit, der Tod geschwind, bedenke dies, o Menschenkind«, so lapidar faßt der Dichter das Schicksal des Menschen zusammen, und Bach, der vorher den Teufel mit allerlei chromatischen Wendungen in der Musik regieren ließ, schreibt klare Linien, eine deutliche Tonart, eine ohne alle Zweifel beständige Musik. Wenn später von »Pracht, Hoffahrt, Reichtum, Ehr und Geld« die Rede ist, nimmt die Musik noch einmal üble Wege über verminderte und übermäßige Intervalle. Dann zielen Bach und sein Dichter auf den Höhepunkt der Kantate. Ein Kind, ein Knabenalt, singt eine Wahrheit, schmucklos komponiert, und löst Angst beim Hörer aus. »Man kann noch diese Nacht den Sarg vor deine Türe bringen« Am Ende bleibt ein versöhnlicher Schimmer, keine ausgebreitete Gewißheit, nur ein schwach glimmendes Licht. Im Choral am Schluß heißt es nämlich:

»Nimm du mich, wenn es dir gefällt, Herr Jesu, in dein Freudenzelt«.

Soweit eines von mehr als 200 Beispielen. Was sollen wir von dieser Angst- und Schreckenskunst halten? Was können wir heute noch verstehen, wenn wir in der Kantate Nr. 82 eine leidenschaftlich ausgedrückte Todessehnsucht hören, in der Arie »Schlummert ein, ihr matten Augen«, ein so starkes und melodisch wunderbar erfundenes Stück; kein Wunder, daß Bach es ins Notenbuch für seine zweite Frau eintrug. »Ich freue mich auf meinen Tod«, singt da abschließend ein junger Baß. Oder nehmen wir die »Kreuzstabkantate« für den 19. Sonntag nach Trinitatis. Wiederum singt ein Baß in ganz beschwingten Tönen, in der Tanztaktart des Dreiertaktes: »Da leg ich den Kummer auf einmal ins Grab, da wischt mir die Tränen mein Heiland selbst ab«. Immer wieder werden diese Verse gesungen, verstrickt in eine schon beängstigende Todesbereitschaft! Was sollen wir davon halten? In welche Abgründe zieht uns dieser Komponist mit seinen sonntäglichen Musiken?

Sprechen wir eine Vermutung aus. Diese Kantaten waren im Leipzig der Bachzeit eher lästig, klangen fremdartig, gaben Zeugnis von einem wunderlichen Kantor. Gewiß war man in den evangelischen Kirchen an eine kräftigere Musik gewöhnt. Die milde Speise des Palestrinastils galt nur bei den Katholiken etwas. Aber was Bach zur Aufgabe seiner Kantaten machte, das ging zu weit, kam dem Pastor in die Quere. Bach stößt bis zur Angst vor, zur Sehnsucht nach dem Tode, er vermählt die in den Texten festgelegte Gottesliebe mit den innigen Tönen weltlicher Liebesmusik. Er schreibt ja einfach seine weltlichen Arien um, unterlegt ihnen geistliche Texte, setzt das Fürstenreich identisch mit dem Reich Gottes. Er biegt sich seine Melodien für die Texte zurecht. Die »harte Kreuzesreise« zeichnet die Figur des Kreuzes in einer Tonlinie nach, die »Ungewitter toben« in unerhört virtuosen Linien (»Liebster Immanuel, Herzog der Frommen« heißt die Kantate). Alle Gemütsarten, das Jubilieren wie das Ächzen und vieles mehr, drücken sich in der Musik unmittelbar aus. Das teilt Bach mit der Erfindungskunst seiner Zeitgenossen. Die musikalische Rhetorik war bekannt. Aber er kannte sich darin viel besser aus als alle anderen. Auch wollten sie nicht in Kantaten so tief in das Seelenleben hinabsteigen. Telemann und Händel bevorzugten für solche Reise die Oper, Händel speziell das geistliche Musikdrama. So wäre denn das Stichwort gefallen – Oper! Eine Oper im

»Wenn die Frühlingslüfte streichen
Und durch bunte Felder wehn,
Pflegt auch Amor auszuschleichen,
Um nach seinem Schmuck zu sehn,
Welcher, glaubt man, dieser ist,
Daß ein Herz das andre küßt«.

»Jesu, deine Gnadenblicke
Kann ich doch beständig sehn.
Deine Liebe bleibt zurücke,
Daß ich mich hier in der Zeit
An der künftgen Herrlichkeit
Schon voraus im Geist erquicke,
Wenn wir einst dort vor dir stehn«.

Hochzeitskantate Nr. 202
und die geistliche Parodie in der
Kantate Nr. 11 »Lobet Gott in seinen
Reichen« ■

»Durchlauchtester Leopold,
Es singet Anhalts Welt
Von neuem mit Vergnügen,
Dein Köthen sich dir stellt,
Um sich vor dir zu biegen,
Durchlauchtester Leopold!«

»Erhöhtes Fleisch und Blut,
Das Gott selbst an sich nimmt,
Dem er schon hier auf Erden
Ein himmlisch Heil bestimmt,
Des Höchsten Kind zu werden,
Erhöhtes Fleisch und Blut!«

Geburtstagskantate Nr. 173a und die
geistliche Parodie in der Kantate
Nr. 173 ■

Dichter von Bachs Kantaten bzw.
Dichterfürsten –
Erdmann Neumeister und
Marianne von Ziegler

Es dünket mich, ich seh dich kommen,
Du gehst zur rechten Türe ein.
Du wirst im Glauben aufgenommen
Und mußt der wahre Hirte sein.
Ich kenne deine holde Stimme,
Die voller Lieb und Sanftmut ist,
Daß ich im Geist darob ergrimme,
Wer zweifelt, daß du Heiland seist.

Marianne von Ziegler, Kantate Nr. 175
»Er rufet seinen Schafen mit Namen«. ■

MENANTES
Academische
Neben-Stunden
allerhand neuer
Gedichte/
Nebst
Einer Anleitung
zur vernünftigen Poesie.

Halle und Leipzig/
verlegts Johann Friedrich Zeitler. 1713.

Christianen Marianen
von Ziegler
Versuch
In
Gebundener
Schreib-Art.

Leipzig,
Bey Joh. Friedrich Brauns sel. Erben, 1728.

Barock breitete in Rezitativen eine komplexe Handlung mit undurchschaubaren Intrigen, unfaßbarer Größe im Leiden, außergewöhnlichem Edelmut im Handeln aus, und in den Arien kam die momentane Gemütsverfassung kunstvoll zur Geltung. Aktion wurde erzählt. Einzig eine monumentale Bühnenarchitektur und ergötz- wie erschröckliche Bühnenspektakel gaben für den dramatischen Instinkt des Zuschauers Stoff. Insofern bestehen, sieht man einmal vom Mangel einer geistlichen Szenerie ab, Zusammenhänge zwischen Oper und Kantate. Aber in einem unterscheiden sie sich. Die Oper wendet sich nicht an den Zuschauer. (Das tut nur die komische Oper.) Die Kantate aber ist im wesentlichen Dialog mit dem zuhörenden Christenmenschen. Sie wird wie die Predigt vom pädagogischen Eros getragen. Nun war aber Bach ein schlechter Pädagoge. Wie reimt sich diese biographische Tatsache mit den Intentionen seiner Kantaten? Man muß eine bestimmte Form der Einwirkung auf Menschen ins Auge fassen – die Agitation.

Der Agitator will seine Überzeugung durchsetzen. Dafür sind ihm, je fanatischer er ist, umso mehr alle Mittel erlaubt. Das 18. Jahrhundert kennt die wortgewaltigen »Verführer«: Voltaire, Rousseau, Montesquieu. Es kennt in dem Musiker Georg Friedrich Händel einen leidenschaftlichen Kämpfer für den Sieg der moralisch Edlen, der Guten. Es hat am Ende mit Christoph Willibald Gluck einen Klassizisten hervorgebracht und mit Wolfgang Amadeus Mozart einen Künstler, der einfach vorzeigt, was ist, ohne Partei. Mozart ist der Typ des Antiagitators. Anders steht es um Händel und Gluck. Auch sie haben die Züge eines Agitators, aber die Werte, für die sie kämpfen, sind auf der Erde gelegen. Johann Sebastian Bach kämpft um das Seelenheil, um seines und um jedes Christen Seelenheil. Er kämpft zwischen Tod und Leben, Himmel und Hölle, ewiger Verdammnis und Vergebung der Sünden. Seine Kantaten sind imaginäre geistliche Dramen um Heil oder ewige Verderbnis.

Das aufgeklärte Zeitalter fand dies abgeschmackt. Die Leipziger Christen waren froh, als er tot war. Er hatte ihnen Angst und Bange gemacht, dieser verdammte querköpfige Musikus!

Der Choral war früher das lyrische Brot aller Deutschen. Die wichtigsten Lieder wurden in der Schule gelernt und in den Gottesdiensten abgesungen. Sie transportierten die christliche Lehre in der jeweils zugelassenen Fassung und gaben jedem Deutschen ein Gefühl für Melodien. In ihnen hatte sich etwas erhalten, was man Volksgeist nennen kann. Eine Reihe von Melodien kam aus der mittelalterlichen Volksfrömmigkeit, aus den Auf- und Umzügen, aus den Theaterspielen in und vor der Kirche. Zwar hatte man später die Texte »gebessert«, aber das in diese Melodien hineingetragene Gefühl, ein Bestandteil ihrer selbst, wollte man bewahren und den neuen Lehren in den verbesserten Texten nutzbar machen. Martin Luther nahm bewußt alte Lieder und wandelte sie in neue. Er gedachte, aus dem Fundus an religiösen Gefühlen, für Maria, für das Christuskind, für das Ostergeschehen, auch für seine Lehren Gefühle loszubrechen.

Diese Lieder lebten fort. Von ihnen kann man als von einem Schatz sprechen. Die Gesangbücher bewahrten diesen Liederschatz und, wie gesagt, die Schule verbreitete ihn. Natürlich waren die Dichter in den nachlutherischen Jahrhunderten nicht faul. Der Schatz

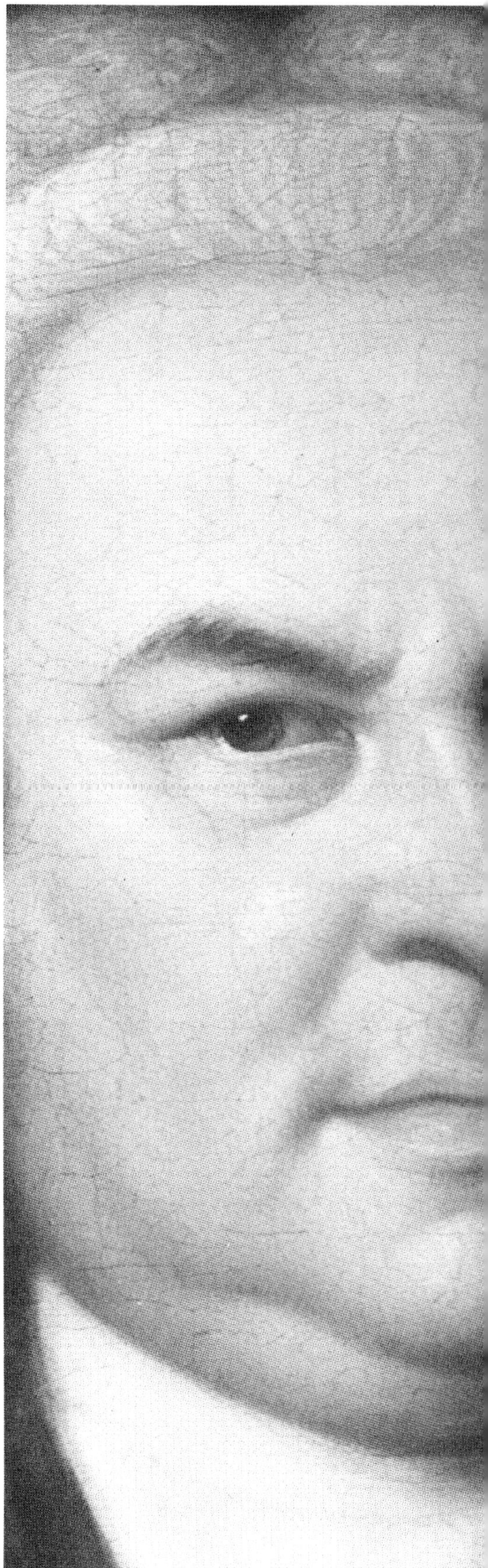

Frühfassung der Matthäus-Passion in der Handschrift des Bach-Schwiegersohns Altnikol mit dem später ersetzten Choral »Meinen Jesum lass ich nicht«

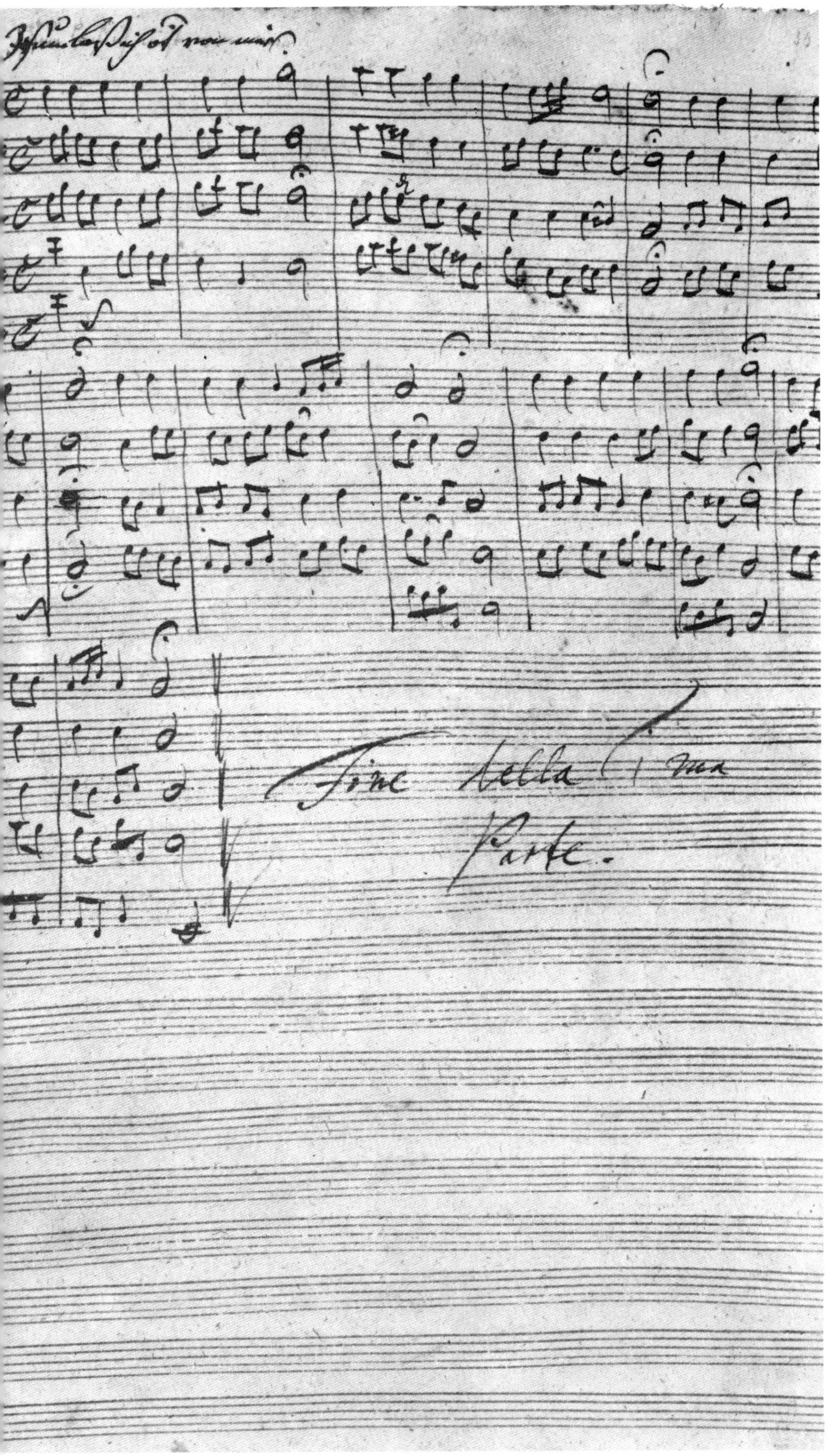

M

Der Choral erscheint in Bachs Werk im schlichten Akkordsatz, etwa am Schluß von Kantaten oder an wichtigen Stationen der Passionsgeschichte und ihrer musikalischen Darstellung, auch als vierstimmiger Satz umgeben von einer selbständig geführten Instrumentalmusik, wie in den Eingangssätzen der »Choralkantaten«. In der Orgelmusik erscheint er als Orgelchoral, wie im »Orgelbüchlein«, als Choralfuge, einmal auch in Gestalt einer Choralfantasie (BWV 718) und mehrfach als Choraltrio. All diese Stücke beziehen sich zwar auf den Choral und damit auf einen kirchlichen Zweck, aber der Orgelchoral etwa war nicht für den Gottesdienst bestimmt, und die Musterstücke der Sammlung »Clavier-Übung dritter Teil« sind eher Kompositionsexempel als Stücke für den liturgischen Gebrauch. Bach verwendet prinzipiell verschiedene Arten von Kirchenlied, bevorzugt aber die Lieder von Luther und aus dem Mittelalter. In seinen Leipziger Jahren wird ihm der Dichter Paul Gerhardt wichtig. Er scheut sprachliche Modernismen aus der gefühlsbetonten Schule der pietistischen Dichtung und entscheidet sich für die tonal reichhaltigeren älteren Melodien oder für ältere Fassungen neuerer Melodien. Verbesserungen nach dem Geschmack der Zeit meidet er.

vergrößerte, veränderte sich. Neue Metaphern kamen hinzu, vor allem neue Texte zu bekannten Melodien, und bekannte Melodien zeugten Ableger.

Neben diesen Liedern gab es eine Menge von Dichtungen und in der Musik sogenannte Arien, Vokalstücke über komplizierte Texte in der Manier von einfachen Operngesängen. Das uns bekannte Lied, die Volksliedstrophe und eine zu ihr passende Melodik, gab es noch nicht. Aber es entstand im zweiten Drittel des 18. Jahrhunderts, und es begann sich in Bachs unmittelbarer Umgebung auszubreiten. Da hatte sich in Leipzig ein Praktikant der Rechte namens Scholze den stolzen Namen »Sperontes« gegeben und den durch Leipzig trudelnden Fluß, die Pleiße, zum Musensitz erhoben. »Die Singende Muße an der Pleiße« kam ab 1736 auf den Markt und brachte es bis 1745 auf insgesamt vier Teile, und ziemlich parallel hatte in Augsburg ein Benediktinerpater ein »Ohrenvergnügendes Tafelconfect« den naschsüchtigen Bürgern anempfohlen. Mit beiden Liedersammlungen setzt eine Flut von spießigen Liedern mit primitiven Melodien ein, über Bässe, die bei Bach vermutlich nur ein Kopfschütteln verursacht haben, und mit einem Nichts an mittleren Stimmen. Natürlich hatte es primitive Musik schon immer gegeben. Aber sie zählte, wenn sie überhaupt die Ehre einer Beachtung durch den Musikverständigen erfuhr, zum niederen Stil. In der seit Jahrhunderten überlieferten Weltordnung kam ihr ein Platz nahe den Tieren zu. Nun aber schien die Welt Kopf zu stehen und diese primitiven Dinger als das Erlesenste auszugeben, was für den Musikkenner zu haben war. Nun sollte sich jedermann mit Melodien beschäftigen, deren Kunstlosigkeit als wahre Form von Kunst gefeiert wurde. Was allenfalls den Bediensteten oder Marktweibern Vergnügen bereiten konnte, was in der Schenke für Stimmung sorgte, das wurde nun feierlich ediert, ans Licht gebracht, der Mit- und Nachwelt überliefert. Mit den Opernarien zusammen bildeten sie musikalische Galanteriewaren.

Bach gedachte nicht mitzuspielen. Um zu zeigen, in welcher menschenwürdigen Einkleidung Melodien erscheinen sollten, setzte er für den Zeitzer Schloßkantor Georg Christian Schemelli, einen ehemaligen Thomaner, neue wie alte Melodien mit einem Generalbaß und steuerte auch die eine oder andere Melodie bei. (Die Bachforschung ist sich da uneins.) Um den Organisten auf bislang übliche Weise das Improvisieren zu erlauben, schuf er im »Dritten Teil der Klavierübung« Muster für eine weiter gespannte Auslegung der alten Kirchenlieder. Er sammelte aus den vielen Stücken für eine Mustersammlung insgesamt 17 Choräle und schrieb sie weitgehend selbst in ein extra dafür angelegtes Buch. Diese Sammlung sind die »17 Choräle aus der Leipziger Handschrift«. Außerdem lag das Corps der Choräle in den vielen Kantaten vor, das der Sohn Carl Philipp Emanuel 15 Jahre nach Bachs Tod herauszugeben begann. Er profitierte dabei von einem neuen Interesse an solchen Chorälen. Es ging freilich nicht aus einem erneuerten religiösen Bewußtsein für diesen Schatz deutscher Lyrik nebst Melodien hervor, sondern die simple Tatsache, daß der Kontrapunktunterricht sich zugunsten der Harmonielehre verschob und zu deren Zwecken die Choräle ein ideales Anschauungs- und Übungsmaterial darstellten, bedeutete für diese Stücke den Wertzuwachs.

»Dafür, daß das Orgelbüchlein nicht vollendet wurde, gibt es vermutlich zwei Hauptgründe. Zum einen hatte Bach 1717 das Weimarer Organistenamt aufgegeben und sich anderen Schaffensbereichen zugewandt. Zum andern läßt das im Orgelbüchlein durchgehend befolgte Varietas-Prinzip nicht zu, daß für einen neu zu komponierenden Choral eine schon einmal ausgestaltete Satzidee wiederverwendet wird. Aber die formalen Möglichkeiten des kleinen Orgelchorals sind in den ausgeführten Chorälen des Orgelbüchleins in ihren Grundzügen vollständig dargestellt«.

Heinz-Harald Löhlein, Vorwort zur Faksimile-Ausgabe, 1981 ■

Johann Leisentritt, Tochter Zion und Jesus als König in dem Gesangbuch von 1567

389 Choralgesänge zählt die landesübliche Ausgabe. Sie läßt sich auf die erste Ausgabe der Choräle von Johann Sebastian Bach zurückführen, die der Verleger Friedrich Wilhelm Birnstiel seit 1765 betreute, zunächst mit Unterstützung des Sohnes Carl Philipp Emanuel, später gegen dessen Verlautbarungen. »Es hat der Herr Birnstiel in Berlin kürzlich mit eben so vieler Dreistigkeit als Unwissenheit in der Musik den zweyten Theil von Johann Sebastian Bachs vierstimmigen Choralgesängen, wovon ich der eigentliche Sammler bin, ohne mir das geringste davon wissen zu lassen, herausgegeben.« Nachdem der entscheidende Punkt erfüllt war – »Der Hauptpunkt ist dieser, daß ich voraus bezahlt werde« – und die Birnstiel-Ausgabe des zweiten Teils als Makulatur verkam – »Herr Bach [bekam] Gelegenheit sich wegen des Ihm entgangenen Profites an Birnstiel zu rächen« –, strich der Herr Johann Gottlob Immanuel Breitkopf zusammen mit dem geschäftstüchtigen Sohn den Profit dieser Ausgabe ein. Denn inzwischen hatte man sich gewöhnt, den Kontrapunkt nicht mehr nach J.J. Fux zu lehren. So rückten die Choralgesänge als Lehrbuch in den Verkaufszahlen nach vorn. ■

dgl., Darstellung eines Gottesdienstes

Das »Orgel-Büchlein« stammt aus früherer Zeit. Es ist ein echtes Fragment. Geplant waren 164 Stücke, deren Melodien bereits mit der Textmarke angegeben sind. Ausgeführt wurden aber nur 45, und dennoch hat dieses Büchlein ein Titelblatt, und auf ihm stellt sich Bach als Kapellmeister von Anhalt-Köthen dar. Das Titelblatt verweist auf die Lehrwerke der Köthener Zeit, das »Wohltemperierte Klavier« oder die »Inventionen«, der hypothetisch gesetzte Beginn der Komposition in den Weimarer Jahren läßt an eine Sammlung erbaulicher Lieder denken. Wie man diesen Sachverhalt auch interpretieren mag, ob der auf dem Titelblatt vermerkte Lehrzweck von Anfang an da war oder erst nachträglich den Stücken zugesprochen wurde, wir haben meditative Stücke vor uns, Meditationen über eine Reihe alter Kirchenlieder in verschiedenen Tonsätzen und im Spannungsfeld zwischen der alten Tonalität der Melodien und der modernen Harmonik in den Tonsätzen. In den »liederlosen« Jahrzehnten zwischen 1700 und 1730 gibt Bach ein positives Zeichen für das Lied. Später vergaß er dieses Buch. In seinen Unternehmungen zur Aufstellung von Regelsammlungen für Organisten nimmt es keinen Platz ein, und für die Kunst zum selbständigen Spiel des Orgelpedals mittels der Füße komponiert er in Leipzig sechs Sonaten und läßt das »Orgel-Büchlein« draußen, obwohl es, wie das Titelblatt außerdem festhält, genau für diesen Zweck komponiert worden war.

Da Bach alte Melodien bevorzugt, stehen ihm die vielfältig auslegbaren Aspekte einer kirchentonalen Melodik zur Verfügung, die noch nicht in das krude Bett des Dur-Moll eingepaßt wurde. Einzelne Tonstufen, wie »f« und »fis« oder »c« und »cis«, auch »b« und »h« erlauben, unangepaßt an das Entweder/Oder, verschiedene Harmonien. Die reichhaltige Harmonik wiederum gestattet dem Komponisten, jede einzelne Stimme biegsam, aspektenreich zu schreiben. Wer schon einmal im Alt oder Tenor gesungen hat, der weiß, welchen Unterschied es macht, einen von Bach ausgesetzten Choral oder einen von – sagen wir – Michael Praetorius ausgesetzten zu singen. Jede Stimme wird individuell geschrieben, für jeden gibt es etwas Interessantes zu tun. Und dann die mannigfaltigen Arten der Darstellung. »Herzliebster Jesu, was hast du verbrochen«, in den Choralgesängen erscheint dieser Choral in vier verschiedenen Fassungen, zwei aus der Matthäus-, zwei aus der Johannes-Passion. Da gibt es eine durchgängig im Tonraum schweifende Baßstimme und das Gegenteil als Fundamentstimme mit großen Sprüngen. Da gibt es Diatonik in den ersten Takten und das genaue Gegenteil, eine katzenartige Chromatik. Wer dieses Reich eines wahrhaftigen musikalischen Schatzes durchstöbern will, wird Sänger oder Notenleser sein müssen. Nur dann wird man zu ahnen beginnen, welche Durchsicht derjenige hatte, der beispielsweise siebenmal den Choral »Wer nur den lieben Gott läßt walten« vertonen konnte oder zehnmal »O Welt, ich muß dich lassen«. Soviel allgemein – der Umgang mit Musik bestimmt den Grad des Genusses an ihr. Da wir in diesen Chorälen eine allen zugängliche Musik vor uns haben, muß ein Komponist die uns vertraute Melodie genügend hervorheben und durch seine Zutaten vor der Gewöhnung bewahren, ihr das Schicksal einer abgedroschenen, abgeleierten Melodie ersparen. Es kommt auf das richtige Maß an neuen Aspekten an. Dieses Augenmaß besaß Bach in einem ganz hohen Maße. Er hat ja nie die Melodie verunstal-

»Komm Gott, Schöpfer, Heiliger Geist«, aus dem Orgelbüchlein

tet, im Flitterkram virtuoser Passagen untergehen lassen wie Liszt zuweilen in seinen Liedparaphrasen. Er setzte zu den bekannten Tönen einige noch unbekannte, aber durchaus grundsätzlich verständliche. Er sah zwischen allen verfügbaren Tönen und denjenigen der Melodie unsichtbare Fäden, und er führte seine Schreibfeder an jeweils einzelnen Fäden entlang, mal an diesen, mal an anderen. So verbindet er die Gebote einer wahrhaft volkstümlichen Kunst mit den Gesetzen von Kunstwerken, identifiziert die Gestalt des Liedes mit der des Kontrapunkts. Selten nur ist diese Synthese gelungen.

Die Komposition von »Passionsmusiken« war ein Herzensbedürfnis des Thomaskantors. Soviel darf wohl gesagt werden. Bach hätte mit den allsonntäglichen Kantaten genug zu tun gehabt, neben den sonstigen Aufgaben und den Auftragskompositionen zur Verbesserung seines Budgets. Trotz der Fülle an Aufgaben führte der neue Thomaskantor gleich zum ersten von ihm betreuten Karfreitag, dem 7. April 1724, eine eigens dafür verfaßte Komposition auf, die »Passio secundum Johannem«. Im Laufe der nächsten Jahre vollendete Bach den gigantischen Zyklus seiner geistlichen Dramen und krönte ihn mit den Passionskompositionen, mit der insgesamt in 4 Fassungen vorliegenden Johannes-Passion, den zwei Fassungen der Matthäus-Passion, der Markus-Passion, von der nur der Text überliefert ist sowie eine von der Bachforschung rekonstruierte Musik, die keine Aufnahme in die Neue Bach-Gesamtausgabe fand, und zwei weiteren Passionen, falls sich Carl Philipp Emanuel Bach nicht geirrt hat. (Denn von ihm stammt diese Angabe. Legende oder Wirklichkeit. Keiner vermags zu sagen!)

Luthers kerniges Deutsch und die allegorienfreudige barocke Dichtung, der protestantische Choral und die Formen der modernen Musik verbanden sich zu einer dramatischen Musik ohne Bühne. Wenn es richtig ist, daß der Köthener Kapellmeister nach Leipzig wegen der Chance ging, nun auch noch die Musik zu den geistlichen Dramen von Kantate und Passion aus sich herauszuholen, dann versteht sich der Elan von selbst.

Die Passionen als Bachs Form der Oper, die insgeheime Sehnsucht nach der Hauptgattung der Barockmusik, geäußert in der dramatischen Wucht der Chöre, dem leidenschaftlich nachgezeichneten Bericht - diese Ansicht wird seit mehr als 150 Jahren diskutiert, seit der Wiederaufführung der Matthäus-Passion in einer wohl stark gekürzten, die Rezitative des Evangelisten betonenden, die Chöre herausstellenden, die Arien wegkürzenden Fassung. Gerade diese zweichörig und damit dialogisch angelegte Passion hat Aufführungen von elementarer Wucht erlebt. Da rollten die Chöre der gegen Jesus aufgewiegelten Masse durch den Konzertraum wie die Chöre des Autodafé in Verdis »Don Carlos« über die Rampe. Da stieg die verzweifelte Klage des verlassenen Christus gen Himmel. Da wagte sich der Choral »Wenn ich einmal soll scheiden« kaum aus der beklommenen Stille heraus. Unmittelbare Erschütterung als ästhetisches Prinzip, Katharsis in der Kirche oder im Konzertsaal!

Nun, eine zeitgemäße Antwort auf diese Fragen nach dem richtigen Verständnis der Matthäus-Passion und der Passionskompositionen allgemein hängt zunächst von der Einschätzung eines einzigen Dokuments ab. Es ist der vollständig überlieferte Stimmensatz der Matthäus-Passion, also das Material, aus dem zu Bachs Zei-

Joachim Patinir (um 1480 geboren), Der Heilige Hieronymus in der Wüste, Ausschnitt

M

Die »Passio Domini nostri Jesu Christi« wird in der römischen Meßliturgie an vier Tagen der Karwoche gelesen und gesungen. In diese Traditionsschicht reicht der Brauch, die verschiedenen Textschichten musikalisch voneinander abzusetzen. Der Evangelist, Christus, die einzelnen Personen, die Gruppen, die Volksmenge – sie haben verschiedene Töne. Seit der Mitte des fünfzehnten Jahrhunderts wird die Passionsgeschichte mehrstimmig vorgetragen. Choralpassion nennt man eine Form, in der die Texte des Evangelisten einstimmig, die Resttexte überwiegend mehrstimmig gesungen werden. Eine andere Art der Komposition ist die mehrstimmige Darstellung des Passionstextes in der jeweils gültigen musikalischen Form, etwa als Motette. 1593 veröffentlichte Leonhard Lechner seine Johannes-Passion, ein Modellstück für die sogenannte »motettische Passion«. Ein halbes Jahrhundert später entsteht die »oratorische Passion«, noch immer liturgisch gebunden, aber nun die neuen Formen, Rezitativ und Arie, aufweisend. In der Bachzeit schließlich wurde diese Art von Komposition mit frei erfundenen Dichtungen verbunden. Bach nimmt in seinen Werken diese liturgieunabhängige Tradition auf, bindet aber seine Kompositionen an den biblischen Bericht. Carl Philipp Emanuel Bach spricht von 5 Passionskompositionen, wir kennen nur die Matthäus- und die Johannes-Passion sowie den Text der Markus-Passion. Alle Rekonstruktionsversuche bleiben, wie scharfsinnig sie auch unternommen werden, hypothetisch.

ten musiziert wurde. Da die Passion zweichörig angelegt ist, haben wir die Stapel der Stimmbücher für zwei Chöre. Jeder Chor umfaßt Singstimmen, Instrumentalstimmen und eine vollständige Generalbaßgruppe. Schauen wir uns an, was auf diesen beiden Stapeln liegt. Chor 1 umfaßt sieben Stimmbücher, Chor 2 vier Stimmbücher für Sänger. Hinzu kommen noch zwei Stimmbücher für die Sänger der Choralmelodien »O Lamm Gottes unschuldig« und »O Mensch bewein dein Sünden groß«. Die sieben Stimmbücher des ersten Chors reduzieren sich auf ebenfalls vier, wenn man drei Stimmbücher mit Eintragungen der kleinen Rollen im Evangelistenbericht, Judas, Pilatus, die Mägde usw., beiseite legt. Jedes dieser Stimmbücher enthält die sämtlichen Notentexte für eine Stimme. Zum Exempel. Das Stimmbuch des Tenors im ersten Chor enthält die Partie des Evangelisten, Rezitative und Arien, soweit für den ersten Chor bestimmt, und alle Tenorpartien der Chöre im Rahmen des Chores 1. Geht man nun von der Annahme aus, daß maximal drei Sänger aus einem Stimmbuch singen konnten (eine heute nicht mehr durchsetzbare Praxis!), dann hat man für jeden Chor maximal 12 Sänger, und zwar für alles. Wer solistisch mitwirkte, mußte dennoch auch die Chöre singen. Sollte Bach nun die einzelnen Stimmen während der Aufführung immer einmal wieder geschont haben - schließlich hätte die Partie des Tenors im ersten Chor einen Umfang über das Zeitmaß der Tristanpartie hinaus, wenn solche Ruhepausen nicht eingelegt worden wären -, dann reduziert sich noch einmal die Zahl der Sänger in den (dramatischen) Chorpartien. Zwischen 16 und 24 Sänger standen in beiden Chören für die angeblich so wuchtigen Chorpartien zur Verfügung.

Zu dem Singechor trat eine ebenfalls in zwei Chöre aufgeteilte Gruppe von Instrumentalisten hinzu, die an Umfang dem des Singechores entsprach. Mit der stark besetzten Generalbaßgruppe zusammen ergeben sich insgesamt 50 Musiker, vielleicht einige mehr.

Zieht man ein Fazit, so muß man zugeben, daß eine kathartische Wirkung im Sinne der alten Dramentheorie schwerlich von den Klangmassen ausgehen konnte. Und auch nicht von der Intensität des gesanglichen Vortrags. Denn nun kommt eine zweite Irritation. Alle Singstimmen wurden von Kindern oder Halbwüchsigen ausgeführt. Wir hatten ja schon gesehen, daß ein gesondertes Stimmbuch für den »Evangelisten-Star« nicht vorhanden ist. Gleiches gilt für die Partie des Jesus und vor allem auch für die vielen ausdrucksgesättigten Arien. Stellen Sie sich, lieber Leser, einen Knabenchor vor, sagen wir die Wiener Sängerknaben, und nun überlegen Sie, wie es klingen wird, wenn einer aus dem Chor die Partie des Evangelisten singt, für die wir in unseren First-class-Aufführungen das Beste vom Besten suchen. Versuchen Sie zu hören, wie ein elf- bis zwölfjähriges Kind die wunderbare Arie »Erbarme dich, mein Gott« vortragen wird, wie die glatte, unfertige, naive und in bestimmter Hinsicht ausdruckslose Stimme, wie die leicht unreine Intonation sich mischt mit dem »seelenvollen« Vortrag der solistisch geführten Geige! Versuchen Sie zu verstehen, wie der weit ausschwingende Eingangschor klingt, wenn 24 Knaben mit einem ebenso viele Instrumente umfassenden Orchester musizieren, und 6 Musiker betonen den Baß! Wie instrumental wird da plötzlich diese Musik! Wie tritt die Dominanz der Gesangsstimme in den Hintergrund! Keine der heutigen Aufführun-

Sopran für die Choräle in Satz 1 und 29	2

1. Chor

Sopran - solistische und chorische Partien	1
Sopran - kleine Partien	1
Alt - solistische und chorische Partien	1
Tenor - Evangelist, Soli, Chorpartien	1
Baß - Jesus, Soli, Chorpartien	1
Baß - kleine Partien (Judas u.a.)	1
Baß - kleine Partien	1
Flöte 1	1
Flöte 2	1
Oboe 1	1
Oboe 2	1
Violine 1	2
Violine 2	2
Viola	1
Viola da gamba	1
Continuo	2
Orgel	1

Francesco Bartolozzi, Christus am Ölberg

2. Chor

Sopran - solistische und chorische Partien	1
Alt - dgl.	1
Tenor - dgl.	1
Baß - dgl.	1

Orchester gleiche Besetzung wie Chor 1 sowie eine zusätzliche Cembalostimme

Gliederung der insgesamt 40 Stimmbücher zur Matthäus-Passion. Heute in der Staatsbibliothek Preußischer Kulturbesitz, Berlin ■

Albrecht Dürer (1471-1528), Die Gefangennahme Christi, 1510

Hans Leinberger, Christus im Elend, um 1525

gen, auch nicht die von Nikolaus Harnoncourt, vermittelt die Radikalität dieser Anschauung, die doch nur aus dem vorhandenen Stimmenmaterial einige plausible Schlüsse zieht.

Katharsis – das Stichwort war schon gefallen. Aus der Unmittelbarkeit des Klangs konnte sie sich in der Gemeinde nicht einstellen. Solches Denken entspringt der Musikästhetik des 19. Jahrhunderts, entwickelt sich aus der Emanzipation des Klanges als unmittelbarem Ausdrucksträger von Musik. Bach denkt in Tonsätzen und, im Falle der Passionen, kombinatorisch. Schon die Johannes-Passion brachte ihn ein Stück auf dem Weg zu *seiner* Passion voran. Aber erst mit der Matthäus-Passion verwirklichte er seinen Traum. Er fand zur Tradition der Passionskomposition zurück, aber auf einem echt dialektischen Weg, und das heißt, in Wahrheit brachte er die Passionskomposition voran. Das will ich mit zwei Sätzen erklären. Die ältere Form der Passionskomposition bestand in Anlehnung an die liturgische Praxis in einer choralartigen Vertonung des Evangelistenberichtes und einer Ausgestaltung der Reden von Personen der Handlung und des Volkes. Die neuere Passion präsentierte sich als Dichtung aus dem Geist des Barock, wie schon der Titel der vielfach vertonten Passion des Dichters Barthold Hinrich Brockes lehrt. »Der für die Sünde der Welt gemarterte und sterbende Jesus«. Das entstand 1712. Bach oder ein uns unbekannter Dichter lehnte sich in der Johannes-Passion an diese Dichtung an, aber in ihr überwiegt der biblische Bericht in Luthers Sprache. In der Matthäus-Passion herrschen umgekehrte Verhältnisse. Dem Bericht des Evangelisten stehen 15 Arien gegenüber, 12 Choräle sowie die Anfangs- und Schlußchöre und die Choralbearbeitung »O Mensch bewein dein Sünden groß«. Nun sollen nicht die Quantitäten siegen. Aber auch qualitativ zeigt sich eine neue Konzeption. Zum Beispiel sogleich zu Beginn. Die Passion beginnt mit dem großangelegten Chorsatz »Kommt ihr Töchter, helft mir klagen«. Darauf folgt ein erstes kurzes Stück des Berichts, wo erzählt wird, daß Jesus die Kreuzigung prophezeit. Sogleich wird unterbrochen. Das Wort »Kreuzigung«, die Todesart für Verbrecher im römischen Reich bezeichnend, läßt die Gemeinde in Choralform fragen »Herzliebster Jesu, was hast du verbrochen, daß man ein solch scharf Urteil hat gesprochen?« Der Bericht des Evangelisten geht weiter und wird erneut unterbrochen, als davon erzählt wird, wie die Jünger eine Frau schelten, die Parfüm zur Salbung des Heilands verwendet, statt es den Jüngern zu geben, um durch Verkauf Geld für Arme zu gewinnen. In Rezitativ und Arie wird dieser Geschichte gedacht. Es gibt Momente im Leben, wo das Kostbarste bewahrt werden kann zum eigenen Gebrauch, entgegen der Aufforderung, gute Werke für andere zu tun. Den barocken Dichter, Christian Friedrich Henrici, genannt Picander, spornt die biblische Geschichte von dem kostbaren Wasser an, in den Reuetränen des Christen ein zeitgemäßes Äquivalent zu sehen und mit Freude von »Buß und Reu« zu sprechen, und Bach nimmt seinen Gedanken auf und schreibt eine tänzerische Musik im 3/8-Takt.

Wieder beginnt der Evangelist zu erzählen. Aber sogleich unterbricht Bach – und wir stützen die These, daß Bach die Anlage der Passion »erfunden« habe und Picander nur die dazu nötigen Verse machte, weshalb er, der Dichter, auch nur die Verse, nicht den Text als Ganzes in seinen gesammelten Werken abdruckte, deutlich im

Ach mein Sinn, wo denkst du weiter hin?
Wo soll ich mich erquicken?
Bleib ich hier? oder wünsch ich mir
Berg und Hügel auf den Rücken?
Außen find ich keinen Rat,
Und im Herzen sind die Schmerzen
Meiner Missetat
Daß der Knecht den Herren ganz verleugnet hat.
Christian Weise,
Der weinende Petrus ■

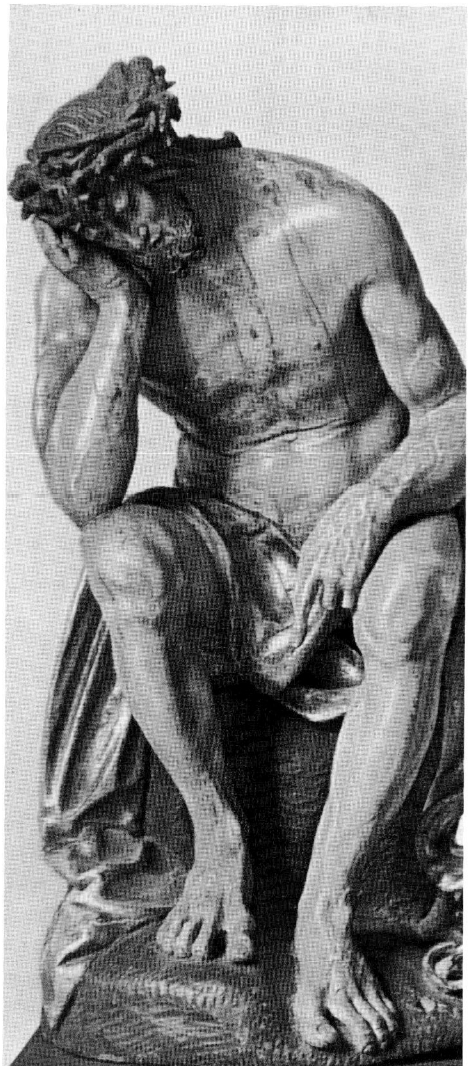

Ach mein Sinn, wo willst du endlich hin?
Wo soll ich mich erquicken?
Bleib ich hier, oder wünsch ich mir
Berg und Hügel auf den Rücken?
Bei der Welt ist gar kein Rat
Und im Herzen stehn die Schmerzen
Meiner Missetat
Weil der Knecht den Herrn verleugnet hat.
Text der Johannes-Passion ■

Lucas Cranach d.Ä., (1472-1553),
Die Verspottung Christi, um 1515

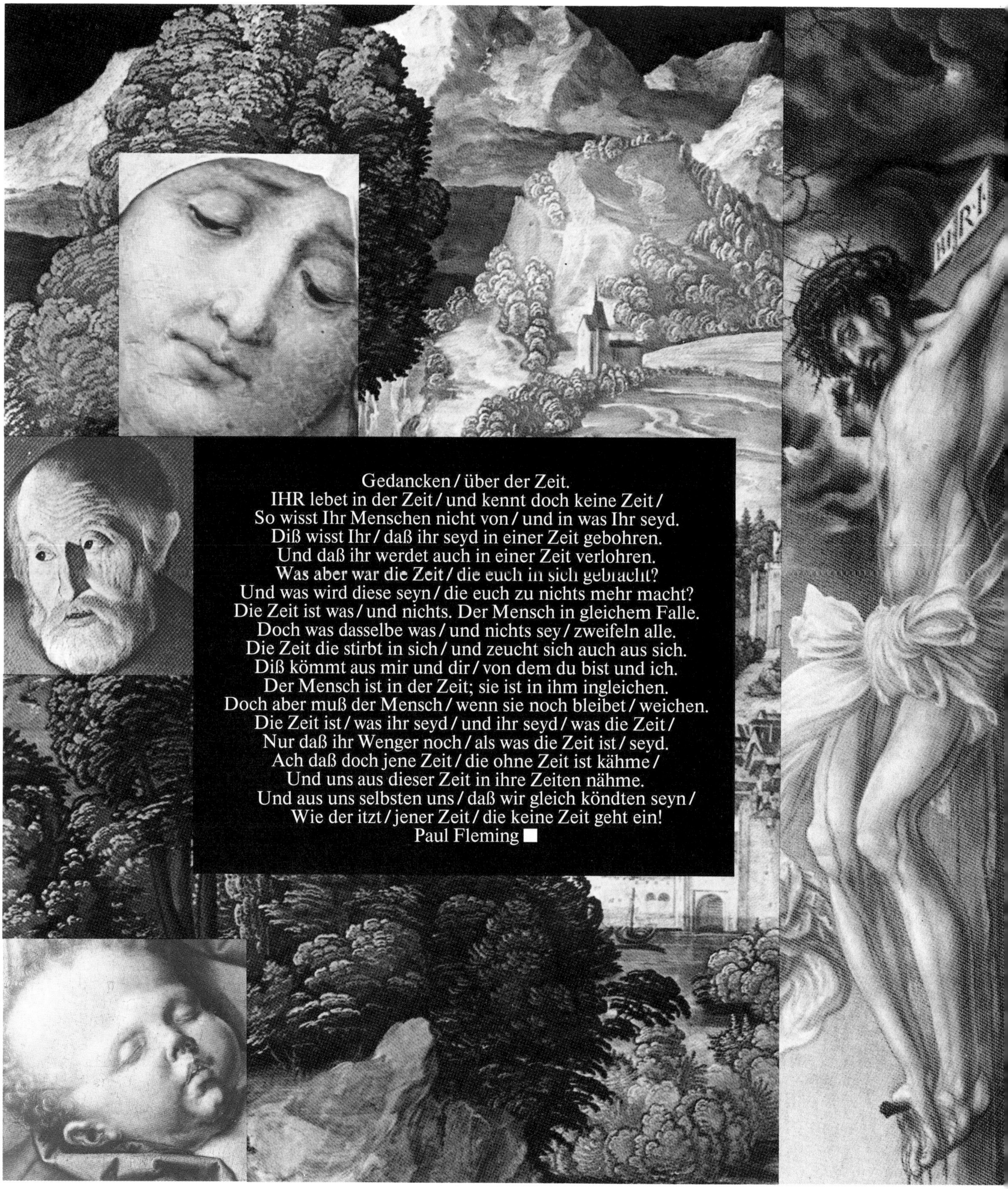

Gedancken / über der Zeit.
IHR lebet in der Zeit / und kennt doch keine Zeit /
So wisst Ihr Menschen nicht von / und in was Ihr seyd.
Diß wisst Ihr / daß ihr seyd in einer Zeit gebohren.
Und daß ihr werdet auch in einer Zeit verlohren.
Was aber war die Zeit / die euch in sich gebracht?
Und was wird diese seyn / die euch zu nichts mehr macht?
Die Zeit ist was / und nichts. Der Mensch in gleichem Falle.
Doch was dasselbe was / und nichts sey / zweifeln alle.
Die Zeit die stirbt in sich / und zeucht sich auch aus sich.
Diß kömmt aus mir und dir / von dem du bist und ich.
Der Mensch ist in der Zeit; sie ist in ihm ingleichen.
Doch aber muß der Mensch / wenn sie noch bleibet / weichen.
Die Zeit ist / was ihr seyd / und ihr seyd / was die Zeit /
Nur daß ihr Wenger noch / als was die Zeit ist / seyd.
Ach daß doch jene Zeit / die ohne Zeit ist kähme /
Und uns aus dieser Zeit in ihre Zeiten nähme.
Und aus uns selbsten uns / daß wir gleich köndten seyn /
Wie der itzt / jener Zeit / die keine Zeit geht ein!
Paul Fleming ■

Unterschied zu der ebenfalls von ihm verfaßten anderen Passion, nach dem Evangelisten Markus – also Bach unterbricht schon wieder, um die Erzählung vom Verräter Judas in eine Arie überzuführen, in der das Emblem der an der Brust groß gezogenen Schlange entfaltet wird – auf eine Wohltat folgt eine Missetat! Durch die zahlreichen Unterbrechungen verkehrt sich das Verhältnis zwischen dem Bericht und dem Nachdenken über seinen Sinn. Zwei Chöre, die Tochter Zion als Beobachter des damaligen Geschehens, und die Gemeinde, zu deren Heil es geschah, unterhalten sich. Zwischen den Unterhaltungen trägt mit intensiver Anteilnahme der Jünger Matthäus die Geschichte vom Leiden und Sterben des Herrn Jesu Christi vor. Die Tochter Zion und die Gemeinde deuten das Geschehen im Sinn des Heilsplans. Als erzählt wird, wie Petrus, der Treueste, von der menschlichen Schwäche verführt dreimal seinen Herrn verleugnet, als mitfühlend der Evangelist das herzzerreißende Weinen schildert, musikalisch in milden dissonanten Intervallen und symbolisch gefaßt in Form des Kreuzes, das die Linien der Singstimme zeichnen, unterbricht die Tochter Zion mit einer Arie »Erbarme dich, mein Gott, um meiner Zähren willen«, ein Stück mit Solovioline und in der eigentlich der Hirtenmusik zugehörigen Taktart. Da weint ein »verlorenes Schaf«, wie man symbolisch sagen könnte, und zwar nicht über seine individuelle, sondern um seine existentielle Schuld. An diese Arie schließt Bach, ungewöhnlich genug, noch einen Choral an, in dem nun die Gemeinde aus dieser existentiellen Schuld und dem sie tilgenden Passionsgeschehen einen Schluß zieht. Es heißt »Ich verleugne nicht die Schuld; aber deine Gnad und Huld ist viel größer als die Sünde, die ich stets in mir befinde«.

Mit gleicher Umsicht behandeln Bach und sein Textdichter den Tod Jesu. Um den mittleren Ton, den versöhnlichen Aspekt, noch in der grausigsten Erzählung zu wahren, kombiniert Bach ein grandioses Stück chromatischer Harmonik im Sinne des Symbols vom Adamsfall, der jede Art menschlichen Denkens und Handelns verdorben hat: »Ach, Golgatha«. Die darauf folgende Arie aber wendet wieder das Geschehen. Sie erläutert den Sinn des Opfers. »Lebet, sterbet, ruhet hier, ihr verlassnen Kücklein ihr, bleibet in Jesu Armen«. Noch vor der Erzählung vom Sterben zieht die Gemeinde den Sinn aus der – Auferstehung! Dann schildert Bach den verlassenen Christus, jetzt ohne die Aureole der Streicherklänge in den Rezitativen. Die fanatisierte Masse beobachtet dies Geschehen mit Reporteraugen. Bach hat durch seine virtuosen Chöre die Brutalität der Beobachter trefflich herausgearbeitet.

Jesus stirbt. Er stirbt als Mensch. Im Sterben scheint er widerlegt zu sein. In der Johannes-Passion hatte Bach auf die Worte »Es ist vollbracht« eine Arie eingeschoben, in deren zweitem Teil mit dem Text »Der Held aus Juda siegt mit Macht« eine optimistische Kriegsmusik erklingt. Erst dann stirbt Jesus, und sein Sterben läßt die Gemeinde fragen, ob sie nun auch erlöst sei. Der Herr spricht »stillschweigend: ja«. Dann schiebt Bach ein Stück aus dem Bericht des Evangelisten Matthäus ein, die Beschreibung der Wunder, die auf Gottes Eingreifen deuten und damit den als Mensch gestorbenen Jesus zum wahren Gottessohn erheben. In der Matthäus-Passion hat Bach durch die Arie schon vorgebaut. Er kann mit aller Erschütterung Jesus sterben lassen, und in der Verlassenheit des scheinbar ge-

»O Haupt voll Blut und Wunden,
voll Schmerz und voller Hohn,
o Haupt, zu Spott gebunden
mit einer Dornenkron,
o Haupt, sonst schön gezieret
mit höchster Ehre und Zier,
jetzt aber hoch schimpfieret,
gegrüßet seist du mir!«

Paul Gerhardt, 1656 ■

»Eine genauere Beleuchtung verlangt ... das nach dem Franckschen Vorbilde gedichtete Recitativ ›Am Abend da es kühle ward‹. Bekanntlich ist es ein Zug germanischen Wesens, in der außermenschlichen Natur eine Theilnehmerin an der Menschen Lust und Leid zu erkennen, und deren Erscheinungen mit der menschlichen Seele zu durchdringen ... Ein Beispiel solcher Tonbilder, in denen sich Bachs grunddeutsche Natur verräth, bietet das genannte Recitativ. Wie zarte Dämmerschleier schweben und ziehen die dunklen Violinen, keine Generalbassaccorde verdichten das traumhafte Gespinnst, nur die langgezogenen Töne des Orgel- und Streichbasses gewähren ihm Halt. Was aus diesen Tonreihen uns anhaucht ist nicht zunächst die religiöse Empfindung des Friedens und der Erlösung, mit welcher der Text sich beschäftigt. Es ist Abendstimmung; jene Empfindung kommt erst durch Vermittlung derselben musikalisch zur Geltung, in das Naturbild wird hineingefühlt, was an dieser Stelle die christlichen Herzen bewegt«.

Philipp Spitta, Johann Sebastian Bach, II, 390f. ■

»In zahlreichen Wortformen – z.B. zurück/zurücke, sagte/sagete/saget, derselbe/derselbige, geredt/geredet, alsbald/alsobald, fürchtete/fürchtet/furchte – unterscheiden sich die verglichenen Bibeln voneinander, und Bachs Text stimmt bald mit der Lesart der einen, bald mit der der andern überein«. Diese Unstimmigkeit stellt Arthur Mendel im Kritischen Bericht seiner Ausgabe fest. Zu gleichen Ergebnissen kommt Alfred Dürr bei Betrachtung des biblischen Berichts, wie er vom Evangelisten Matthäus überliefert worden ist. Aus beiden Befunden läßt sich auch die Vermutung ableiten, Bach habe bei der Niederschrift seiner Partitur den Evangelistenbericht aus dem Gedächtnis zitiert. Dies würde nur seine enorme Vertrautheit mit dem Passionsbericht dokumentieren. ■

Michelangelo (1475-1564),
Matthäus, 1506

M

Die Matthäus-Passion erschien in Partitur und Klavierauszug 1830 im Druck. Es kauften der preußische König und der König der Niederlande, mehrere Prinzen und Prinzessinnen. In Berlin bestellten insgesamt 49 Personen ganz überwiegend Partituren. Auch das Preußische Ministerium der Geistlichen-, Unterrichts- und Medicinal-Angelegenheiten erwarb drei Partituren. Unter den Bestellern waren die Komponisten Mendelssohn Bartholdy und Meyerbeer, aber auch drei Herren im Majorsrang. In Hamburg interessierten sich drei Personen, in München ebenfalls nur drei, in Frankfurt am Main nur eine Person für das Druckwerk, dagegen in Leipzig immerhin siebzehn Personen. Nach Paris gingen 25 Klavierauszüge und fünfundzwanzig Partituren. Das war logisch. Denn ohne den Klavierauszug blieb für die meisten Besteller die Partitur ein Zierstück, unlesbar, unverständlich. Die Vorliebe der Subskribenten für Partituren zeigt demnach, daß die Matthäus-Passion als Monument verstanden wurde und der Kauf einer Partitur als nationales Bekenntnis.

stürzten Gottessohns findet Bach in dem Choral »Wenn ich einmal soll scheiden, so scheide nicht von mir«, in der schlichten Sprache der Lieder von Paul Gerhardt den Moment der Ruhe, ehe er, mit der Musik aus der Johannes-Passion, lautmalerisch das Eingreifen Gottes schildert, das nun den Umstehenden eine Wahrheit eingibt. »Wahrlich, dieser ist Gottes Sohn gewesen«. Aber auch an dieser Stelle hat der Thomaskantor das Ganze im Auge. Verschiedentlich nehmen Dirigenten den Chorsatz der Umstehenden in breitestem Adagio. Davon schreibt Bach nichts vor. (Dabei kennt die Partitur der Johannes-Passion bei »Es ist vollbracht« die Adagio-Vorschrift!) Nein, mehr als ein momentanes Zweifeln über das, was man angerichtet hat, schien für den Komponisten außerhalb des von ihm bevorzugten symbolischen Realismus. Nicht die Wachhabenden erkennen den größten Moment in der christlichen Weltgeschichte, der Christ deutet ihn.

Er kombiniert die »Abendstimmung« und ihre Sehnsucht nach Ruhe mit der Geschichte vom Abend nach der Sintflut, als die Taube mit dem Ölblatt zurückkam und von dem versöhnten Gott Zeugnis gab. »O schöne Zeit! O Abendstunde!«. Aus wohl in jedem Moment empfundener Simmung heraus – ja, hier geht es nun wirklich um Stimmung, um eine komplizierte Gemütsverfassung, wie sie von Eduard Mörike wiederholt beschrieben, von Schubert in seinen wunderbaren Abendliedern besungen und erstmals vom jungen Mozart in der »Abendempfindung« angeschlagen worden ist – über Akkorden, die sich sanft in die Dissonanzen hineinschmuggeln, einfach um der Musik Atem zu geben, die Weite der Erfindung zu ermöglichen, läßt Bach den Christenmenschen aufatmen. Nein, das Glück, von der Erlösung sprechen zu dürfen, die Passionsgeschichte auszudeuten, gönnt Bach dem Christen, dem Sänger der Baßpartie des Chores 1, vielleicht sogar dem Sänger – des Christus. (Jedenfalls steht diese Arie im Stimmbuch, das auch die Christusrolle vermerkt.) Nach diesem einmaligen Gesang hebt Hirtenmusik an, wieder an, wenn wir an die Arie »Erbarme dich, mein Gott« denken. Doch dieses Mal ist die Musik trotz gleicher Tonart fröhlicher, optimistischer. »Mache dich, mein Herze rein«, gieß aus, so können wir im Rückblick auf die andere Arie ergänzen, die Reuetränen. Der Rest vergeht rasch. Im Schlußchor finden sich alle zusammen, in einem Chorlied moderner Prägung. Von hier aus, wenngleich ohne Wissen, führt ein Weg zum klassischen Pathos, zu Gluck und zur erneuerten Oper aus dem Geist einer »stillen Größe«.

Die generelle Sünde, darum ging's. Deshalb feilte Bach. Wir können das sehen an der Änderung des ersten »Finales«. Als der Evangelist bei der Gefangennahme angelangt ist, setzt Bach eine Arie hin. Sie ist dialogisch geschrieben. Sopran und Alt stellen fest, was nun geschehen ist, die Gemeinde nimmt leidenschaftlich Anteil. Sie will's nicht wahrhaben. »Laßt ihn, haltet, bindet nicht!«, heißt es, und in einer brillant geschriebenen Fuge, einem wahren Stück Programmusik werden »Blitze, Donner, Wolken« beschworen, soll nach dem Willen des Christenmenschen die Hölle das »mörderische Blut« verschlingen, die Feinde. Aber der Evangelist weiß es besser. In einer altkirchlichen Überlieferung werden die schlechten Träume der Frau des Pilatus dem Teufel zugeschrieben. Er habe sie eingegeben, damit diese Frau den Statthalter warne und

Als Jesus vom Creutze genommen worden
Recit.
Am Abend da es kühle war,
Ward Adams Fallen offenbar,
Am Abend drücket ihn der Heyland nieder.
Am Abend kam die Taube wieder,
Und trug ein Oel-Blatt in dem Munde.
O! schöne Zeit! o! Abend-Stunde!
Der Friedens-Schluß ist nun mit GOtt gemacht,
Denn JESUS hat sein Creutz vollbracht.
Sein Leichnam kömmt zur Ruh,
Ach liebe Seele bitte du,
Geh, lasse dir den todten JESUM schencken,
O! heylsames, o! köstlichs Angedencken.
Aria.
Mache dich, mein Hertze, rein,
Ich will JEsum selbst begraben,
Denn er soll nunmehr in mir
Für und für
Seine süsse Ruhe haben:
Welt, geh aus, laß JEsum ein.

Matthäus-Passion,
Rezitativ und Arie für Baß.
Text von Picander

Auf Christi Begräbnis gegen Abend
1.
Mein Heiland wird zur Abendzeit begraben,
Damit auch ich am Abend meiner Zeit
Die wahre Ruhe könn in dem Grabe haben,
Das durch sein Grab gesäubert und geweiht!
Das Lebenslicht muß blutrot untergehen,
Daß wir schneeweiß vor Gottes Augen stehen.
2.
. . . .
3.
Die Taube kam zur Vesperzeit zum Kasten
und bracht ein Blatt dem frommen Noah zu!
Zur Abendzeit wollt auch mein Heiland rasten
Und zeigte mir das Ölblatt wahrer Ruh!
Ich bin gewiß, die Sündflut sei gefallen,
Gott läßt nicht mehr des Eifers Fluten wallen.

Salomon Franck, 1711 ■

»Am Abend, da es kühle ward«,
aus der Erstfassung

das Passionsgeschehen verhindert werde zum Wohle einer dem Teufel allgefälligen verderbten Welt. Auch Bach hat in seiner Passion wiederholt Probleme, in der Gleichgültigkeit Gottes gegenüber den Martern, die der Sohn erdulden muß, das göttliche Wirken zu erkennen. Der Evangelist muß immer wieder auf das, was geschrieben steht und erfüllt werden müsse, hinweisen. So auch mag Bach mit seinem Gott gehadert haben, bei der zahlreichen Unbill, die ihm im Leben widerfahren war. So mußte ihm dieser Evangelist besonders naheliegen, der den großen Plan in bezug auf die Prophezeihungen im Auge behielt, realistisch schildernd und doch aufs Ganze bedacht. Also weiß Jesus besser, was sein soll oder nicht. »Es muß also gehen!«. Denn die Schriften der Propheten müssen erfüllt werden.

So stand es um den Zusammenhang in einer Frühfassung. Bach schloß das erste »Finale« einfach mit einem Choral. »Jesum laß ich nicht von mir«. Das war möglich, aber allzu flach gedacht. Nein, in der zweiten Fassung mußte die emotional zwar verständliche, aber für das Weltgeschehen falsche Haltung der Gemeinde korrigiert werden. Nun mußte sie angesprochen sein, mußte ihr der Prediger Bach klipp und klar sagen: Nicht beschwöre die Hölle zur Vernichtung der Feinde. Erkenne, Christenmensch, die Sünde der Welt ist auch deine Sünde. »O Mensch bewein dein Sünde groß«. Daher habe Christus aus des Vaters Schoß auf die Welt kommen müssen, um deine, Christenmensch, deine Schuld auf sich zu nehmen. In dieser neuen Konzeption des ersten Schlusses erkennt auch der, dem die feinere Argumentation theologischen Denkens fernsteht, in Bach einen Menschen, der tiefere Zusammenhänge zu denken vermochte.

Um des Ganzen willen erscheinen denn auch immer wieder die gleichen Choralmelodien. Wie ein roter Faden durchzieht das Lied »O Haupt voll Blut und Wunden« die Passion. Es faßt in der Form von Lyrik, in einer bezugsreichen und doch einfachen Sprache die Passion in sich und gibt Zeugnis vom Geist des Lyrischen, gleiches Zeugnis wie die Choralmelodie vom Geist der Harmonik zeugt, freilich in allem Reichtum nur für Bachs Ingenium.

Nachdenken über den Bericht des Evangelisten Matthäus – so könnte man in moderner Sprache die Konzeption der »Passio secundum Matthäum« bezeichnen. Und damit löst sich auch die Frage nach der dramatischen Wirkung in die Feststellung auf, daß der Dialog der Chöre eine urdramatische Situation zitiert, die sich auf das dramatische Geschehen, wie es berichtet wird, bezieht. Es ist ein Drama der Gedanken, nicht das Drama der Gefühle, die eine Person auf der Bühne bei den Zuschauern vor der Bühne auslöst. Ein solches Drama aber erhält auch Sinn, wenn es von Kindern vorgetragen wird. In die generelle Sünde waren alle eingeschlossen, und die Kindheit galt Bach noch nicht als Zeit der Unschuld. (Die Schüler konnten über ihren rabiaten Kantor Leid singen!). Noch nicht waren die Kinder in den seligen Zustand versetzt, den ihnen Jean Jacques Rousseau erdichtete. Freilich, nach ihm und heute mit all den psychologischen Einsichten kann der Vortrag der Passionsgeschichte durch Kinder nur als zweifelhafte Verfremdung wirken. Das bedeutet: Darstellung der Passionsmusik aus historischen Voraussetzungen darf sich natürlich nicht in der Beobachtung des Klanges erfüllen. Auch das Ideologische ist zu beachten. Der Formalismus taugt nicht. Und wer nun noch immer die »Oper« von Bach haben will, der

Verzeichniss der Sänger und Instrumentisten zur ersten Aufführung der grossen Passion Sebastian Bach's in Dresden.

Coro Primo.
12 Violini primi.
11 Violini secondi.
8 Viole.
7 Violoncelli.
5 Contrabassi.
2 Flauti primi.
3 Flauti secondi.
2 Oboi primi.
2 Oboi secondi.
2 Clarinetti primi.
2 Clarinetti secondi.
25 Soprani.
20 Contr'alti.
25 Tenori.
30 Bassi.
156

20 Soprani, Corale.

Cantanti di Concerto.
1 Mad. Wranitzka.
1 M. Babbnig.
1 – Risse.
1 – Zezi.
1 – Stelzel.
5

Coro Secondo.
12 Violini primi.
11 Violini secondi.
8 Viole.
7 Violoncelli.
5 Contrabassi.
2 Flauti primi.
3 Flauti secondi.
2 Oboi primi.
2 Oboi secondi.
2 Clarinetti primi.
2 Clarinetti secondi.
25 Soprani.
20 Contr'alti.
25 Tenori.
30 Bassi.
156

Cantanti di Concerto.
1 Dem. Schebest.
1 M. Schuster.
1 – Wächter.
1 – Böhme.
1 Dem. Spittang.
5

Martin Geck, Die Wiederentdeckung der Matthäuspassion, 1967, S. 123 ■

Hieronymus Bosch (um 1450-1516), Die Madrider Kreuztragung

Im Bild von Maria mit dem toten Jesus findet das Symbol des toten Menschen in den Armen Christi seine schwermütige Schönheit

sollte doch, anstatt die Matthäus-Passion durch entsprechende Striche daraufhin einzurichten, lieber gleich die Johannes-Passion nehmen, die von Anfang an auf den Bericht selbst den Akzent legt. »Zeig uns durch deine Passion«, daß Jesus auch in der größten Niedrigkeit von Gott verherrlicht worden ist. Bachs Thema. Gläubig bleiben!

Die Johannes-Passion wird beherrscht zum einen von den Auseinandersetzungen zwischen Pilatus und Christus. Würde man die vermittelnden Sätze des Erzählers herausnehmen, hätte man dramatische Dialoge. Freilich setzt neben den schweigsamen, seiner Mission sicheren Jesus Bach nicht den Herrscher, der über Tod und Leben richten kann, den römischen Statthalter, sondern einen Menschen, der in dieser jüdischen Sache ernsthaft um Wahrheit bemüht ist. Zwei Menschen in einem auf den gleichen Ton gestimmten Dialog, und dagegen stellt Bach die fanatisierte Masse, und zwar in Chorsätzen, die das Tumultuöse dieser Gerichtsverhandlung mit Hilfe des Kontrapunkts fassen, in Übersetzung einer Volksweisheit, die »Kontrapunkt« mit »kunterbunt« gleichsetzt.

Bach übernimmt eine Tradition von Motetten, einen geschichtlichen Strang, der zu Heinrich Schütz zurückführt und über ihn auf seine Lehrer in Venedig, und von diesen auf die Meister der »alten Kunst«, der noch immer »Ersten Art von Musik«. Scharf skandiert der Komponist die Worte, und da er das in allen Stimmen macht, schießen immer besonders pointiert vorgetragene Wörter wie Blitze aus dem Klangnebel der durcheinander wogenden Stimmen. Geordnetes Chaos – das ist wohl der Eindruck. Zum anderen bedient sich Bach einer Fugenform, daß beispielsweise zwei Stimmen ruhiger geführt sind, zwei andere dagegen darauf beschränkt bleiben, einzelne »Reizwörter« aus dem Geschrei der Menge ohne Unterlaß vortragen zu lassen. Dieser musikalischen Realistik kann sich kaum ein Hörer verschließen. Sie erinnert an die stumpfsinnigen Gesichter aus »Kreuzigungen« der Dürer- und Lutherzeit. Vielleicht hat sich Bach beim Anblick so manchen Altars aus deutscher Malertradition seine Gedanken gemacht, die dann auf so überzeugende und beispiellose Weise Musik wurden.

Ein letztes Wort gilt dem Schluß der Johannes-Passion. Bach begnügte sich nicht mit der Arie »Ruhet wohl, ihr heiligen Gebeine«. Er wollte Trost spenden. So schloß er den Choral »Ach Herr, laß dein lieb Engelein am letzten End die Seele mein in Abrahams Schoß tragen« an und nahm nach dem g-Moll des Beginns der Passion und dem C-Dur des Schlusses der Chorarie ein Es-Dur als Schluß in Kauf. So wich er aus dem Kreis der Tonarten dieser Passion aus, und begründet war das in der Utopie eines seligen Todes. Dann kamen ihm Zweifel. In der zweiten Fassung dieser Passion erschien nicht nur die später der Matthäus-Passion übergebene Choralbearbeitung »O Mensch bewein dein Sünden groß«. Auch der Schluß wurde umgestaltet. Nun schloß sich der Chorarie eine Choralbearbeitung im gleichen Tonfall an: »Christe du Lamm Gottes«, in g-Moll, das am Schluß sich nach dem vorübergehenden F-Dur in einem aufrauschenden »Amen«-Satz nach C-Dur wendet. Dies erschien Bach in der dritten Fassung als »doppelt-gemoppelt«, um es salopp zu sagen. Nun endete die Passion mit der Chorarie. Nichts kam mehr danach. Erst in der letzten Fassung stellte er die ursprüng-

»Und die Natur, die mit Krankheit, Unfreundlichkeit, auch Disparatheit zum Menschen so vieles durchkreuzt, die fürs Christentum genau an der Stelle steht und die Stelle versperrt, wo das Reich (neuer Himmel und neue Erde) hingehört, die gleiche Natur verweigert sich als Schönheit und Symbolik nicht, den Heimkehr-Chiffren äußere Objekte zu stellen, an den Chiffern material beteiligt zu sein. Sie vermag das, weil sie selber im Prozeß, nicht in der Statik steht und weil das Subjekt des Naturprozesses, sofern es nicht ein hypothetisches ist, zur vermittelbaren Umgebung des menschlichen Subjekts gehört. Die Natur vermag es vor allem auch deshalb, nicht nur in disparatem Querstand zu den menschlichen Zweckreihen zu stehen, weil sie alles andere als ein Vorbei ist oder ein sogenanntes Residuum zu der Vor-

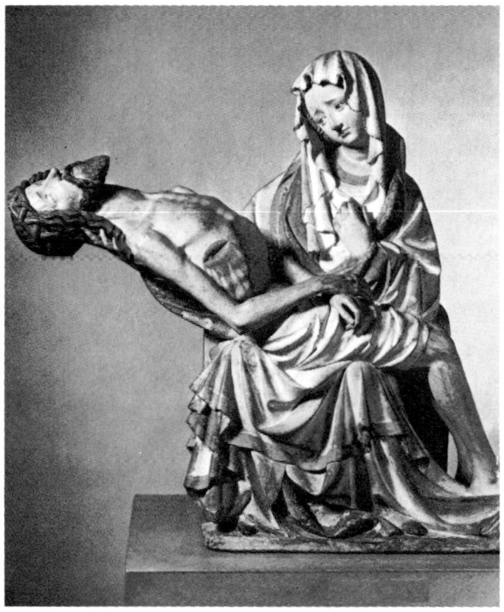

geschichte des Menschen. Sie ist nicht nur der Boden des Menschen, sondern auch sein währender Umkreis; sie ist erst recht keine ausgekochte Ruine, sondern viel eher Architektur für ein Drama, das noch nicht gespielt worden ist. In der bisherigen menschlichen Geschichte ist das Drama, das die Natur gänzlich zum Vorbei machen könnte, mindestens noch nicht zu Ende gespielt worden; wurde die menschliche Geschichte noch nicht hell, so durch sie erst recht noch nicht die Natur. Daher bleibt die Natur, die die unvergangene, uns rings umschließende und überwölbende, mit so viel Brüten, Unabgeschlossenheit, Bedeutung und Chiffer in sich, *statt Vorbei vielmehr Morgenland*«.

Ernst Bloch, Das Prinzip Hoffnung, 1959, S. 1601 ■

Giotto (um 1266-1337),
Kreuzigung

liche Intention wieder her und rettete damit die so sehr deutschem Denken entsprungene Fassung mit dem tröstlichen Schluß. So siegte schließlich der versöhnliche Ton über die Erwägungen einer konsequenten musikalischen Gestaltung. Das Gelungene fand sich selbst wieder. »Jede Umkreisung eines Gelungenen ist so beschaffen, daß ihr Bedeutungsinhalt, obwohl er endlich stillen mag, doch in sich selber noch weiterdeutet; wie das von der christlichen Mystik (Bachs Johannes-Passion-Arie: ›Betrachte, meine Seel‹) in Gestalt der Himmelsschlüsselblume gedacht worden ist« (Ernst Bloch).

Als »fünfstimmige Missa mit vollem Orchester« wurde sie erstmals 1818 angekündigt. Der Verleger Hans Georg Nägeli, um die kunstvolle wie die pädagogisch wertvolle Musik gleichermaßen besorgt und im Chorgesang einen Bronnen des Volkes erblickend, bezeichnete sie als »größtes musikalisches Kunstwerk aller Zeiten und Völker«. Stellen wir den Verlegerenthusiasmus in Rechnung, dann bleibt der Rang. Gerechterweise hätte der Verleger einige Jahre später sein Urteil einschränken müssen, als Ludwig van Beethoven, »von Herzen – möge es wieder zu Herzen gehen«, seine »Missa solemnis« endlich vollendet und an die Seite des in Fragmenten ihm bekannten Bachschen Werkes gerückt hatte, nicht ohne jahrelang die alte Kirchenmusik studiert zu haben und in den alten Tonarten Bescheid zu wissen, dank des Glarean.

Beide Werke gehören auf merkwürdige Weise zusammen. Auch Bach hatte die alten Modelle memoriert, hatte wie Beethoven ein Bekenntniswerk geschaffen, an Gedanken und Umfang alles andere hinter sich lassend. Beider Werk wurde mit Problemen beladen. Beethovens Missa, aus dem Geist des Textes entwickelt, erschien den Frömmlern in abweichlerischer Tendenz. Bachs Messe provozierte ein wissenschaftliches Hickhack. Zwar konnte man Bach seine Liebe zum lieben Gott nicht absprechen wie man das im Falle Beethovens mit dem Hinweis auf dessen Vorliebe für eine außerkirchliche Gottheit tat, aber ihm nahm man das Werk schlicht aus der Hand, zerlegte es wegen des fehlenden Titelblatts in seine Bestandteile und bezeichnete es folgendermaßen: »Missa/Symbolum Nicenum/Sanctus/Osanna, Benedictus, Agnus Dei et Dona nobis pacem«. Sie ist als ein Werk nach und nach entstanden und aus dem Geist des Textes geschaffen. Die Initialzündung gab die Komposition der »Missa« im lutherischen Sinne, der Folge »Kyrie« und »Gloria«. Sie wurde im Sommer 1733 nach Dresden geschickt. Bach hoffte, auf diese Weise den Titel eines Hofkomponisten zu erlangen und die schikanösen Leipziger Beamten in die Schranken verweisen zu können. Der Titel stellte sich ein, aber die Missa wuchs zunächst nicht weiter. Erst am Ende der vierziger Jahre nahm Bach sich die Missa wieder vor, erinnerte sich einer Sanctus-Komposition aus den ersten Leipziger Jahren, komponierte das »Symbolum Nicenum«, das »Credo« hinzu und vervollständigte weitgehend aus vorhandenen Kompositionen die Messe unter Rückgriff auf das »Gloria« – der Tonsatz des »Gratias agimus tibi« wurde als »Dona nobis pacem« wiederholt und durch das abgründige »Agnus Dei« in seiner Friedensutopie akzentuiert – zu einer »Missa tota«, die in dieser Form dem katholischen Gottesdienst zugehört, wenn auch wegen Gedankenfülle und Umfang aus dem Rahmen der Liturgie tritt. Das sind die Tatsachen. In Dresden, einem Paradies für Bach, wenn er an

Meister des Heiligen Bartholomäus, um 1490-1515

M

Neben der »großen catholischen Messe« (C.Ph.E. Bach) in h-Moll sind vier »lutherische Messen« überliefert worden (BWV 233–236), Vertonungen der Texte »Kyrie« und »Gloria«. Zu dieser Werkgruppe gehören außerdem zwei Kompositionen des »Sanctus«-Textes (237 und 238) sowie zwei »Kyrie«-Vertonungen (233a und 242). Einzelne Stücke sind Kantaten entnommen, und zwar den Kantaten 179, 79, 102 und 187. Über die Gründe, die Bach zur Komposition bewegt haben könnten, gehen die Meinungen auseinander. Sie sind vermutlich für den protestantischen Gottesdienst geschaffen. Wenn sie zwischen 1735 und 1744 komponiert worden sind, scheidet Leipzig als Ort der »Uraufführung« aus. Bach hatte damals kein Interesse mehr an der Leipziger Musik für den Gottesdienst. So bleibt die Vermutung, es handele sich um einen auswärtigen Auftrag.

die Leipziger Vorhölle mit den sturen Beamten und rechthaberischen Theologen dachte, gab es beide Konfessionen. August der Starke hatte aus politischen Gründen seine Neigung zum lieben katholischen Gott entdeckt. Das war das eine. Der Hofstaat, ja selbst die wahrlich vielgehörnte Kurfürstin frönten weiterhin ihrem Herzensbedürfnis nach dem Gott Martin Luthers. Teile der Messe waren hier wie dort aufführbar, in der alten Oper, wo man katholisch betete, oder in der Schloßkirche bzw. später in der Sophienkirche, wo sich die Evangelischen versammelten. Die ganze Messe konnte weder dort noch hier erklingen. Sie überstieg den liturgischen Rahmen, gliederte nach katholischem Gusto die Abschnitte falsch und war in Textfeinheiten nicht koscher.

Aus dem Geist des Textes sei die Messe geschaffen, sagte ich. Daran zweifeln alle diejenigen, die von den aus anderen Werken entlehnten Sätzen wissen. Aber das sehen sie falsch, eng, wenig welt- und kunstgewandt! Zugegeben, man kann schon irritiert sein, wenn man von der Tatsache erfährt, daß der Jubel der himmlischen Scharen, die Erde und der Himmel seien voll von Gottes Herrlichkeit – »Pleni sunt coeli et terra gloria eius« – aus einer Kantate entwendet sei, die das Glück der vielfach gesegneten Sachsen preist. Aber ein wenig Nachdenken hilft. Wie gingen die Maler vor, als sie die Madonnen und Magdalenen malten, die Jünger, den Heiland? Woher nahmen sie die Gesichter der Engel? Was zogen sie den Personen alter Geschichten an? Die Kleider, die sie kannten. Und die Gesichter, die Körper entnahmen sie bekannten Personen. Ihre Geliebte konnte zur Madonna werden, der Freund zum Heiland. Woher nahmen sie ihre Landschaften? Aus dem, was sie gesehen hatten, in Natur, auf Bildern! In einer sinnbildlichen Welt war das Profane fürs Heilige tauglich!

Noch einmal – aus dem Geist des Textes ist sie geschaffen. Was heißt das?

Die Messe beginnt ohne Vorspiel mit dem mächtigen Ruf: »Kyrie eleison«. Alle Instrumente des Tutti sind beteiligt. Die Melodie fließt auf der Straße des vorgegebenen alten Chorals dahin und wird rhythmisch durch den Text fixiert. Dringlich tönt so der Ruf nach dem göttlichen Erbarmen. Die anschließende Fuge folgt dem nun festgelegten Rhythmus und entfaltet in ihrer Chromatik die rhetorischen Figuren der Klage. Die Bachforschung erkennt in ihr ein zeitgenössisches Vorbild, das sich Bach für seine Zwecke abgeschrieben hatte. Doch was sagt das schon. Die Anlage des Bachschen Tonsatzes folgt einer zeitgenössischen Form. Man hat die Wahl zwischen einer Spezialform der Arie, wo vor der eigentlichen Arie ein Motto, eine Devise, erklingt, oder der französischen Ouvertüre mit dem markanten Eingangsteil und einer fugierten Fortsetzung. Das zweite »Kyrie« folgt in rhythmischer und harmonischer Gestaltung dem ersten, ist aber formal im Sinne einer der Motette nachgebildeten Chorfuge gebaut, in der wie im Bachschen Choral die Instrumentalstimmen unterstützend, aber nicht selbständig hinzutreten. Dazwischen erklingt nach Art einer Vokalise das Duett »Christe eleison«, ein Stück konzertanter Musik von virtuosen Ausmaßen, ein sinneverschlagendes Stück reinster Musik für die »geläufige Gurgel« zweier Primadonnen. Denn an die Sängerinnen dachte er – als Komponist. Alle Arien und Duette sind in dieser Art konzertant gehalten,

»Ich habe dargestellt, wie es zu dem Mißverständnis gekommen ist, die Folge der Sätze von ›Kyrie eleison‹ bis zum ›Dona nobis pacem‹ sei eine ›Messe‹ im üblichen Sinne des Wortes, und wie die allgemein verbreiteten Abschriften zusammen mit den auf ihnen fußenden Angaben diesen Irrtum zu einer festen Tradition gemacht haben ... Es ist nicht nur ein historisches Mißverständnis, sondern auch ein künstlerischer Fehlgriff, von einer ›Messe in h-moll‹ oder gar von der ›Hohen Messe‹ zu sprechen und alle Sätze vom ›Kyrie‹ bis zum ›Dona‹ hintereinander aufzuführen ... dabei aber fällt das Absinken der künstlerischen Qualität dieser den ›Schlußteil der Hohen Messe‹ beherrschenden Chöre besonders empfindlich ins Gewicht ... Unsere Gesamtaufführungen der ›Hohen Messe‹ sind vielleicht eins der bemerkenswertesten Beispiele dafür, was eine irrige, aber festgefahrene Tradition gegenüber dem künstlerischen Urteil vermag«.

Friedrich Smend, Kritischer Bericht der Neuen Ausgabe sämtlicher Werke, S. 188f. ■

»Die Symmetrieform ist im gesamten Schaffen Bachs sowohl bei Satzkombinationen wie bei der Anlage einzelner Sätze (vgl. den Chor ›Cum Sancto Spiritu‹) und schließlich beim Aufbau einzelner Tonfiguren (vgl. die Leitfigur bei der Arie ›Quoniam tu solus sanctus‹) ein häufig gebrauchtes künstlerisches Gestaltungsmittel; jedoch hat er es in keinem zweiten seiner Werke so tiefsinnig angewandt wie im Credo der h-Moll-Messe. Allein von dieser Erkenntnis her gewinnt der nachträgliche Einbau des Chores ›Et incarnatus est‹ seine Erklärung und seine besondere Bedeutung. Es mag daher angebracht sein, an dieser Stelle grundsätzlich etwas über die Symmetrieform und ihre Verwendung in der Musik zu sagen.

Symmetrische Gestaltung ist ein Grundelement der barocken Architektur, d.h. ein Mittel der Raumgestaltung, die man bei Einnahme des rechten Standorts mit einem Blick wahrzunehmen vermag. Der Prototyp dafür war das Versailler Schloß, nach dessen Vorbild in der ersten Hälfte des 18. Jahrhunderts in Deutschland zahlreiche barocke Residenzen gebaut worden sind.«

Walter Blankenburg, Einführung in Bachs h-Moll-Messe. Dritte, völlig neu bearbeitete Auflage, 1974 ■

Tizian (um 1488-1576),
Auferstehung Christi, 1520

Die letzten Takte der Messe in h-Moll

Michelangelo, Ausschnitt aus dem Fresko »Das jüngste Gericht«

virtuos in einem später kaum noch verstandenen Sinne. Nur die Arie »Agnus Dei qui tollis peccata mundi« weicht davon ab. Über sie ist viel gerätselt worden. Das einzige in einer B-Tonart geschriebene Stück verbreitet die abgründige Traurigkeit der Passionskompositionen im Rahmen der Messe, hält die Verdorbenheit einer Welt fest, die auf das Opfer zu ihrem Heil angewiesen ist. An die Seite der Arie rücken zwei Chorsätze, das »Crucifixus«, eine Übernahme aus der Kantate »Weinen, Klagen, Sorgen, Zagen«, das sei der Christenmenschen Los, und der Schluß des »Confiteor«, wo zunächst die Erwartung des Wunders der Auferstehung zagend bleibt. Der Komponist irrt, wie auf der Suche nach der Gewißheit dieser Botschaft, durch die Räume der Harmonie, ehe er in jubelnden Tönen diesem Dogma siegessicheren Ausdruck gibt.

Dem »Crucifixus«-Satz korrespondiert das »et resurrexit«, im »Confiteor« wird derselbe Text zweimal in völlig unterschiedlichem
 Ausdruck gebracht, und auf das »Agnus Dei« folgt das »Dona nobis pacem«. Erinnert sei an die »Paukenmesse« von Joseph Haydn und das »Dona nobis pacem« in Beethovens »Missa solemnis«. In beiden Werken wird die Bitte nach Frieden durch die Fixierung des gegenteiligen Zustands, des Kriegs, dringlicher. Lassen die kriegerischen Klänge mit ihren Assoziationen, verstümmelte Leiber, Horden brandschatzender Krieger, Vergewaltigung und Tod, die Bitte nach Frieden als dringliches Gebot der Humanität erscheinen, so beschreibt Bach in den schmerzakzentuierten Intervallen, dem flehentlichen Auf und Ab der »Agnus«-Melodie den Lebensdruck, die Melancholie, den depressiven Zustand, um in der gläubigen Bitte um Frieden sein Seelenheil wiederzufinden. Wer dieses Stück Musik in sich aufgenommen hat und den tröstlichen Schlußgesang kennt, muß über der Ansicht, der letzte Teil der h-Moll-Messe sei etwas lustlos zusammengestellt, den Glauben an die Urteilsfähigkeit von Musikwissenschaftlern verlieren. Haydn und Beethoven stellen ihr Werk in einen politischen Zusammenhang, Bach zeigt uns das menschliche Leiden, die Mühsal des Tages, das Opfer – Leben, Familie, Kunst als Opferdienst.

Diesen Abschnitten der Komposition steht der insgesamt einheitliche Ton gegenüber, eine Festmusik, die in ihrem brillanten Charakter nicht auf die solistischen Stücke beschränkt ist, sondern auch die Chorsätze erfaßt, im weitgeschwungenen melodischen Bogen des »et in terra pax hominibus bonae voluntatis est« oder im »et iterum venturus est cum gloria«, zwölf solistische Takte im Chorbaß, nur vergleichbar manchen Abschnitten in den Orgelfugen. Da wäre außerdem die Trompeten- und Paukenmusik des »Gloria«, des »Osanna« zu nennen, und wie eine musikalische Ausdeutung mancher Engelskonzerte flutet das »Sanctus« an uns vorüber, prächtig und herrlich geordnet nach dem Zahlenmaß der Trinität.

Eine »Missa tota« in den Stilen seiner Zeit. Bach vergrub sich weißgott nicht in die Geschichte seiner Kunst. Aber er hielt fest, was an Ausdruck nur den älteren Tonsätzen möglich war, der Musik des »ersten Stils«, der »prima prattica«, konfrontierte ihn mit dem Barokken, der Pracht seiner und der seiner Zeitgenossen. Er mischte die Stile und spannte sein Werk in das Netz aller verfügbaren Arten von Musik. Ein Werk aus der Totalität der verfügbaren Kräfte, ein Ganzes nicht nur des Textes wegen, eine Summe alles kompositorischen

Wissens. Er nutzte auch den katholischen Choral, wie ihn Luther bewahrte, im »Kyrie«, im ersten »Credo« und im »Confiteor«, dort also, wo von der mächtigen Kirche zu sprechen war, von ihrer Wahrheit in ihrer Tradition. Er nutzte direkt neben solchen Sätzen den virtuosen Stil der Opernmusik, verwandelte ihn zum Konzert der Stimmen mit virtuos gehandhabten Instrumenten und überwand die Bindungen des Textes.

Soviel Konzertantes, so häufig reine Musik, und dann die Behauptung, die Messe sei aus dem Geist des Textes geschaffen. Wo denn, so wird der kundige Hörer fragen, ist der Textbezug dingfest zu machen in einem Stück wie dem Duett »Et in unum Deum«? Eine plausible Antwort wird auf die doppelte Tradition der Kirchenmusik verweisen. Kirchenmusik als Fixierung des Wortlautes, das war nur die eine Tradition. Daneben gab es die Kirchenmusik als reine Musik, als melismatischer Gesang, als jubelnde wortlose Feier des Gottes. Gewiß, diese Tradition wurde immer wieder unter Kontrolle gebracht, durch die Textierung der Melismen – man nennt dieses Verfahren Tropierung –, aber immer wieder machte sich die Musik selbständig. Verzückt schufen die alten Komponisten immer wieder Tonsätze reinster Klänge. So im Mittelalter in der Notre-Dame-Schule, so in der Renaissance der niederländischen Schule, im mehrchörigen Musizieren in halligen Kirchen, wo der Text vom Klang aufgesogen wird. Und in diese Tonsätze versteckten die Komponisten immer wieder die Musik ihrer Zeit, Tänze, Liebeslieder, schmuggelten in den volltönenden Himmel ihre Herzensklänge ein.

Dante hat nach den apokalyptischen Büchern, dem 22. Kapitel, das Empyreum, den Feuerhimmel, als Lichtstrom ausgemalt. Das flutende Licht lädt den Gläubigen zum Eintauchen ein. Im Trunk wird der letzte Wissensdrang gestillt. Bach hat in der Konzeption seiner Messe für die moderne Zeit das musikalische Gegenstück geschaffen. Im Strom seiner Klänge, im breiten Fluten des akkordisch gedachten Basses, in der Erhebung durch die Trompeten- und Paukenmusik und schließlich im hymnisch dargebrachten cantus firmus der Sätze im alten Stil, ganz zuletzt beim »Dona nobis pacem« der ersten Trompete, gipfelt er ein Werk, das ins Abgründige reicht, aber im ganzen von der himmlischen Musik Zeugnis gibt, in der theologischen Interpretation des konzertanten Stils als einem Himmelskonzert mit hymnischen Themen.

»Denen Liebhabern, und besonders Kennern von dergleichen Arbeit, zur Gemüths-Ergezung«, dafür, sagt das Vorwort, sei der »Dritte Teil der Clavier Übung« herausgebracht worden. 1739 erscheint der Druck. 1740 zeigt ihn Lorenz Mizler in seiner »Neu eröffneten Musikalischen Bibliothek« an, einer Broschüre für die Propagierung von Literatur im Sinne der konservativen, dem alten Stil, der Fuge und dem Kanon zugeneigten Denkart. Er stellt einen Zusammenhang zwischen dem Druck und der Polemik Johann Adolph Scheibes her. »Dieses Werk ist eine kräfftige Widerlegung derer, die sich unterstanden des Herrn Hof Compositeurs Composition zu critisiren«. Das tat der Druck für die Anhänger der anderen Partei natürlich nicht. Im Gegenteil, sie mußten sich bestätigt finden in der Annahme, daß Bach ein veralteter Komponist sei. Davon gleich mehr. Zunächst bleibt als erste Erkenntnis, daß Bach nun für die Musiker schreibt, nicht mehr für die Zuhörer. Die beiden ersten

»Der über alle Vergleichung große Johann Sebastian Bach hat nun in unserm Zeitalter eine Anerkennung gefunden, die es möglich macht, zur Herausgabe desjenigen Werks zu schreiten, das schon an Inhalt und Umfang, überhaupt aber an Größe des Styls und Reichthum der Erfindung seine bisher gedruckten noch eben so weit übertrifft, als diese, abgesehen von Zeitgeschmack und Zufälligkeit der Kunstformen, diejenigen aller andern Componisten übertreffen. Es ist dies eine *fünfstimmige Missa mit vollem Orchester,* wovon ich das *Autographum* aus dem Nachlasse seines Sohnes, *C. P. E. Bach* ... vormals angekauft habe. Eine Inhaltsanzeige kann hier nichts weiter seyn, als Andeutung. Also nur wenige Worte! In *technischer* Hinsicht enthält dieselbe in *sieben und zwanzig* ausführlichen Sätzen alle Arten der contrapunktischen und canonischen Kunst in der an *Bach* immer bewunderten Vollkommenheit. Auch die Instrumentation, sogar die Kunst des Zwischenspiels, ist darin erstaunlich weit getrieben. In *aesthetischer* Beziehung genügt es, das *Credo* anzuführen ... Die schwierige, von den Kunstrichtern seiner und unserer Zeit oft besprochene Aufgabe, wie das Credo von dem Kirchen-Componisten zu behandeln sey, steht hier gelöst in einem ewigen Vorbilde da, als die unmittelbarste Erwekkung der *Glaubenskraft durch die Wunderkraft der Kunst.* Für dieses Werk, das in keiner Sammlung von Kirchenmusiken, in keinem Sing-Institut, überhaupt in keiner Partituren-Bibliothek fehlen darf; das dem Organisten wie dem Fugenspieler, dem Kunstgelehrten wie dem Componisten, gleich wichtig ist, darf man besonders auch die Theilnahme großer und reicher Kunstbeförderer ansprechen, damit es durch dieselben in die Hände würdiger Künstler und Kunstjünger gebracht werde, für welche zum Behuf ihrer künstlerischen Ausbildung die Erlangung eines so überschwenglichen Kunstschatzes eine eben so große Wohltat seyn dürfte, als etwa für den angehenden *bildenden* Künstler eine Reise nach Rom.«

Hans Georg Nägeli, Ankündigung des größten musikalischen Kunstwerks aller Zeiten und Völker, 1818

Die Ankündigung blieb ohne Erfolg. 1828 versuchte man es erneut. 1833 erschien der erste Teil, 1845 war das Unternehmen endlich abgeschlossen. ■

Geertgen tot Sint Jans (1455/65-1485/95), Maria und Kind

Teile der »Clavier Übung« galten damals moderner Musik, waren den Liebhabern am Klavier wie deren dankbaren Zuhörern zu gleichen Teilen in die Hand gelegt. Nun, am Ende der dreißiger Jahre, legt er seine Sachen nur noch in kundige Hände. Damit beginnt das esoterische Spätwerk. Es entfaltet sich abseits der Geschmacksdebatte im Publikum.

Zur Gemütsergötzung erhält der Organist Modelle für die Art, wie er mit einem Choral umgehen soll. Er lernt das Gute vom Schlechten zu scheiden. Er lernt das Handwerk und kann sich von den durchweg alten Melodien und ihrer kunstgerechten Ausbreitung und Verschlingung im kontrapunktischen Tonsatz erheben lassen, wird wie von einer kräftigenden Speise gestärkt. Er lernt, die neue Art der Durchführung eines Chorals zu beherrschen, und die unvergleichlich viel tiefere Ausdeutung nach der alten Art. Bach stellt das Neue gegen das Alte, er rückt beide Positionen ins scharfe Gegeneinander und schreibt daher lauter neue Tonsätze, greift nicht auf bereits vorhandene Choralvorspiele zurück. Früher war die scharfe Unterscheidung beider Positionen nicht notwendig, und daher schieden die alten Stücke zur Wiederverwendung aus.

Er geht gegenüber seiner bisher betonten altmeisterlichen Haltung noch ein Stück weiter. Es reicht ihm nicht mehr, geeignete Tonsätze bekanntzumachen, er will auch die Handschrift eines Komponisten zum Sigel von Dignität und Würde machen. So wählt er wieder seinen Nürnberger Notenstecher Balthasar Schmidt. Als dieser aber die Menge an Arbeit nicht mehr rechtzeitig schafft, wendet ein zweiter Notenstecher ein verblüffendes Verfahren an, er bildet Bachs Handschrift nach, und zwar nach dem Pausverfahren, indem die Bachschen Notenblätter mit Öl getränkt wurden und die dadurch durchscheinende Schrift auf die Platte übertragen werden konnte. Gemessen, gesetzt, klar und doch in den Linien von den durch die Tonlinien strömenden Kräften bewegt, so ist Bachs Handschrift. Gemessen und ohne äußere Bewegung, so saß er an der Orgel. Was ihm vorher nur als ausführendem Künstler wichtig erschien, die gemessene Haltung am und mit dem Instrument, das weitet sich nun über die Gestaltung der Drucke aus und findet in der Vorliebe für Kanon und Fuge die unmittelbare musikalische Ausbildung.

Wo die Esoterik einsetzt, da ordnen sich Sammlungen, Kompositionen oder Themen nach wichtigen Zahlen. In dem »Dritten Teil der Clavier Übung« regiert die Zahl 3. »Kyrie, Gott Vater in Ewigkeit« ist dreigeteilt, im traditionellen Sinne von Kyrie eleison – Christe eleison und Kyrie eleison. Der Zyklus wird zweimal komponiert, einmal im alten Stil, einmal im einfacheren und vom Umfang her knapperen neuen Stil. »Allein Gott in der Höh sei Ehr« wird dreimal angeboten, so daß sich für die aus Kyrie und Gloria bestehende deutsche Messe insgesamt 9 Sätze ergeben. Es folgen zwölf Sätze über verschiedene andere Lieder, jeweils zwei Sätze im Stilkontrast pro Lied. Dann ist die Ordnung durchbrochen. Denn es folgen vier Duette, also zweistimmige Stücke ohne Beziehung auf den Choral. Welche Funktion sie haben, ist bis heute umstritten. Die Sammlung solcher für den Gottesdienst gebräuchlichen Stücke umrahmen nun Präludium und Fuge in Es-Dur. Die Fuge ist wieder dreiteilig, das Präludium im modernen Stil geschrieben, in Form eines Konzertes. Der Gegensatz zweier Stile setzt die Zahl 2 ins Konstruktionszen-

Die Orgelchoräle aus der Leipziger Originalhandschrift

Komm, Heiliger Geist, Herre Gott / *15. Jahrhundert*
An Wasserflüssen Babylons / *1525*
Schmücke dich, o liebe Seele / *1649*
Herr Jesu Christ, dich zu uns wend / *vor 1643*
O Lamm Gottes, unschuldig / *altkirchlich*
Nun danket alle Gott / *1647*
Von Gott will ich nicht lassen / *1572 und früher*
Nun komm, der Heiden Heiland / *gregorianisch*
Allein Gott in der Höh sei Ehr / *altkirchlich*
Jesus Christus, unser Heiland / *13. Jahrhundert*
Komm, Gott, Schöpfer, Heiliger Geist / *gregorianisch*
Vom Himmel hoch, da komm ich her / *1539 nach einer alten Melodie*
Vor deinen Thron tret ich hiermit / *1547*

Die allseits bekannten Melodien belegen die vorreformatorische Traditionsschicht des Kirchenliedes. ■

Die Orgelchoräle aus dem »Dritten Teil der Clavier Übung«

Kyrie, Gott Vater in Ewigkeit / *altkirchlich*
Allein Gott in der Höh sei Ehr / *altkirchlich*
Dies sind die heiligen zehn Gebot / *13. Jahrhundert*
Wir glauben all an einen Gott / *15. Jahrhundert*
Aus tiefer Not schrei ich zu dir / *1524*
Jesus Christus, unser Heiland, der von uns den Gotteszorn wandt / *13. Jahrhundert*

Die Tabellen über den Ursprung der Choralmelodien in den Leipziger Sammlungen belegen Bachs Interesse an den Melodien des Mittelalters und der Lutherzeit. ■

»Die nur einseitig beschriebene Vorlage wurde mit Öl getränkt, um sie durchscheinend zu machen. Das von hinten seitenverkehrt sichtbare Bild konnte dann mit Hilfe von Rötel- oder Kohlepapier auf den Ätzgrund durchgepaust und anschließend mit den Radierwerkzeugen nachgezogen werden. Auf diese Weise kann eine getreue Nachbildung der Vorlage erzielt werden«.

Manfred Tessmer, in dem Kritischen Bericht der Neuen Bach-Gesamtausgabe, S. 13 ■

Orgelprospekt der Johanneskirche zu Lüneburg. Auf ihr spielte Georg Böhm (1698-1733), ein Instrument »gar hell und scharf«

Orgelprospekt der Jakobikirche zu Hamburg. Die viermanualige Orgel wurde von Arp Schnitger 1688/93 erbaut

M

Das Bach-Werkeverzeichnis teilt die Orgelmusik ein in sechs sogenannte Triosonaten für Orgel (525–530), Präludien/Toccaten/Fantasien und Fugen (531-551), acht kleine Präludien und Fugen (553-560), einzelne Stücke wie: Fantasien, Toccaten, Präludien, Fugen (561–581), die Passacaglia c-Moll (582), weitere einzelne Stücke wie: Trios, Aria, Canzona, Allabreve (ein Stück in alter Notation) und Pastorale (583-590). Es folgen die Transkriptionen von Konzerten für Orgel (592–597), das »Orgel-Büchlein« (599–644), die sogenannten Schübler-Choräle (645–650), die siebzehn Orgelchoräle der Leipziger Handschrift (651–668), die Sammlung »Clavier-Übung dritter Teil« (669–689), die Choräle der Kirnberger-Sammlung (690–713a), das Oeuvre der Choralbearbeitungen (714–740), eine Reihe von zweifelhaften Stücken, Partiten und die so wichtigen »Canonischen Veränderungen über das Weihnachtslied: Vom Himmel hoch, da komm' ich her« (769). Die Orgelmusik von Bach ist noch immer in den 10 Bänden der Ausgabe des Verlags Peters am leichtesten greifbar. Um die verschiedenen Fassungen vieler Kompositionen auseinanderhalten zu können, muß die Neue Bach-Gesamtausgabe herangezogen werden.

trum, der feierliche kirchliche Charakter erfordert, die Zahl 3 an ihre Seite zur rücken. 2 und 3 also sind die Stützen der Konstruktion.

Von dem Präludium hat Arnold Schönberg eine Orchesterfassung hergestellt, die es in einer Linie zum »Meistersinger«-Vorspiel präsentiert und mit fröhlichem Marschcharakter einlädt, in den Tempel der Choralkünste einzutreten. Dort erwartet ihn eine Folge gravitätischer Stücke, die aus der Tiefe des Tonraums erst allmählich emporklettern. Aber auch hier herrscht das Prinzip des Gegensatzes. Denn um einen solchen Choraltonsatz in tiefer Lage schreiben zu können, muß die Melodie oben liegen. Sie fällt über Sopran und Tenor zum Baß, und in gleichen Schritten hebt sich die Musik aus den dunklen Regionen ins Licht. Dabei gelangte der Komponist an das letzte klagende »eleison«. Und da riß es ihn aus der Tonart. Das so häufig formelhaft gesungene »eleison« zeigte sich ihm. Er sah in diesem Wort das Elend der Welt, und er drückte es in einer Weise aus,

als wollte er alle zwölf Töne der chromatischen Skala nebeneinander versammeln. Die Moderne bricht durch das Wort hindurch, die Emanzipation der Dissonanz, bei Schönberg zum Prinzip erhoben, schimmert erstmals durch – als Folge eines Ausdrucksnotstandes. Daran schließt er drei muntere Stücke im modernen Stil über das gleiche »Kyrie, Gott Vater in Ewigkeit«. Ist Bach doch ein Humorist gewesen? Hören wir in diesen Stücken den Thomaskantor lachen? Sagt er hier »Bitteschön, hier habt ihr, was ihr haben wollt, eure natürliche Musik«? Überraschungen gibt es auch sonst noch zu sehen. Inmitten der kirchlichen Stücke taucht in diesem Tempel eine Invention auf, Duett I, und es folgen noch drei weitere Duette, zweistimmige strenge Stücke, wie er sie in Köthen für die Klavierschüler geschrieben hatte, damit sie das saubere Spiel lernen könnten. Und am Schluß dann eine dreithematige Fuge, ein gewaltiger Kuppelbau.

16 Exemplare des Drucks haben sich erhalten, außerdem kennt die Bachforschung noch 38 handschriftliche Quellen. Doppelt so viele Abschriften wie Druckexemplare – ein großes Geschäft scheint diese »Clavier Übung« nicht gewesen zu sein.

Auch diese Legende wird man vergessen müssen. Schön ausgeschmückt war er ja schon, der Bericht vom Zusammentreffen zweier Repräsentanten der deutschen Nation, dem lutherfrommen Leipziger Thomaskantor und dem reformfreudigen aufgeklärten preußischen Monarchen zum Wohle der später unter preußischem Banner geglückten Vereinigung des Deutschen Reiches aus christlichen und patriotischen, geistigen und waffenstarrenden Traditionen. Die Zeitungen haben für diese Legende den Grund gelegt, allen voran die »Berlinischen Nachrichten von Staats- und gelehrten Dingen« sowie andere Journale in Hamburg, Magdeburg, Leipzig und Frankfurt am Main, wo man die Nachricht aus Potsdam nachdruckte. Der junge König hatte den alten Meister zu sich gerufen. Für pathetische Familientradition begabt und an der Seite des ausflugsfreudigen Vaters eher an Demütigungen gewöhnt, schmückte Friedemann Bach die ihm überbrachten Berichte – er selbst war nicht zugegen – aus und überlieferte den königlichen Satz: »Meine Herren, der alte Bach ist gekommen«. Mit Respekt hatte der König, so schien es, den alten Mann und damit auf weise herrscherliche Art aus den Händen Bachs die deutsche musikalische Tradition für das künftige Deutsche Reich empfangen, die Weltgeltung der deutschen

»Die ›Siebzehn Choräle‹ wurden wohl in seinem letzten Lebensjahrzehnt, vielleicht sogar erst 1749 umgearbeitet und in unseren Band eingetragen; die ersten fünfzehn sind von Bach selbst, der sechzehnte und siebzehnte von seinem Schwiegersohn Johann Christoph Altnikol geschrieben. Die Reinschrift des Kanonwerkes stammt wieder von Bach selbst; den letzten Choral ließ Bach in seinen letzten Lebenstagen eintragen... Nach Bachs Willen sollte die Reinschrift unseres Bandes gewiß die letzte endgültige Fassung der Werke darstellen«.

Hans Klotz, in: Die Orgelchoräle aus der Leipziger Originalhandschrift, Kritischer Bericht, S. 13f. ■

Im Übergang vom 17. zum 18. Jahrhundert werden die Choralmelodien dem neuzeitlichen Geschmack angepaßt, verlieren ihre kirchentonalen Eigenschaften und verhelfen dem Gefühl für das Dur/Moll zum Durchbruch. Die Melodie zu »Herzliebster Jesu, was hast du verbrochen« von Johann Crüger aus dem Jahre 1649 beginnt mit den Tönen: g g g / f d / g a b b / c a. Der Zeitgenosse von Heinrich Schütz hat diese Töne auf die im folgenden bezeichnete Weise harmonisiert: G c c / d g g / g d Es B / c D (große Buchstaben bezeichnen den Durdreiklang, kleine den Molldreiklang). Für das ältere Verständnis ist der zweite Takt entscheidend, die Wendung d-Moll nach g-Moll. Hier hat sich noch nicht das Dur/Moll-Prinzip im Sinne von Dominanten mit dem Durdreiklang der fünften Stufe durchgesetzt. In einem Dresdner Gesangbuch aus dem Jahre 1694 erscheint erstmals anstelle des Tones »f« der Ton »fis«, der nun eine Harmonisierung mit dem Dominantdreiklang der Tonart g-Moll/G-Dur zuläßt. Noch stärker setzt sich die neue Tendenz in einem Gesangbuch aus dem Jahre 1785 durch, wo anstelle von »g g g / f d /« nun erscheint »g g a / fis d«. Diese Anpassung machte Bach nicht mit, oder genauer gesagt: In den vielen Varianten seiner Harmonisierungen von Choralmelodien bewahrt er die alten Züge der Melodien neben auch von ihm angebrachten Modernismen.

Diese Haltung verweist auf die Gottesordnung. Er bewahrt die traditionelle Gestalt der alten Melodien, nicht aus Eigensinn, sondern aus der Erfahrung, daß sie reichere Möglichkeiten zur Harmonisierung bieten. ■

Präludium im konzertanten Stil aus der »Klavierübung 3. Teil« in einer Nachbildung der Handschrift Bachs
dgl. – Der Stecher Balthasar Schmid hilft aus

»Vater unser im Himmelreich« in alter ausgearbeiteter Fassung

M

Das Interesse Bachs am Kanon versteht sich aus der bewußten Haltung eines Komponisten, der an alten Prinzipien festhalten will. Neben der Sammlung »Musikalisches Opfer« sind die »Goldberg-Variationen« zu nennen, die »Canonischen Veränderungen über das Weihnachtslied: Vom Himmel hoch, da komm' ich her«, entsprechende Abschnitte in der »Kunst der Fuge« sowie einzelne Kanons für Freunde und Bekannte. Der »gesellschaftliche« Kanon, also die Widmung solcher kurzer Stücke an Freunde oder Bekannte, hat eine
lange Tradition und setzt sich auch in der Klassik, vornehmlich bei Beethoven, fort. Um diese Aspekte verstehen zu können sowie um die eigentümliche Druckgestalt des »Musikalischen Opfers« zu erfassen und dadurch die Streitfrage über die Reihenfolge der Stücke durchschauen zu können, ist die Benutzung der Neuen Bach-Gesamtausgabe einschließlich des Kritischen Berichts unerläßlich.

Musik begründet. Berlin war daher die wahre Vaterstadt des Meisters. In Wahrheit baute der König eine französische Kultur auf und kümmerte sich einige friedliche Jahre um die Oper, die heller glänzen sollte als diejenige in Dresden, beschaffte sich die nötigen Primadonnen und gab seinen Leuten ein gut aussehendes Ballett zum Anglotzen.

Man freute sich damals, wenn in den eintönigen Alltag ein wenig Abwechslung kam, und so wird man schon den Musikus anständig empfangen haben, zumal er ja der Vater des einheimischen Klavierspielers Carl Philipp Emanuel war und als Klaviergutachter hohe Achtung genoß. Bach wird also die Silbermannschen Klaviere begutachtet, ihre Vorzüge dargestellt, ihre Mängel nicht verschwiegen haben. Dann kam es nach damals landläufiger Sitte zur Improvisation nach einem vorgegebenen Thema. Ob es schon damals die spätere Druckgestalt hatte, wird von Christoph Wolff mit

Recht in Frage gestellt. Es dürfte in Umrissen dagewesen sein, da die Umrisse einem bekannten Thementyp entsprechen. (Daß er noch in der Klassik weiterwirkt, wissen die Klavierspieler, die sich an Mozarts Klavierkompositionen in c-Moll erinnern werden.)

Dieses »königliche Thema« hat es in sich. Es eignet sich nämlich *nicht* für das Improvisieren einer Fuge. Darüber ist viel gerätselt worden. Der österreichische Komponist und Begründer einer wahrhaft neuen Musik, Arnold Schönberg, sah in dem Thema den böswilligen Anschlag eines Königs, der sich mit Bachs Sohn verbündet hatte, um den Alten »reinzulegen«. So stellte er eine extreme Aufgabe. Johann Sebastian Bach sei das Opfer einer königlichen Laune geworden, und daher habe er, Bach, die Stücke, die aus dem Thema dann doch noch herauszuholen waren, als »musikalisches Opfer« nach Berlin geschickt. Unter Aufwand allen Scharfsinns hätte Bach, so meint Schönberg, sich für den königlichen Anschlag gerächt. Diese Deutung dürfte zwar abwegig sein, aber sie beleuchtet deutlich das Problem, aus dem heraus Bachs Sammlung »Musicalisches Opfer« entstand.

»Ich bemerkte aber gar bald, daß wegen Mangels nöthiger Vorbereitung, die Ausführung nicht also gerathen wollte, als es ein so treffliches Thema erforderte«. So bezeichnet Bach selbst die Berliner Situation. Welche Vorbereitungen wären denn nötig gewesen? Nun, aus dem königlichen Thema mußte die Form seiner Behandlung herausgeholt werden. Das machte er ingeniös. Er schrieb sich auf, was er denn vorhatte, ein königliches Thema darzustellen und verschiedene Stücke daraus zu deduzieren. »Regis Iussu Cantio Et Reliqua Canonica Arte Resoluta« – das bedeutet, im Akrostichon, *Ricercar.* Es ging demnach um Ricercare, das waren bestimmte, streng gearbeitete Stücke mit mehreren Themen. Bach trennte zwischen dem Ricercar als einem thematisch strengen Stück mit virtuosen Zwischenspielen und dem thematisch ganz streng gebauten Ricercar. Das zuerst genannte Stück schrieb er in drei Stimmen, das danach genannte in sechs Stimmen. In ihm zog er ein Geflecht aus Beziehungen auf, das seine Knotenpunkte nicht allein im Thema findet, sondern in kleinen und kleinsten Motiven aus dem Thema und dessen abgeleiteten Formen. Dieses sechsstimmige Ricercar wird in seinem Motivreichtum am besten durch die Instrumentation hörbar, die ihm der Schönberg-Schüler Anton Webern gab.

»Die 1. Auflage des Originaldrukkes lag zur Michaelis-Messe 1747 vor. Sie umfaßte 100 Exemplare und war bereits nach einem Jahr vergriffen. Darum plante Bach zur Neujahrs-Messe 1749 eine 2. Auflage. Dies geht aus einem Schreiben vom 6. Oktober 1748 hervor, das er an seinen Vetter Johann Elias Bach richtete: ›Mit dem verlangten Exemplar der Preußischen Fuge kann voritzo nicht dienen, indem justement der Verlag heüte consumiret worden; (sindemahlen nur 100 habe abdrucken laßen, wovon die meisten an gut Freünde gratis verthan worden). Werde aber zwischen hier u. neüen Jahres Meße einige wieder abdrucken laßen‹«.

Christoph Wolff, in: Kritischer Bericht, S. 57 ■

»Nicht ohne konkrete Beziehung zum Potsdamer Besuch bleibt auch die Sonata ... Der Huldigungscharakter zeigt sich nicht nur in der Verwendung der Flöte als Prinzipalinstrument, sondern auch in den deutlichen Anklängen an den Berliner Modestil der königlichen Kapelle. Galante, durchphrasierte Linienführung sowie empfindsame Deklamation und Dynamik zeichnen besonders die langsamen Sätze aus. Gerade hier wird deutlich, daß Bach im Musikalischen Opfer nicht nur die Vielseitigkeit der Verwendungsmöglichkeiten des Thema Regium, sondern ebenso die Mannigfaltigkeit seiner eigenen kompositorischen Mittel demonstrieren will«.

Christoph Wolff, in: Kritischer Bericht, S. 105 ■

»Aus Potsdamm vernimt man, daß daselbst verwichenen Sontag der berühmte Capellmeister aus Leipzig, Herr Bach, eingetroffen ist, in der Absicht, das Vergnügen zu geniessen, die dasige vortrefliche Königl. Music zu hören. Des Abends, gegen die Zeit, da die gewöhnliche Cammer-Music in den Königl. Apartements anzugehen pflegt, ward Sr. Majest. berichtet, daß der Capellmeister Bach in Potsdamm angelanget sey, und daß er sich jetzo in Dero Vor Cammer aufhalte, allwo er Dero allergnädigste Erlaubniß erwarte, der Musik zuhören zu dürfen. Höchstdieselben ertheilten sogleich Befehl, ihn herein kommen zu lassen, und giengen bey dessen Eintritt an das sogenante Forte und Piano, geruheten auch, ohne einige Vorbereitung in eigner höchster Person dem Capellmeister Bach ein

Das Akrostichon ergibt Ricercar Einzelne Kanons kann man auch umgekehrt lesen. Kanonanweisungen verbinden das musikalische Werk mit Wünschen für das Glück des Königshauses

Thema vorzuspielen, welches er in einer Fuga ausführen solte. Es geschahe dieses von gemeldetem Capellmeister so glücklich, daß nicht nur Se. Majest. Dero allergnädigstes Wohlgefallen darüber zu bezeigen beliebten, sondern auch die sämtlichen Anwesenden in Verwunderung gesetzt wurden. Herr Bach fand das ihm aufgegebene Thema so ausbündig schön, daß er es in einer ordentlichen Fuga zu Papiere bringen, und hernach in Kupfer stechen lassen will. Am Montage ließ sich dieser berühmte Mann in der Heil. Geist-Kirche zu Potsdamm auf der Orgel hören, und erwarb sich bey den in Menge vorhandenen Zuhörern allgemeinen Beyfall. Abends trugen Se. Majest. ihm nochmahls die Ausführung einer Fuga von 6 Stimmen auf, welches er zu Höchstderoselben Vergnügen, und mit allgemeiner Bewunderung, eben so geschickt, wie das vorige mahl, bewerckstelligte«.

Berlinische Nachrichten von Staats-und gelehrten Sachen, Donnerstag, den 11. Mai 1747. Der Bericht gilt den Tagen Sonntag und Montag, 7. und 8. Mai ■

»... Ich habe mich bey dieser Kreisfuge des berühmten Herrn Bachens etwas aufgehalten, weil Herr Mattheson davor gegrauet hat; da ich aber doch gleichwohl mit dem Verfasser des vollkommenen Capellmeisters überzeugt bin, daß solche Anfängern in der Setzkunst zum Unterrichte u. Nachsinnen dienen können, u. solche sonderlich in der Harmonie üben, so habe ich mir nicht davor grauen lassen, solche zum Nutzen der Lehrbegierigen zu untersuchen u. ihnen einige Vortheile zu entdecken, die sie in andern musikalischen Schriften nicht so leichte finden werden.«

L. Mizler, Musikalische Bibliothek, III/3, 1747 ■

Musikzimmer in Schloß Sanssouci. Obwohl das Schloß fertig gebaut war, hat Bach nur das Stadtschloß in Potsdam gesehen

Wenn also die Aufgabe der Sammlung von Kompositionen über das königliche Thema zum Wort *Ricercar* führt, dann das Thema selbst zum Kanon. Faßt man das Königtum als ideellen Punkt aller menschlichen Bestrebungen auf, dann kam man für das königliche Thema zur Form des Kanons. Denn auch im Kanon enthält die eine Stimme das Ganze. Verschiedene Sprüche setzten das musikalische Geschehen in Verbindung mit der Entfaltung des Königtums. Wenn Bach das Thema in vergrößerten Notenwerten brachte, sah er darin das Symbol für ein Königtum, das ebenfalls im Wachsen begriffen sei. Solche sinnreiche Beziehungen sind freilich mehr als devote Huldigungsformeln. Sie zeigen, daß Bach nach der »nötigen Vorbereitung« das Symbol des königlichen Themas entschlüsseln konnte. Schließlich floß aus ihm auch noch eine Triosonate. Diese damals viel geliebte Gattung der Kammermusik war von Bach links liegengelassen worden. Nun galt es, dem König für sein musikalisches Metier ein passendes Stück zu schreiben, eine Sonate für Flöte, Violine und Generalbaß.

Diese Sammlung, die Ricercare, Kanons und die Triosonate des »Musikalischen Opfers«, zeugt von einer zugleich tiefsinnigen und doch naiven Auffassung des königlichen Wesens. Bachs Art der Entfaltung derjenigen Kräfte, die in diesem Thema stecken, ist der deutschen musikalischen Tradition verpflichtet. In ihr wird das Königtum in einem symbolischen Sinne verstanden. Bach hatte eine ideale Vorstellung von ihm, vielleicht sogar noch immer aus der Bibel herausgelesen. Immerhin hatte er in Dresden mit dem König bessere Erfahrung gemacht als mit dem Leipziger Magistrat. Von den wirklichen politischen Verhältnissen verstand er nichts. Auch hat er wohl nicht gemerkt, daß Friedrich der Große eine gesellige Stunde suchte und ihm die Wissenschaft von der Auslegung eines königlichen Themas ziemlich schnuppe war. Sie werden sich auch kaum angemessen verständigt haben, die beiden Figuren deutscher Geschichte. Der eine konnte nur mittelmäßig französisch, der andere nur sehr dürftig deutsch. Aber wiederum wirkt die naive Auffassung einer zeitgenössischen Situation zukunftsweisend. Denn der hohe Anspruch, den Bach mit dem Königtum verband, kam im 19. Jahrhundert noch einmal zu nationalen Ehren, und so trat, wenngleich erheblich verspätet, der Musiker ins Licht nationaler Geschichte. Das Bewußtsein einer wichtigen Aufgabe der Musik in der nationalen Geschichte stilisiert die Potsdamer Begegnung zur Legende von der Übergabe einer Staffette. So schief dieses Bild auch immer sein mag, es bewahrt den utopischen Traum, daß die Künste einen Teil der nationalen Geschichte bilden und ihre Förderung so wichtig ist wie die Verbreitung historischer Kenntnisse.

Die »Aria mit verschiedenen Veränderungen vors Clavicimbal mit 2 Manualen«, in unserer Sprache das »Thema mit 30 Variationen für ein zweimanualiges Cembalo«, erbrachte eine »munificente Gratifikation« in Höhe von 100 Louisdor in einem goldenen Becher. So berichten die Nachfahren. Gestiftet hatte diese Summe der Graf Hermann Carl von Keyserling, ein Liebhaber der Musik von Bach und ein unglücklicher Schläfer. Hatten Bach die vielen Töne fürs Cembalo im goldenen Becher einen Schlaftrunk von größter lindernder Wirkung gebracht, dem viel zur Kasse gebetenen Familienvater eine schöne Zulage, so sollten die gleichen Töne dem schlaflo-

M

Bachs Klavierwerk gliedert sich in die Sammlung der Inventionen und Sinfonien (BWV 772–801), die englischen und französischen Suiten (806–811 und 812–817), einzelne Suiten (818–824), die Partiten, das sind Suiten mit einem ausgearbeiteten Eingangssatz: Präludium/Sinfonia/Fantasia/Ouverture/Präambulum/Toccata (825–830), weitere Partiten und andere Stücke, den zweiten Teil der Klavierübung mit Italienischem Konzert und Ouvertüre nach französischer Art (im BWV auseinandergerissen), die beiden Klavierbücher für Wilhelm Friedemann und für Anna Magdalena (dieses zweiteilig), die beiden Sammelbände des »Wohltemperierten Klaviers«, die Goldberg-Variationen (d.i. »Klavierübung vierter Teil«), eine Menge einzelner Stücke, Präludien und Fugen, auch vereinzelt, sowie die beiden frühen Stücke »Capriccio sopra la lontananza del suo fratello dilettissimo« (992), für Johann Jakob, den vielgeliebten Bruder, bei dessen Weggang komponiert (er machte die Feldzüge des schwedischen Königs Karl XII. mit), einziges wirkliches Stück von Programmmusik in der Art seines Leipziger Vorgängers Johann Kuhnau, und die »Aria variata alla maniera italiana« a-Moll (989).

sen Grafen angenehme Gedanken zur Nacht eintragen. Sein Klavierspieler Johann Theophil Goldberg, ein Bach-Schüler, hatte nachts anzutreten und im Nebenraum des Schlafgemachs Musik zum Erklingen zu bringen, die ein Trost für die gepeinigten Nerven sein sollte.

Bach veröffentlichte diese Auftragskomposition als eine weitere Folge, die vierte der »Clavier Übung«. Sehr viele Exemplare haben sich nicht erhalten. Vermutlich war auch dieser Artikel aus Bachs Feder ein Ladenhüter. Wer denn auch hätte die Voraussetzungen mitbringen können, diesem technisch wie geistig anspruchsvollen Werk gewachsen zu sein; wer von den Zerstreuung liebenden Zuhörern hätte denn die Geduld für das fast einstündige Werk aufbringen sollen. Dreißigmal der gleiche Baß, die gleichen Akkorde, viele Variationen gespickt mit Kanons, und am Schluß dann auch noch ein vulgäres Quodlibet, in der Art der Bürger- und Studentenvergnügungen, wie sie sich in den Universitäts- und freien Reichsstädten bis in die Renaissance zurückverfolgen ließen. Für den galanten Geschmack zu bieder, für den biederen Geschmack zu virtuos und für die Virtuosen und ihr vergnügungswütiges Publikum zu eintönig, so paßte wieder einmal ein Druckwerk Bachs nicht in die Schubladen des Zeitgeschmacks.

Bach stellt an den Anfang eine Aria. Sie ist reich geziert. Rückt man ihr auf den Leib, bleibt eine wohlgeordnete Akkordfolge über einen in der damaligen europäischen Musik beliebten Baß. Kein »Ohrwurm« wie sonstige Themen für Variationen, beliebten Opern entnommen!

Die Komponisten späterer Zeiten spielen in ihren Variationen mit einer bekannten Melodie, und der Zuhörer hat das Vergnügen, in den Tonkaskaden die Melodie aufzuspüren, ihre Gestalt selbst in fremdestem Gewand zu erkennen. Wenn der Komponist etwas kann, dann gleichen Variationen einem Haus mit vielen Türen. Eine nach der anderen öffnet sich, immer ist die holde Gestalt zu sehen, aber in welcher Drapierung, in welch gewagten Stellungen! Ja, manchmal – Beethoven schätzt solche Scherze – muß man mehrmals hinschauen, weil einen sonst eine völlig fremde Person anblickt, das Werk eines genialen Maskenbildners. Alle Stile werden bemüht, alle Fertigkeiten müssen herhalten. Wie ein großer Maskenzug, so erscheinen klassische Variationen für das phantasievolle Gehör.

Die »Goldberg-Variationen« unterscheiden sich davon. War die klassische Variation auf Progression hin angelegt, so gehen Bachs Variationen vom Modell einer kreisförmigen Ordnung aus. Mit gutem Grund. Es galt ja, den Auftraggeber in eine meditative Haltung zu versetzen, in größter Ruhe zu halten. Der Graf sollte sich ablenken lassen von seinem Leiden, von den Tönen fortgetragen werden, in sie verwickelt sein, und die Stücke müßten, so dachte Bach, vielschichtig sein, damit sie immer wieder neue Aspekte dem in sie vertieften Melancholiker böten. Das tat denn Bach.

Er ordnet seine 30 Variationen nach mathematischen Prinzipien. Jede dritte Variation ist in Form eines Kanons geschrieben, und auch zwischen den nicht kanonischen Variationen gibt es Zusammenhänge. Variation 13 ist ein Adagio in Dur, Variation 25 ein Adagio in Moll, oder die Folge Tanzsatz – kontrapunktischer Satz – Adagio-

Der Komponist Pietro Locatelli mit dem melancholischen Blick (Gemälde von Georgone)

»Das Decret über Bachs Anstellung als Hofcomponist war am 19. November 1736 ausgefertigt, und am 28. November dem Freiherrn Hermann Carl von Kayserling zur Aushändigung an Bach übergeben worden. Jedenfalls hatte Bach den Inhalt des Decrets zuvor erfahren und sich alsbald aufgemacht, um in Dresden persönlich seinen Dank abzustatten. Sonst hätte er nicht schon am 1. December dort ein Orgelconcert geben können. Kayserlings Vermittlung aber bezeugt, daß sein Interesse für Bach am Hofe schon eine bekannte Sache war. An ihm besaß Bach einen vermögenden, hoch und vielseitig gebildeten Gönner. Bevor er als Gesandter von Petersburg nach Dresden geschickt wurde (13. Dec. 1733), hatte er den Präsidentenstuhl der Kaiserlichen Akademie der Wissenschaften in Petersburg eingenommen. König August III. erhob ihn am 30. October 1741 in den Grafenstand; er weilte in Dresden noch bis 1745. Als ›großer Liebhaber und Kenner der Musik‹ versammelte er gern die hervorragendsten Künstler Dresdens um sich. Pisendel, Weiß, Friedemann Bach verkehrten in seinem Hause, auch zureisende Musiker schätzten es sich zur Ehre dort eingeführt zu werden. Diese Umstände müssen dazu beigetragen haben, Bachs Beziehungen zu der Dresdener Künstlerwelt noch inniger zu machen.«

Philipp Spitta, J. S. Bach, II, S. 706 ■

Albrecht Dürer, Melancholie. Der berühmte Kupferstich

Satz in Dreierbeziehungen, nämlich 7/10/13 und 19/22/25. Darüber hinaus teilt er seine Variationen in zweimal 15 Stücke plus Thema. Variation 16 hat die Form der französischen Ouvertüre, und das Thema erscheint am Schluß nach Variation 30. Mathematisch denkt er auch in den Taktarten. Die Aria steht im Dreivierteltakt. Insgesamt verwendet Bach sowohl für die ungeraden Taktarten wie für die geraden eine Fülle an Varianten. Für den Dreivierteltakt stehen auch Drei-, Sechs-, Neun-, Zwölfachtel und Achtzehnsechzehntel, für den Viervierteltakt stehen auch Zweiviertel und die »alla breve«-Vorschrift als Zeichen des »alten Stils«. Von den Prinzipien der Mathematik sind auch Arten der Gestaltung einzelner Stücke geprägt. Hermann Keller hat gezeigt, daß die Einsätze des Fugenthemas in der Variation 10 nach dem Doppelstrich, also im zweiten Abschnitt der Aria, spiegelbildlich erfolgen – Baß/Tenor/Sopran/Alt – Sopran/Alt/Baß/Tenor. Die Kanons nun wiederum sind nach Art der Tonskala geordnet. Bach beginnt mit einem Kanon im Einklang, das bedeutet, die Kanonstimme setzt auf dem gleichen Ton ein wie das Thema. Darauf folgt ein Kanon in der Sekunde, die Kanonstimme beginnt einen Ganzton höher, dann folgt ein Kanon in der Terz, und so geht das weiter bis zum Kanon in der None, der Oktave plus einem Ganzton aufwärts. Dieses Denken war Bach so sehr gewohnt, daß er über diese Variationen hinaus noch weiter dachte und seinem Handexemplar noch 14 weitere Kanons über den Baß des Arienthemas hinzufügte. Da trieb ein innerer Motor in Bachs Gehirn den Komponisten über den Schlußtakt seines Werks hinaus und ließ sich erst abstellen, als alle Arten von Kombinatorik ausgeschöpft waren. So können wir dank des neuen Fundes – diese zusätzlichen Kanons waren bislang unbekannt – einen Blick tun in die Art des Bachschen Denkens. Es braucht lange Zeit zum Anstoß. Aber wenn erst einmal die »kleinen grauen Zellen«, um einen bekannten Ausdruck von Agatha Christie für das kombinatorische Denken zu borgen, in Tätigkeit waren, ließen sie sich erst beruhigen, nachdem »der Fall« gelöst war – der Fall, die insgeheime Spur der Beziehungen zwischen musikalischen Linien, Tonpunkten. Ein anderer »Fall« war einige Jahre später der Auftrag des preußischen Königs an den Altmeister des Kontrapunkts, ein für die Fugenimprovisation ungeeignetes Thema zu bearbeiten, eine Provokation, die die »grauen Zellen« lange beschäftigte.

Das Mathematische drängt sich nun aber dem Hörer nicht auf. Vielmehr sprüht die Musik in den »Goldberg-Variationen« in allen Facetten der virtuosen, tänzerischen Gestaltung, wehen ihre Klänge den brüderlichen im Süden zu. Denn die Virtuosität des Werks erreicht zuweilen, gerade in den Akkord- und Laufetüden, das Format des Domenico Scarlatti.

Die geheime Zahlenordnug hält dieses äußerliche, auf Brillanz, Humor, Schwung abgestellte Welt nur zusammen. Sie wirkt innerlich wie die Gesetze der Planetenbahnen oder das Wachstum in den Pflanzen. Die so eingebundene Virtuosität verliert ihr flatterhaftes Wesen und bewährt sich in der Ausgestaltung des Neuen – einer Klanglichkeit, die neue musikalische Erfahrungen ermöglicht und dem Instrument Gelegenheit zur Entfaltung all seiner Fähigkeiten gibt. Dem Instrument, so heißt es. Welchem? Sicher dem Cembalo mit den Möglichkeiten, durch Register den Klang zu verändern, mit

»Diese Sätze waren bey denen Alten ein groß *Vitium,* so gar, daß vom *Mi contra Fa* (welches in dergleichen Sätzen befindlich) das Sprüchwort entstund: *Mi contra Fa est Diabolus in Musica.* Die Haupt-Ursache, warum sie solche Sätze gemeidet, ist diese, daß sie neml. das *Genus Diatonicum* recht *pur* behalten, und keine *chromatische claves* mit einmischen wollen. Heutiges tages aber, da die *Genera modulandi* vermischt gebrauchet werden, findet man nicht allein obige, sondern auch mehrere *Relationes Non-Harmonicae* hinter einander hergesetzet, es muß aber behutsam damit umgegangen werden, damit die unter solchen liegende *Affectus animi,* als Traurigkeit, Andacht, Liebe, Furcht, Verlangen *etc:* nicht zur Wiederwärtigkeit und Verdruß, ja gar zum *musical.* Teuffel werden mögen.«

Johann Gottfried Walther, Praecepta der musikalischen Komposition, 1708. ■

»Ob Helmut Walcha recht hat, wenn er annimmt, daß von den zwei Variationen zwischen den Kanons ›die jeweilig erste die allgemeine Kompositionsform vertritt, die jeweilig zweite in besonderem Maße aus der Cembalotechnik erwachsen ist‹, möchte ich dahingestellt sein lassen (in Var. 1 und 2 z.B. scheint es eher umgekehrt zu sein). Vielleicht lassen sich aber auf andere Weise aus den nichtkanonischen Variationen ebenfalls ›Dreier-Reihen‹ bilden: von der 4. Variation ab ist jede dritte ›Charaktervariation‹: Nr. 4 ›Springtanz‹, Nr. 7 ›Siciliano‹, Nr. 10 ›Fughetta‹, Nr. 13 ›verziertes Adagio‹ in Dur, Nr. 16 ›Ouvertüre‹, Nr. 19 ›Ländler‹, Nr. 22 ›kontrapunktisches Allabreve‹, Nr. 25 ›verziertes Adagio‹ in Moll, Nr. 28 ›Doppeltriller-Studie‹. Besonders eng ist der Zusammenhang zwischen Nr. 7, 10 und 13 einerseits und Nr. 19, 22, 25 andererseits; außerdem enthält jeder der beiden Teile je ein Tanzstück (Nr. 7 und 19), eine kontrapunktische Variation (Nr. 10 und 22) und eine verzierte Aria (Nr. 13 und 25)«.

Hermann Keller, Die Klavierwerke Bachs, 1950, S. 215 ■

In Bachs Exemplar des Drucks fanden sich noch 14 Kanons über die Baßnoten des Themas der »Goldberg-Variationen«

Dosso Dossi (um 1482-1552), Gelage

der Fähigkeit, im forte und in schnellem Tempo das Geräusch in die Musik einzubeziehen. Aber die große Klaviermusik soll natürlich den Pianoforte-Spielern nicht vorenthalten sein. Auf dem modernen Konzertflügel wird die Zerbrechlichkeit von Tönen besser darstellbar, das Innige ergreifender ausdrückbar sein. Hier hat der kanadische Pianist Glenn Gould mit zwei unterschiedlichen, aber beide Male modellartigen Einspielungen Maßstäbe gesetzt.

Maßstäbe vor allem auch in den beiden Adagio-Variationen Nr. 13 und 25. Wer ein besonders starkes, ihn durch und durch belastendes Erlebnis gehabt hat, der tut gut daran, es aufzuschreiben, von sich wegzuschreiben, vor sich hinzustellen, objektiv zu machen, um es in einen geregelteren Umgang mit dem Subjekt zu bringen. Wer an depressiven Stimmungen leidet, wie kann er sie objektivieren? Durch Musik, die seine Stimmung aufsaugt. Diese Wahrheit machte sich Bach in den genannten Variationen, auch die Nr. 15 läßt sich dazu

zählen, zunutze. In einem extrem langsamen Tempo, gerade noch gestützt durch die Akkorde des Themas, entwickelt sich eine »unendliche Melodie«, schweift durch die Tonräume, einsam, allein. Aber unterkriegen läßt sie sich nicht. Sie gelangt nach einer jeweils beklemmend langen Fahrt ans Ziel, und diese Heimkehr spendet den Trost für den verzagenden Einsamen. So gehören diese Stücke zur Tradition der Melancholie-Kompositionen und zeugen sich in den Adagios von Beethoven fort. »Beklommen« – so schreibt er. Bach schreibt nichts hin. Wer so etwas nicht versteht, dem kann nicht geholfen werden.

Bleibt ein Blick auf das Thema und das Quodlibet. Sanguinisch wechselte Bach die Stimmungen, und in solcher Art setzt er unbekümmert nach den Klagegesängen den derben mitteldeutschen, zum Süddeutschen neigenden Humor. Das Quodlibet vereinigt zwei Lieder. Das eine lautet: »Ich bin so lang nicht bei dir gewest,/Ruck her, ruck her, ruck her;/Mit einem tumpfen Flederwisch/Drüber her, drüber her, drüber her«. Das andere geht so: »Kraut und Rüben/Haben mich vertrieben;/Hätt mein' Mutter Fleisch gekocht,/So wär ich länger blieben«. In der Bach-Forschung neigt man dazu, den ersten Text auf die lange Enthaltsamkeit des Themas zu beziehen, eine formalistische Banalität. Nimmt man den Zweck des Stücks – die »Goldberg-Variationen« sind ja »Nachtstücke«, Vorläufer des »Nocturne« – dann wird man die sexuelle Anspielung im ersten Text kaum übersehen können, vor allem angesichts der Form des »Flederwischs«. Und der zweite Text, zu den Liedern über das schlechte Essen von Müttern und Meisterinnen gehörend, bezieht sich wohl auf das Mädchen, das wegen Fleischesmangel von zu Hause weglief und nun – »ruck her« – den Weg allen Fleisches geht. Die christliche Bedeutung des Wortes »Fleisch«, »fleischlich« tut das Übrige, um das Quodlibet nicht mißverständlich werden zu lassen.

Und so gelangen wir nicht nur in unserem Text zum Thema zurück. Es steht im Notenbuch für Anna Magdalena Bach. Die neuere Bach-Forschung neigt dazu, nicht in ihm den Ursprung der Variationen zu suchen, sondern anzunehmen, daß es nachträglich eingetragen worden sei. Man wird das nicht entscheiden können. Aber eines wissen wir – es gehörte in dieses Buch mit seinen verborgenen häuslichen Beziehungen.

Die »Kunst der Fuge« weist durch ihren Titel und die Art ihrer Notation von Anfang an in eine falsche Richtung. Ob Bach nun nur in einer vergangenen Tradition wie selbstverständlich zu Hause war und daher eine Notation wählte, die vor ihm schon andere Komponisten wie Frescobaldi, Samuel Scheidt oder Froberger verwendet hatten, oder ob er eine Schreibweise wählte, die einen bestimmten Charakter seiner Fugen im Unterschied zum »Wohltemperierten Klavier« sichtbar machen sollte, nämlich das Sangliche, ist nicht mehr entscheidbar. Fest steht aber, daß die »Kunst der Fuge« als Klaviermusik gedacht war und wie in anderen Lehrwerken Bachs der pädagogische Zweck mit dem künstlerischen Gewinn verbunden blieb. Ein reines Lehrwerk hat ja Bach gerade nicht verfaßt. Stets ging es um die »Belehrung« und die »Gemütsergötzung«. Was er wieder einmal nicht bedacht hatte – wie häufig haben wir das bereits beobachtet –, war der Wandel im Erlernen bestimmter Techniken. Um

1750 konnte ein Klavierspieler nicht mehr ohne Mühe alte Notenschlüssel lesen. So präsentierte sich das Klavierwerk als ein Studierwerk. Dem kam nun auch der Titel entgegen. Denn mit dem Ausdruck »Kunst« werden Fertigkeiten bezeichnet, die man in der Regel in Büchern nachlesen, aus Büchern sich aneignen kann. So hatte schon der französische Avantgardist Philippe de Vitry um 1320 ein wenige Seiten umfassendes Büchlein »Ars nova« genannt und mit dem Ausdruck ars, Kunst, die Fertigkeit, Motetten auf eine neuartige Weise notieren zu können, gemeint. Der Bach-Schüler Kirnberger schloß an den »Kunst der Fuge«-Titel an und gab die »Kunst des reinen Satzes« zum Besten. Nun kann man durchaus zu Recht vermuten, daß der Titel von Carl Philipp Emanuel Bach stammt, vielleicht noch mit dem kranken Vater abgesprochen wurde. Aber dieser war nicht mehr auf der Höhe seiner unbeugsamen Kräfte. Denn »Kunst der Fuge«, dieser Titel rückte die Komposition aus dem ästhetischen Bereich heraus und ließ sie in den musikalisch-pädagogischen Provinzen verkümmern. Ganze 30 Exemplare wurden in den ersten fünf Jahren abgesetzt. Der in Berlin lebende Sohn annoncierte daraufhin und bot einen Zentner Kupfer zum Verkauf an, die Platten des »Kunst der Fuge«-Druckes.

In diesem Klavierwerk versammelte Bach noch einmal die Prinzipien seiner Tonkunst. Da ist zunächst das Thema. Es steht in der Grundtonart alter Musik, in dorisch, ist begrenzt nach unten in dem Ton »cis«, nach oben, wenn man die Umkehrung des Themas liest, in dem Ton »b«. Die Töne »cis« und »b« entsprechen im »königlichen Thema« des »Musikalischen Opfers« den Tönen »h« und »as«, die ebenfalls den Rahmen bilden. Die Tonfolge des Themas wird rhythmisch unterschiedlich gefaßt, wodurch schon vom Thema aus das Prinzip der Variation mit der »Kunst der Fuge« verflochten ist. Der strenge Tonsatz erscheint als Fuge und als Kanon, die Fugen gehen über ein, zwei, drei und schließlich vier Themen. Insgesamt sind 14 Fugen und 4 Kanons versammelt, und die Zahl 14 sowie das letzte Thema der vierthematigen Fuge zitieren den Verfasser. BACH ergibt nach dem Zahlenalphabet 2 + 1 + 3 + 8 = 14, und der Name ist als Tonbuchstaben b-a-c-h in die Fuge eingearbeitet. Und dieser Name beginnt in Takt 194 zu tönen. 194 aber ist mit 14 durch die Quersumme verbunden. Hat sich der alte Meister in den Kosmos hineingefunden, der das Tönereich in den Proportionen spiegelt?

»Ich habe (Bach) selbst einsmals, als ich bey meinem Aufenthalte in Leipzig mich über gewisse Materien, welche die Fuge betrafen, mit ihm besprach, die Arbeiten eines alten mühsamen Contrapunktisten für trocken und hölzern, und gewisse Fugen eines neuern nicht weniger großen Contrapunktisten, in der Gestalt nämlich, in welcher sie aufs Clavier appliciret sind, für pedantisch erklären hören, weil jener immer bey seinem Hauptsatze, ohne einige Veränderung, bleibt; dieser aber ... nicht Feuer genug gezeiget hatte, das Thema durch Zwischenspiele aufs neue zu beleben«.

F. W. Marpurg, Kritische Briefe über die Tonkunst, 1759 ■

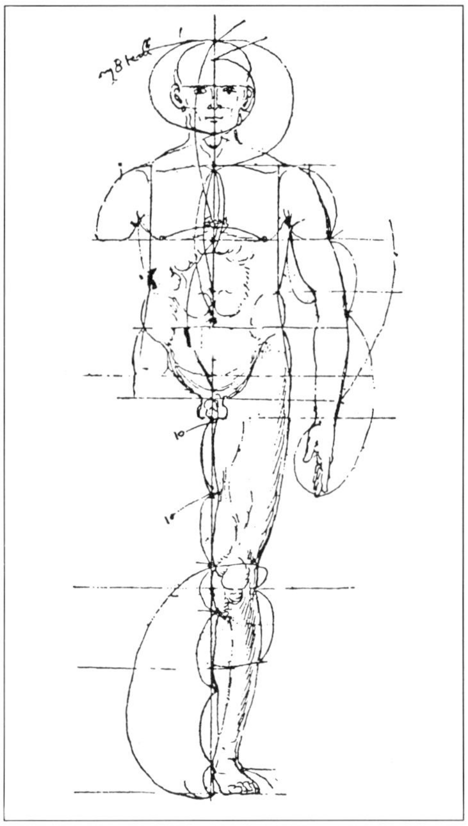

Proportionszeichnung von Dürer. Der Kanon ist die kleinste Maßeinheit, abgeleitet aus dem zweiten Glied des kleinen Fingers

»Man martert im Anfange die Scholaren mit abgeschmackten Murkys und andern Gassen-Hauern, wobey die lincke Hand bloß zum Poltern gebraucht, und dadurch zu ihrem wahren Gebrauche auf immer untüchtig gemachet wird, ohngeacht sie vorzüglich auf eine vernünftige Art solte geübt werden, indem es um so viel schwerer hält, daß sie mit der rechten, eine gleiche Geschicklichkeit erlangen kan, je mehr diese bey allen übrigen Handlungen ihre Dienste thun muß«.

C. Ph. E. Bach, Versuch über die wahre Art das Clavier zu spielen, I, 1753, S. 3 ■

M

Die »Kunst der Fuge« wird ihre Rätsel niemals ganz preisgeben. Sie wurde nicht vollendet. Titel und Ausgabe stammen von Carl Philipp Emanuel Bach. Neuere Ausgaben und kritische Kommentare verzeichnet die Bibliographie.

Contrapunctus 2 - Schlußvignette
Contrapunctus 6

Die vierthematige Fuge konnte Bach nicht vollenden. Das ist die eine Version. Sie stammt von Carl Philipp Emanuel Bach. Er stellte an die Abbruchstelle den Choral »Vor deinen Thron tret ich hiemit« und leistete damit vorbildliche Arbeit im Prozeß der Sentimentalisierung Bachschen Denkens. Eine neuere Version leitet aus einer genauen Analyse der Abbruchstelle die Vermutung ab, daß auch diese Fuge fertiggestellt gewesen, aber das Blatt mit der Lösung verloren gegangen sei. Die geschickte Inszenierung der Abbruchstelle durch den studierten und mit der Zeit im Gleichschritt marschierenden zweitältesten Sohn läßt das Emblem der Ruine als Symbol der Vergänglichkeit aufscheinen, und die Zeittendenz, Ruinen zu bauen, könnte das Verfahren im Erstdruck der »Kunst der Fuge« gefördert haben. Dieses Alterswerk rückt in eine Tradition, welche über die Grenzen musikalischer Gattungen wie Klavier- oder Kirchenmusik hinausreicht in eine musikalische Idee, der in der konkreten Musik eine Tonsatzart entspricht. Diese Idee ist der vierstimmige Tonsatz, der in jeder Stimme selbständig geschrieben ist und daher jedem an ihm teilnehmenden Musiker künstlerisch würdige Aufgaben stellt. Dieser Tonsatz wurde in der Renaissance erstmals als in jedem Moment singbare Musik ausgebildet. Er findet in der Fuge seine zweite, im klassischen Streichquartett seine dritte vollkommene Darstellung. Als Tonsatz von Streichquartetten wird dieser vierstimmige Satz verglichen mit Gesprächen verständiger Personen. Man denkt sich, wie vier Personen in Form von vier Stimmen miteinander reden. Diese Metapher läßt sich auf die »Kunst der Fuge« zurückübersetzen. Ja, sie findet in der strikten Anbindung der Stimmen an das Thema überhaupt erst das einem Disput vergleichbare Phänomen. So sind die Bachschen Fugen im Alterswerk sprachlich. Mit diesem Ausdruck ist nun allerdings mehr gemeint, als die barocke Lehre von der musikalischen Rede meinte. Die Fugen hier sind sprachlich im Sinne eines imaginären Gesangs. Sie lassen sich von Blasinstrumenten ebensogut darstellen wie durch Sänger. Der musikalische Fluß vornehmlich der ersten Fugen entfaltet die künstlerisch ausgebildete menschliche Stimme. Erst später im Werk stehen eher instrumentale Stücke dagegen, vollendet Bach das Symbol des Werks auch in der Relation zwischen vokal und instrumental. So ist denn die »Kunst der Fuge« eine Summe von musikalischen Erfahrungen, deren Kenntnis den angehenden Komponisten in den Stand setzt, alles, was er will, komponieren zu können. Konzerte wie Opernarien, Motetten wie Fugen. Aber auch dem Instrumentalspieler bringt die Sammlung ähnliche Erfahrungen, wie die Inventionen es tun. Auch hier leitet das Studium solcher gründlich gesetzten Werke die unbewußten Aktionen der Finger und gibt ihnen beim Improvisieren eine Sicherheit, die nirgends sonst gewonnen werden kann. Im Vergleich zum »Wohltemperierten Klavier« begibt sich der wißbegierige Student in das Reich der Esoterik, wenn er sich mit der »Kunst der Fuge« einläßt. So eindrucksvoll auch einem bloßen Liebhaber der äußere Schein dieser Stücke vorkommen kann, was sie in sich haben, ist nur dem Kenner entdeckbar. Doch ihm sind Kenntnisse in der Esoterik unerläßlich. Wieder einmal schreibt Bach für die »Multiplikatoren«. Kein Komponist von Rang ist ohne Erfahrungen im esoterischen Reich von Fuge, Kanon und Choralsatz stark geworden.

»Dieser grosse Mann würde die Bewunderung gantzer Nationen seyn, wenn er mehr Annehmlichkeit hätte, und wenn er nicht seinen Stücken durch ein schwülstiges und verworrenes Wesen das Natürliche entzöge, und ihre Schönheit durch allzugrosse Kunst verdunkelte. Weil er nach seinen Fingern urtheilt, so sind seine Stücke überaus schwer zu spielen; denn er verlangt die Sänger und Instrumentalisten sollen durch ihre Kehle und Instrumente eben

das machen, was er auf dem Claviere spielen kan. Dieses aber ist unmöglich. Alle Manieren, alle kleine Auszierungen, und alles, was man unter der Methode zu spielen verstehet, druckt er

mit eigentlichen Noten aus; und das entziehet seinen Stücken nicht nur die Schönheit der Harmonie, sondern macht auch den Gesang durchaus unvernehmlich. Alle Stimmen sollen mit einander, und mit gleicher Schwierigkeit arbeiten, und man erkennt darunter keine Hauptstimme. Kurtz: Er ist in der Music dasjenige, was ehemals der Herr von Lohenstein in der Poesie war. Die Schwülstigkeit hat beyde von dem natürlichen auf das künstliche, und von dem erhabenen auf das Dunkle geführet; und man bewundert an beyden die beschwerliche Arbeit und eine ausnehmende Mühe, die doch vergebens angewendet ist, weil sie wider die Natur streitet.«

Johann Adolph Scheibe, Der Critische Musicus, VI, 14. Mai 1737 ■

Augmentationskanon, d.i. eine Stimme läuft original, die andere vergrößert, im Berliner Autograph und im Originaldruck

Gesicherte Nachspur

Bachs Söhne wurden in einer aufleuchtenden Zeit erwachsen. Sie hatten alles Glück einer Zeit der Wende für sich. Sie verdanken den Zeitläuften die wohl einmalige Chance, als Söhne eines übermächtigen Vaters zu eigener Größe gekommen zu sein. Das von ihnen vorgelebte Leben, die von ihnen vorgelegten Werke sind farbig, und doch hätten sie, will man den psychologischen Theorien glauben, im Schatten des Körpers und Werkes des Vaters blaß werden müssen. Sie traten aus der Enge des thüringisch-sächsischen Raumes heraus. Dabei waren es die individuellen wie zeitgeschichtlichen Konstellationen, die ihnen diesen Schritt erleichterten. Die individuellen Konstellationen – damit ist das Verhältnis zu den Eltern gemeint. Carl Philipp Emanuel konnte sich aus dem väterlichen Haushalt umso leichter lösen, als er, erwachsen geworden, »nur« eine Stiefmutter verlassen mußte. Sie hatte ihm wie den anderen die Wärme des täglichen Lebens gegeben, aber er brauchte sich nicht verpflichtet zu fühlen durch eine Mutterliebe, die eine Ablösung vom Zuhause erschwert hätte. Und Johann Christian Bach wiederum war noch jung, als der Vater starb, und er konnte an der Seite seines 25 Jahre älteren Bruders in die moderne Welt eingeführt werden, weit entfernt von der Mutter und ohne die erdrückende Autorität des Vaters, der sich immer mehr einigelte und seinen Gedanken

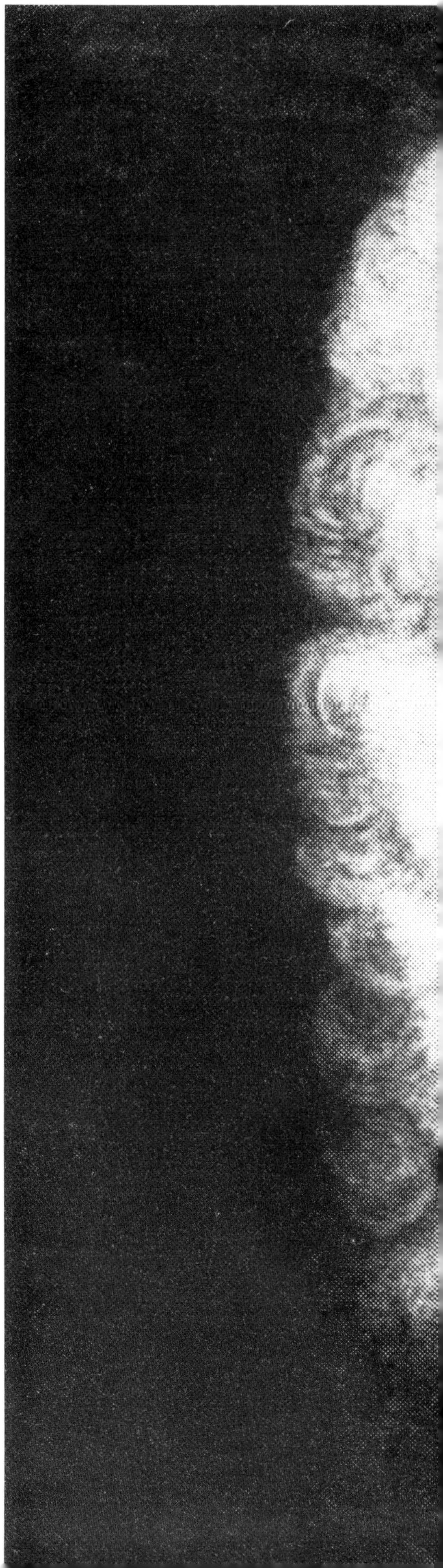

Altersportrait, Ölbild nach 1748 (?)

über Musik und Kosmos nachhing. Und nun noch die zeitgeschichtlichen Konstellationen! Überall breitete sich die Musikkultur aus, wuchs das Bedürfnis nach Musik. Man mußte nicht mehr in eisigen Kirchen einen unfrohen Dienst tun, mußte sich nicht mehr mit banausischen Vorgesetzten herumschlagen. So war es noch Johann Gottfried Bernhard Bach gegangen, der in den dreißiger Jahren ständigen Ärger mit des Vaters ehemaliger Behörde in Mühlhausen bekommen hatte. »Wenn Herr Bach die Orgel so fort spielt, ist sie in 2 Jahren hingerichtet, oder die meisten Kirchengänger müssen taub werden«. Nein, es gab Besseres. Und von besonderem Glück begünstigt, brachte es Carl Philipp Emanuel in Berlin zum Klavierspieler des musiksinnigen preußischen Königs und später in Hamburg zur hoch geachteten Nachfolge Telemanns als Musikdirektor der Stadt. Und Johann Christian Bach konnte in Italien als Opernkomponist Fuß fassen und prägte später das Londoner Musikleben.

Und doch müssen die Gründe für diese beispiellosen Karrieren auch in des Vaters Haltung zu seinen Kindern zu finden sein. Zu singulär ist dieses Ereignis in der Geschichte der Musik. Die Söhne eines ganz Großen hatten eine reelle Chance, ohne an der Nachfolge zu ersticken. Der alte Bach muß weltoffener gewesen sein, als sein Werk zeigt. Wir müssen annehmen, daß er zwischen den Kompositionen, die er zu machen gedachte, und der Entwicklung der Musik insgesamt unterschied, daß er toleranter gegenüber dem Neuen war, als wir gemeiniglich annehmen, indem wir allein sein Werk zur Richtschnur des Urteils machen. Er wußte ja, was seine Söhne trieben, und er dürfte sich vorgestellt haben, was sein Nesthäkchen auf den drei Klavieren, die er ihm vermachte, treiben würde. Vielleicht hat er die galanten Melodien, die simplen Harmonien, die regelmäßigen Taktgruppen nach den Zahlen 2 und 4 gehört, wenn er über die Zukunft nachdachte. Auch hier verhielt er sich dialektisch. Er schrieb auf, was aus der Tradition weitergegeben werden sollte, zugleich aber beobachtete er aus seinem zuletzt dann doch still gewordenen Haushalt die Entwicklung seiner Kinder, sah, wie sie sich den neuen Zeiten, dem gewandelten Geschmack anpaßten. Wenn man noch ein wenig spekulieren will, muß man dann nicht vermuten, daß der Mißerfolg mit seinem Ältesten ihn eher darin bestärkte, die anderen dahin laufen zu lassen, wo sie hinwollten? Den Ältesten hatte er in Dresden etabliert. Er sollte an der Stätte wirken, wo er selbst am liebsten gewirkt hätte. Doch Wilhelm Friedemann Bach trug an der Bürde des Ältesten und konnte sich in Dresden nicht etablieren, und in Halle, wohin er wechselte, blieb er im Kreis der Lebenserfahrungen des Vaters. Auffallend zurückhaltend sind die Söhne beim Aufbau ihrer Familien. Der »Hallische«, der »Berliner« und der »Bückeburger« Bach hatten jeweils drei Kinder. Auch dieses Faktum würden wir sehr gern genauer interpretieren, aber die Quellenlage verbietet das. Wollten sie das Chaos vermeiden, das sicher jahrelang im väterlichen Haus bestand, als die Kinder aus erster Ehe sich mit den rasch in die Welt purzelnden Kindern aus zweiter Ehe in der muffigen düsteren Dienstwohnung vereinen mußten?

Der Alte bekam noch eine Menge von dem mit, was seine Söhne komponierten. Von den 50 Konzerten aus der Feder Carl Philipp Emanuels sind 27 bis 1750 komponiert worden. Auch etwas von

Proben der Handschrift von Wilhelm Friedemann Bach

W.Fr. Bach, um 1760. Er läßt sich als Weltmann, auffällig gekleidet, ohne Instrument oder Notenblatt malen

M

Wilhelm Friedemann Bach galt als größter Orgelvirtuose seiner Zeit, er scheint aber kaum etwas aufgeschrieben zu haben. 7 Choralvorspiele, 8 dreistimmige Fugen, zwei Fugen mit Pedalstimme und eine Tripelfuge. Das ist überliefert. Wir haben von ihm außerdem Konzert und Sonate genannte Klavierstücke sowie Phantasien für Klavier und 12 Polonäsen, im Rückblick auf die Dresdener Jahre in Halle verfertigt. Außerdem sind Konzerte und eine Sinfonie überliefert, daneben Kammermusik und recht unbedeutende Kantaten. Für 74 Lebensjahre und eine nachdrückliche Fürsorge von seiten des Vaters ist das nicht viel. Es scheint, als habe er aus einer Überlegung die Konsequenz gezogen, die da lautet: »Das Werk ist die Totenmaske der Konzeption« (W. Benjamin).

Geistliche Gesänge, 1780
Silhouette (1778)
C.Ph.E. Bach schlägt Voß in Göttingen Verbesserungen für das Lied »Lyda« vor (1774)

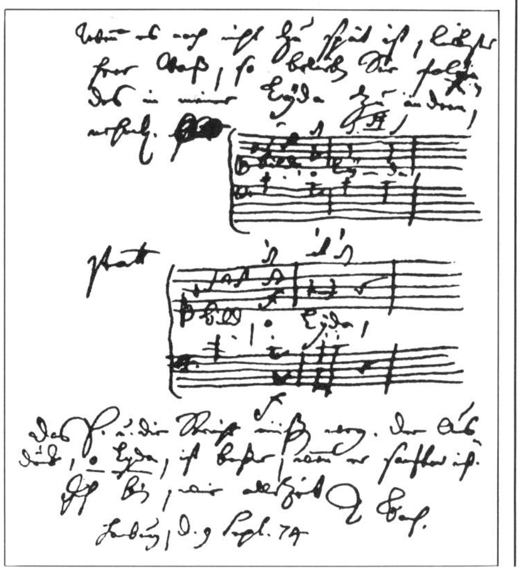

den modernen Sinfonien wird er gesehen haben, auch wenn auf diesem Gebiet die Entstehungsdaten der meisten Werke später liegen. Er wird den zerklüfteten, pathetischen, düster leidenschaftlichen Ton der »Phantasien« gehört haben, die den Zweitältesten an die Seite der »Stürmer und Dränger« rücken. Und vielleicht haben Sohn und Vater auch noch über den Plan einer Klavierschule gesprochen. Sie kam unter dem Titel »Versuch über die wahre Art, das Clavier zu spielen« erstmals 1753 heraus, in ihrem ersten Teil, der das berühmte und für unser Verständnis der Klanggestalt solcher Musik unerläßliche Kapitel über den Vortrag von Musik, insbesondere von Klaviermusik, enthält. Er, Carl Philipp Emanuel, war auch der Nachlaßverwalter. In der Zeit zwischen 1750 und 1780 ist er Deutschlands bedeutendster Komponist. Von ihm vor allem lernte Joseph Haydn. Aber auch ein Mozart ist von einem Bach beeinflußt. Er traf im April 1764 in London den »Londoner« Bach, Johann Christian. Die Liebe zu

ihm, zu dessen melodienfreudiger, eleganter und sicher gesetzter Musik, hielt an. Er war eine europäische Berühmtheit, dieser »Londoner Bach«, und den »Bückeburger« Bach wollen wir nicht vergessen. Auch er markiert ein wichtiges Stück Musikgeschichte und ragt über den Durchschnitt deutlich hinaus.

Giovanni Bach landete mit »Artarserse« und »Alessandro nell' Indie« gerade erste Opernerfolge in Italien, als fern von ihm und unbeachtet seine Mutter in Leipzig starb. In diesen Überlagerungen breitet sich das neue Lebensgefühl bis in den kleinsten Winkel Europas aus. »Schon liest sich Winckelmann in Nöthnitz, in der Bibliothek des Edelmanns Bünau, all das an was seine ›Gedanken über die Nachahmung der griechischen Werke in Malerei und Bildhauerkunst‹ ausmachen wird; schon kämpft Calzabigi für die Reform des Melodramma; schon entsteht jener ›Laokoon‹ Lessings, der nicht nur dem Deskriptivismus der deutschen Dichtung und Literatur das Todesurteil spricht, sondern die ganze Kultur der Epoche Bachs ihrer Fundamente beraubt« (Ugo Duse).

Bachs Söhne standen im Glanz ihrer Epoche und verschwanden im Dunkel, als die Romantiker aufbrachen. Sehr rasch verflog die Kenntnis ihres Werks. War es doch nichts gewesen? Hatten sie doch versagt?

Die Komponisten zwischen Bachs Tod und dem ausgebildeten klassischen Stil nach 1780 experimentierten. Sie erprobten die Möglichkeiten des Orchesterklangs. Dafür stehen die bekannten »Mannheimer Raketen«, schnelle Läufe in den hohen Streichinstrumenten, blitzartige Wechsel zwischen laut und leise, Steigerungen des Lautstärkegrades, überhaupt schroffe Gegensätze. Sie erprobten auch die Sonaten und die Rondoform, und in den langsamen Sätzen breiteten sie ein reichhaltiges Figurenwerk aus gefühlvollen Wendungen aus, Seufzermotive und anderes. Gerade Carl Philipp Emanuel Bach aktivierte daneben die freie Form, die »Phantasie«, und entwickelte das weiter, was sein Vater etwa in der berühmten chromatischen Phantasie schon geleistet hatte. Diese Experimente schufen einen großen Fundus an interessanten und dem pathetischen wie dem zärtlichen Ausdruck zugutekommenden Wendungen und gaben den Komponisten Gelegenheit, an die Dichtung der empfindsamen und der Sturm-und-Drang-Zeit anzuschließen. Die Vollender des klassischen Stils, Haydn, Mozart und Beethoven, eigneten sich

C.Ph.E. Bach, Stich von
H. Pfenninger

M

Carl Philipp Emanuel Bach trug eine geraume Zeit lang allein den Namen Bach durch die deutsche Musiklandschaft. »Bach«, das heißt in den Schriften um 1780 allein C.Ph.E.Bach. Sein Werk ist durch A. Wotquenne vorgelegt worden. Aus der Fülle sind die »Preußischen« und die »Württembergischen« Sonaten sowie die Sonaten mit veränderten Reprisen zu nennen. Auch ein Meister der Gattung »Phantasie« war er. Seine Schrift »Versuch über die wahre Art das Klavier zu spielen« krönte er mit der Phantasie c-Moll. Zur Orchestermusik zählen die Klavierkonzerte und die vom jähen Geist des »Sturm und Drang« geprägten Sinfonien. »Schwerlich ist je eine musicalische Composition von höherem, keckerem, humoristischerem Charakter einer genialen Seele entströmt«, heißt es bei J.F. Reichardt über die Sinfonien. Zu nennen sind außerdem die Vertonungen von Gedichten Christian Fürchtegott Gellerts und eine Passionskantate, die einstens zu Tränen rührte, sowie die zweiteilige Kantate »Die Israeliten in der Wüste«. »Auferstehung und Himmelfahrt Jesu«, 1778 veröffentlicht, gefiel Mozart so stark, daß er es in Wien aufführen ließ. Vor allem aber auf Haydn und Beethoven hatte der zweitälteste Bach-Sohn mit seinem Werk großen Einfluß.

Handschrift von J. Chr. Bach.
J. Chr. Fr. Bach, von einem Oeser-Schüler gezeichnet
Lieddruck 1787 in Rinteln

das neugewonnene Material an, übernahmen die Themen des Tages. Sie strebten aber in eine andere Richtung, eine neue Konzentration der jeweiligen Komposition auf ein oder zwei Themen, und setzten ihren künstlerischen Ehrgeiz daran, die gesamte Komposition aus den Themen zu begründen und daher für die nicht thematischen Abschnitte die Technik der »thematisch-motivischen Arbeit« einzuführen, die Themen in Motive zu zerlegen und mit den Motiven in neuartigen Zusammenstellungen ganze Formabschnitte auszufüllen. Vor allem Beethoven gab dann noch dieser neuartigen Gestaltung eine auf den Schluß ausgerichtete Dynamik, so daß Kompositionen von eindringlicher Dichte und großer Einheitlichkeit entstehen konnten. Dafür brauchte man Kenntnisse im Kontrapunkt und Erfahrungen im Umgang mit komplizierteren Folgen von Akkorden. Diese fand man in den Werken von Händel und Johann Sebastian Bach. Wo eine kontrapunktische Tradition noch aufgesogen worden und als Lehrmeister der Komponist Carl Philipp Emanuel Bach in Frage gekommen war, wurde die Bekanntschaft mit dem Werk von Johann Sebastian Bach nicht zwingend notwendig. Dies ist der Fall bei Joseph Haydn. Bei Mozart aber, einem Komponisten aus dem Geist der Mannheimer Vorklassik, der italienischen Oper und der Instrumental- wie Vokalmusik von Johann Christian Bach, wurde die Bekanntschaft mit den Präludien und Fugen des »Wohltemperierten Klaviers« zur wichtigsten Anregung der Wiener Zeit vom Frühsommer 1781 an. Die Betonung des Themas oder, im Falle des Sonatensatzes, der beiden durch gegensätzliche musikalische Charaktere bestimmten Themen läßt nun, wenngleich in neu artiger Gestalt, das Prinzip der Bachschen Musik wieder aufscheinen. Man hatte genügend Abstand zu den alten Zeiten gefunden, um die übereinstimmenden Ideen einer gründlich gestalteten Tonkunst erkennen zu können. So bewährt sich um 1780 das Prinzip der Assimilation älterer Musik. Als die eigene Tonsprache gefestigt war, entdeckten die Klassiker im Werk von Johann Sebastian Bach Prinzipien, mit denen sie für eine gediegene Ausarbeitung ihres auf der Vierstimmigkeit beruhenden Tonsatzes lernen konnten.

Es waren die Fugen des »Wohltemperierten Klaviers«, die Mozart faszinierten, und das »Wohltemperierte Klavier« war die Klavierschule, die eine Brücke zwischen der modernen und der alten Tonsprache schuf.

So bildet die Betrachtung des »Wohltemperierten Klaviers« den logischen Abschluß dieses Kapitels. Die Verbreitung dieses Werkes war das Rinnsal, das die Erinnerung an die ältere Tonkunst aufrechthielt.

»Alles, was er angefaßt hat, hat sich unter seinen Händen verändert, findet sich seitdem auf einem ungleich höheren Niveau, auf einer anderen unverwechselbaren Kontemplationsstufe« (Hans Werner Henze). Die Fähigkeit, einfache Metalle in Gold zu verwandeln, bezeichnen wir in der Kunst als genial. Was dieses Wort nun aber wirklich bezeichnet oder, um ein wenig bescheidener zu fragen, worauf es hinzielt, das bleibt häufig im Dunkel. Auch hier soll kein Exkurs den Sinn des Wortes »genial« erweisen. Aber im Falle des »Wohltemperierten Klaviers« läßt sich aussprechen, welche besonderen Fähigkeiten gemeint sind. Genial kann der Komponist Bach genannt werden, weil er in einer von seiner Zeit und ihren Geboten

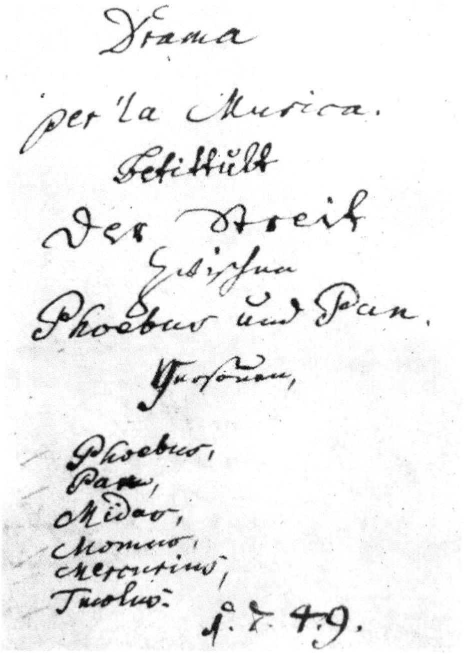

Der Bückeburger Bach sieht seinem Stiefbruder C.Ph.E. auffallend ähnlich

M

Der Älteste aus Bachs zweiter Ehe war schwachsinnig, mehrere Kinder starben im Säuglingsalter. So übernahm Johann Christoph Friedrich Bach, 1732 geboren, mit seinem Künstlerleben die Rolle des Ältesten aus zweiter Ehe. Doch im Unterschied zu dem unsteten und aufbrausenden Ältesten aus erster Ehe ging Johann Christoph Friedrich, der »Bückeburger« Bach, einen gradlinigen Weg. Er kam als ganz junger Mann zum Grafen Wilhelm von Schaumburg-Lippe und blieb bei ihm. Er heiratete wie der Vater eine junge Sängerin, er hatte Kinder. Geistig lehnte er sich in den siebziger Jahren an Johann Gottfried Herder an und vertonte einige seiner Texte. Kompositorisch schaute er auf seinen älteren Bruder, Carl Philipp Emanuel, und, als dieser weit genug gekommen war, auf seinen jüngeren Bruder Johann Christian. An Werken sind die damals üblichen Gattungen dargestellt: Sonaten, Quartette, Konzerte, Sinfonien, Kantaten und Oratorien, u.a. »Die Kindheit Jesu« und »Die Auferweckung Lazarus«, beide auf Texte von Herder.

6 Konzerte, op. 13, um 1777 in London gedruckt
Titelbild Sonaten, 1776
»Amadis des Gaules«, Uraufführung Paris 14.12.1779

vollkommen unabhängigen Position stand und die Einsamkeit ertrug um der Werke willen, ihrer Eigenständigkeit, Gründlichkeit. Der Interpret, der die Verschlingungen der Fugenthemen durchschaut, die Fülle an Arten von Musik durch die richtige Wahl des Tempos und das Treffen des Charakters darstellen kann – auch er kann genial genannt werden. Das »Wohltemperierte Klavier« kann ihn ein Leben lang festhalten, nicht weil er es immer wieder anders spielen will, Alternativen sucht, sondern weil er sich auf dem verschlungenen Pfad wähnt, der ihn endlich zum Richtigen bringt. So wird er sich immer wieder bis zur Selbstaufgabe versenken, um bereichert an Erfahrungen wieder aufzutauchen und sich schließlich als freier Künstler finden, den das lebenslange Studium dieses Werks die Sicherheit gegeben hat, endlich das Wesen der einzelnen Stücke erfahren zu haben. In Intention und künstlerischer Verwirklichung hat das »Wohltemperierte Klavier« mit der Freiheit zu tun.

164 Diese Feststellung werden womöglich meine Leser bezweifeln. Vor allem die Klavierspieler unter ihnen werden an die Mühen denken und vom Zwang sprechen, dem sich der Klavierspieler unterwirft, ganz im Gegensatz zu einem Chopin- oder Schumann-Stück. Doch hier täuschen Sie sich. Bei den Romantikern unterwirft sich der Klavierspieler viel stärker den insgeheim vor allem durch Unterrichtstradition überlieferten Vorstellungen, wie diese Musik zu klingen habe. Bei Bach muß er nur genau studieren. Der Notentext erschließt sich nicht durchs Poetisieren, er entschlüsselt sich dem eifrigen Studenten.

Bekanntlich ist das »Wohltemperierte Klavier« eine Sammlung von Präludien und Fugen, die nach den zwölf Tonarten chromatisch aufsteigend angeordnet sind. Dabei beginnt der »lernbegierige« Jugendliche zunächst einmal die Ordnung des Tonreiches zu verstehen. In der Musiktheorie des Mittelalters und der Renaissance kannte man acht Tonarten. Dann kamen noch vier Töne in der Mitte des 16. Jahrhunderts hinzu, später schied man Dur und Moll, und in der Bachzeit löste man das Problem der musikalischen Stimmung beim Gebrauch von Tasteninstrumenten. Die Schlichtung des Konflikts zwischen den Anhängern einer reinen Stimmung und der praktischen Handhabung aller Tonarrten wehte die Nebelschleier einer jahrhundertealten Diskussion hinweg. Das »Wohltemperierte Klavier« läßt sich auf den temperiert gestimmten modernen Klavieren leidlich darstellen. Genau das lag in Bachs Absicht.

In diesem Tonreich lagen nun die verschiedensten Arten von Fugen. Fugen im »stile antico« mit großen Notenwerten, Canzone und Capriccio, zwei-, drei-, vier- und fünfstimmige Fugen, einfache Fugen und eine Tripelfuge, also eine Fuge mit drei Themen, Fugen mit Engführungen, Umkehrungen des Themas, ohne oder mit ausgedehnten Zwischenspielen. Jede Fuge hat ein im Charakter unterschiedenes Thema. Die Themen werden nicht nur in der jeweiligen Fuge abgehandelt, die Beziehungen der Fugen untereinander sind sorgfältig abgestimmt. Das Fugenthema ist daher Bestandteil eines Koordinatensystems, das in die Werke hineinreicht und über sie hinausweist auf die jeweilige Stelle, an die eine bestimmte Fuge im Unterschied zu den anderen Fugen gehört. So zeigt sich beispielsweise die C-Dur-Fuge als ein äußerst intrikates Stück strikter thematischer Erarbeitung des Ganzen. Die Fuge in c-Moll ist das schiere

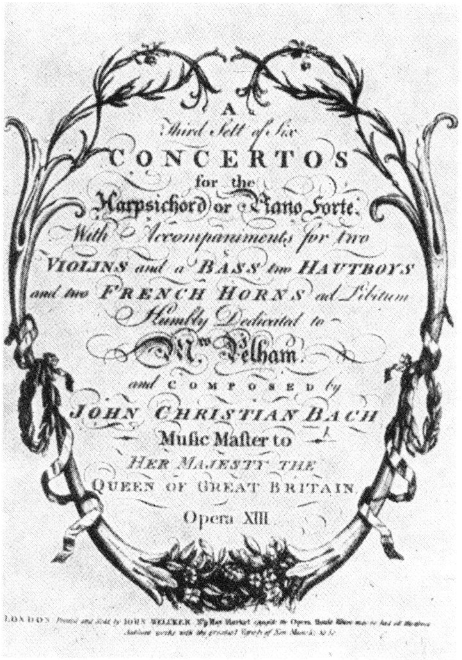

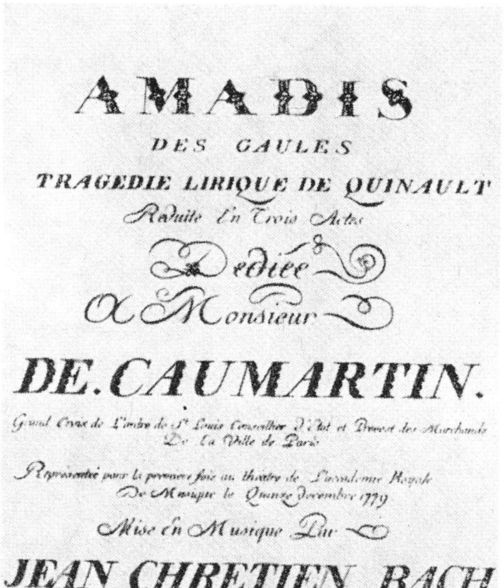

Thomas Gainsborough, der königliche Maler, verfertigte dieses Portrait von Johann Christian Bach

M

Johann Christian Bach war alt genug, um neben der Musikalität noch die Grundzüge der väterlichen Komposition mitzubekommen, und er war jung genug, um sich lösen zu können auf »neuen Bahnen«. Aus ihm wurde ein führender Opernkomponist Europas und das Oberhaupt der Londoner vorklassischen Schule der Instrumentalmusik. Seine Konzerte und Sinfonien sind melodienfreudig und sicher komponiert, seine Sonaten verführten den ganz jungen Mozart zur Umwandlung in Klavierkonzerte. Opus 3, 6, 8 und 9 versammeln knapp 20 Sinfonien. Ab 1761 entstehen Opern, und sie werden in berühmten Zentren europäischer Musik bestellt. Für London schrieb er fünf, für Mannheim mit seiner berühmten Kapelle zwei und für Paris eine Oper. Die Opern versammeln schöne Arien. Ihr Wert, so scheint es, beginnt heute wieder entdeckt zu werden.

Johann Nikolaus Forkel (1749-1818), erster Bach-Biograph
Friedrich Wilhelm Marpurg (1718-1795), Verfasser einer »Abhandlung von der Fuge«

Gegenstück, ohne mehrfache streng gebaute Durchführungen, mit Kontrapunkten zur Ergänzung des Themas. Die Fuge in Cis-Dur wiederum erhält durch ihr Thema einen graziösen Zug und stellt pianistische Virtuosität mehr heraus als dichte thematische Beziehung. Die nächste Fuge, in cis-Moll, ist eine Tripelfuge im »stile antico«. In der D-Dur-Fuge schlägt die Gestalt der französischen Ouvertüre durch. Die Fuge in d-Moll ist ein unwirsches Stück, vollgestopft mit allen Künsten thematischer Verwandlung, schroff im Charakter und wiederum das Gegenteil zur darauf folgenden Fuge in Es-Dur mit ausgebreiteten Zwischenspielen. Und danach kommt das kantable Wunderwerk der dreistimmigen Fuge in es-Moll, deren hymnischen Ton Mozart in einem Streichtriotonsatz herausstellte. 24 verschiedene Fugen, eine solche Fülle unterschiedlicher Kompositionen wird nur durch eine gewisse Frau Stöhr überboten, die sage und schreibe 28 verschiedene Fischsaucen zuzubereiten verstand!

Und nun bedenke man, daß die Fugen mit den vorangehenden Präludien zusammenhängen, daß gerade dieser Bezug dem in die Tiefe steigenden Denken ein reichhaltiges Betätigungsfeld gewährt; was auch die Bach-Literatur belegt, die Fülle an Studien zu diesem Thema. Dabei spielen die Beziehungen bestimmter Tonlinien nicht einmal die wesentliche Rolle. Es sind Verwandtschaften im Umriß eines Themas, sind Ähnlichkeiten im Sinne des Notenbildes. Wer wenigstens eine Ahnung davon erhalten will, schaue auf die Anfänge von Präludium und Fuge in A-Dur, in e-Moll und in b-Moll. Da sieht auch der Laie Zusammenhänge.

Die Präludien offenbaren unter dem schmucklosen Titel alle möglichen Arten von Musik. Da gibt es Toccaten, rauschende Stücke für die Darstellung von Tonart und Instrument, etwa in c-Moll oder d-Moll oder B-Dur, Präambeln zur Darstellung der Tonart in C-Dur oder cis-Moll, eine Kreuzung aus Präludium und Phantasiechoral, in Es-Dur, es gibt sonatenartige Sätze im Sinne der frühen Sonate mit einer Zäsur in der Mitte wie beispielsweise im Präludium h-Moll. Es gibt sogar Fugen, locker gestaltet, ich meine das A-Dur-Stück. Gerade hier gilt auch die enge Beziehung. Das Präludium nähert sich der Form einer Fuge, die Fuge lockert sich zum Präludium auf. Dabei habe ich in dieser Aufzählung gerade die stärksten Stücke noch zu nennen vergessen. Das Präludium in es-Moll ist ein harmonisch abgründiges, das in b-Moll ein zu Akkordballungen führendes Stück. Harmonik entäußert in solchen Stücken ihre ganze Ausdruckskraft.

Der Musiker hat zuweilen Schwierigkeiten, das Wesen seiner Kunst mitzuteilen. »Es gibt, seitdem die Musiker gebildet sind und meinen, das beweisen zu müssen, indem sie sich vor dem Fachsimpeln hüten, kaum mehr Musiker, mit denen man über Musik reden kann!« (Arnold Schönberg). Warum ein Musiker ein ganzes Leben daran hängen kann, das »Wohltemperierte Klavier« zu studieren, ist tatsächlich nur schwer erklärbar. Man könnte das eher zeigen, indem man Stücke spielt und hört, wie sich schon aus wenigen Takten so reichhaltige Beziehungsgeflechte ergeben, daß man zu ahnen beginnt, wieviel Zeit es braucht, alle Beziehungen aufzudecken. Nun hängt aber tatsächlich auch das Spielen dieser Stücke von solchen Erkenntnissen ab. Stellt man beispielsweise zwischen die Baßlinie in dem Präludium Cis-Dur und den untersten Tönen des Themas der

Johann Philipp Kirnberger (1721-1783). Schüler von J.S. Bach. Musikalischer Berater der Prinzessin Anna Amalia von Preußen

M

Die Bedeutung der alten Musik für die Ausbildung des Wiener klassischen Stils liegt in der erst durch sie ermöglichten Vereinigung der thematischen Konstruktion und des harmonischen Reichtums. Tonsätze gliedern, das konnten Mozart oder Haydn, aber Mittelstimmen so schreiben, daß eine vielfältige Harmonik entstand, das mußten sie noch lernen. Haydn blieb dabei stets auf Distanz, aber Mozart vertiefte sich, nachdem ein Abgeordneter aus Berlin, der Baron van Swieten, ihn erneut mit Bachschen Fugen und Händelschen Musiktheaterstücken bekannt gemacht hatte, vergrub sich in die »bizarren« Harmonien und entwickelte seinen Tonsatz weiter bis an die Schwelle der Romantik. Zeugnisse der Beschäftigung mit Händel/Bach sind die Bearbeitungen von Fugen, die Instrumentationsänderungen für Händelsche Werke, einzelne Stücke im alten Stil, das zweite Finale der »Zauberflöte«, die Jupiter-Sinfonie und das Requiem.

Fuge Cis-Dur Gleichheitszeichen, ergeben sich Konsequenzen. Da das Tempo des Fugenthemas ziemlich feststeht, läßt sich das Tempo des Präludiums aus dem Tempo der Fuge ermitteln. Was in der Fuge eine Viertelnote lang dauert, dauert im Präludium einen ganzen Takt. (Wenn daher Glenn Gould das Präludium in rasendem Tempo herunterrasselt und die Fuge sehr zügig spielt, so gibt er keine exzentrische Interpretation, sondern stellt diesen Bezug her, geht allerdings von einem übertrieben raschen Tempo der Fuge aus. Dies aber ist eine Frage des Grundgefühls für musikalische Zeit, das nicht eindeutig bestimmbar ist, sondern mit Temperament, Haltung, Gestus des Interpreten zusammenhängt.) Da nun aber auch die musikalische Tradition nach Bach bis zum heutigen Tage mit den Erfahrungen an dieser Sammlung verbunden ist, ergeben sich zusätzliche Bindungen an Musizierstile, an Romantizismen in den es-Moll- und b-Moll-Stücken, an Rokokovorstellungen im Präludium g-Moll.

168 Zwischen den beiden Sammlungen des »Wohltemperierten Klaviers« liegen knapp 20 Jahre, 1722 und rund 1740. Da Bach den zweiten Teil nicht der Serie seiner »Clavierübungen« einordnete, muß man annehmen, daß der zweite Teil für die eigenen Schüler und Kinder gedacht war, ein zweites Lehrbuch mit Stücken unterschiedlicher Herkunft, Aufräumen der Schubladen und Lust am Ergänzen mit Neuestem.

Bach zwang seine Schüler, damals, später, und noch heute zwingt er sie in die Bande dieser Stücke. In sie wollte er sie verwickelt sehen. Dadurch traute er ihnen Siege zu, Siege über die widerspenstige Materie, über die sich sträubenden Finger, den trägen Geist, den (schlechten) Atem der Zeit. Solche Siege blieben, konnten nicht weggewischt werden durch neue Moden. Bis heute ist das »Wohltemperierte Klavier« die Grundlage der hohen Kunst des Klavierspiels. Diese Stücke zwingen den Spieler, aus dem Tonsatz den Vortrag zu entwickeln, Tempo, Lautstärke, Spielarten in den Notenzügen selbst zu entdecken. Das allerdings gelingt nur bei einläßlicher Beschäftigung.

Ich kann in einer sternenklaren Nacht den Himmel betrachten und zu schönen Empfindungen kommen, und ich kann ins Observatorium gehen und den Sternenhimmel durchs Fernrohr betrachten, einzelne Sterne herauslösen und mich an ihnen erfreuen. Doch die zweite Art der Betrachtung führt noch ein Stück weiter, geht über das Schöne hinaus zur Erkenntnis der Prinzipien unseres Sonnensystems. Wie dem poetisch gesonnenen Betrachter ergeht es dem Musiker und dem Musikliebhaber vor dem »Wohltemperierten Klavier«. Es kann im Konzertsaal oder zuhause vor der Stereoanlage an ihm vorbeiziehen mit den wundersamen Klängen. Aber zur Erkenntnis bringen die Stücke einen erst, wenn man sich mit ihnen einläßt, sie nicht bloß im Zusammenhang hört, sondern sie herauszulösen bereit ist um im Wechselspiel zwischen der Erkenntnis des Einzelnen und der Betrachtung des Ganzen die Analogie zur kosmischen Ordnung zu begreifen.

Musikhören steht zwischen Versenkung ins Werk und Selbstgenuß. Für den Selbstgenuß ist nach Bach viel getan worden. Dank Bach blieb aber, strenger als bei sonst einem Komponisten, das Verlieren im Kunstobjekt ein Gegenpol.

Präludium und Fuge B-Dur mit der Vorschrift, »rasch umzublättern«

Am Ende der Zeit

Sein Leben lang stand Johann Sebastian Bach unter dem Eindruck, am Ende der Zeit zu stehen. An der Wende der Zeit harrte er aus, hielt er die Position, die ihm aufgetragen war. Der einsame Künstler, aber auch der unbeugsame Musiker, das ist der späte Bach. Der einsame Mensch, der Mensch am Ende der Zeit, auch das war Bach.

Von Anfang an scheint in seinem Werk das Lieblingsthema auf, das sich in die Worte bringen läßt: »Schlage doch, gewünschte Stunde«. Seine Musik malt die Todespforte in den wunderbarsten Farben aus. Dadurch lädt er uns ein, sie ohne Angst zu betrachten, legt er einen bunten Schleier über das Dunkel, das hinter ihr lauert. Er will uns die Furcht vor dem gähnend offenen Grab nehmen und schenkt uns in seiner gerade bei diesem Thema so milde aufklingenden Kunst ein wenig Vorfreude auf das Jenseits. Er ist ein wahrer Seelsorger. Als solchen haben ihn die Menschen lieb gewonnen.

Meininger Pastell um 1736.
Überliefert aus der Familie Bach

Seine Musik spendet Trost. Sie erreicht in der Darstellung des wonnevollen Todes einen emphatischen, ja einen ekstatischen Ton. Sie umfängt die todessehnsüchtige Dichtung des Barock und schenkt ihr einen in der Dichtung selber kaum durchgehaltenen innigen Audruck. Die Todessehnsucht breitet sie mit allen Mitteln der Kunst aus, und so ist Bachs Musik gerade dort, wo die »liebe Seele« ins Jenseits geleitet wird, in der Antizipation der Todesstunde, ausdrucksstark und bildkräftig im Sinne der musikalischen Rhetorik. Sie hat von ihrem Schöpfer alles mitbekommen zum pathetischen, lieblichen, wonnetrunkenen Ausdruck. »Wenn Du wüßtest, wie der Tod und die Liebe sich abwechseln, um diese letzten Augenblicke meines Lebens mit Blumen, himmlischen und irdischen, zu bekränzen, gewiß Du würdest mich gern sterben lassen. Ach, ich versichre Dich, ich bin ganz selig. Morgens und abends knie ich nieder, was ich nie gekonnt habe, und bete zu Gott; ich kann ihm mein Leben, das allerqualvollste, das je ein Mensch geführt hat, jetzo danken, weil er es mir durch den herrlichsten und wollüstigsten aller Tode vergütigt«. Der Autor, der mir mit diesen Sätzen eines unsterblichen Briefes zwischen die Zeilen geraten ist, hat das Bachsche Sterbegefühl in Worte ausgedrückt. Er kannte ihn nicht, aber er lebte in einer Zeit, in der gerade diese Seite der Bachschen Musik erkannt wurde und der Name des seltsamen Rufers aus einer gänzlich verlebten Zeit wieder an Klang gewann. Diesen Brief hat Heinrich von Kleist an dem Tage seines Selbstmords an die Schwägerin Marie geschrieben.

Michel de Montaigne starb am 13. September 1592 ganz gewöhnlich. Er hatte zeitlebens diejenigen verspottet, »die sich mit einer ›indiskreten Begierde‹ dem Tod in die Arme werfen, nicht weniger als jene anderen und mehreren, welche ihn fliehen, fürchten oder trügerisch übersehen. Zwischen beidem, der Flucht vor dem Tode und der Sucht nach dem Tode, lehrte er die Mitte zu finden, die maßvolle oder auch gleichgültige Mitte, ein vollkommen gewöhnliches Verhalten, ohne Klage und ohne Freude, ohne Angst und ohne Trost, mit Anstand wehrlos, ohne Seufzer, aber auch ohne die heroische Attitüde der Selbstüberwindung, ein gefühlloses Gefühl gleichsam – und er pries den ›einzigen Sokrates‹, weil er dem Tode mit einer ganz gewöhnlichen Miene begegnet sei, ›d'un visage ordinaire‹« (Dolf Sternberger).

Zwischen diesem unbeteiligten Tod und der Todesekstase bei Heinrich von Kleist findet sich Bachs Vorstellung vom Tod und vom Sterben.

Die Musikwissenschaft hat die Todessehnsucht Bachs aus der Tradition von Vorstellungen erklärt, in denen die Himmelsmusik zur Sprache kommt. Sie erkennt in Bach die Vorstellung vom irdischen Music-Director, der auch im Himmel die Musik leiten wird, nun frei von jeglicher irdischer Unbill. Der Gedanke an die »wohlklingende Harmony und Concent / als eine Figur der einsten / den Christglaubigen Kindern Gottes im ewigen Leben / folgenden Himlischen und immerwarenden Music« ist in solchen Worten hundert Jahre vor Bachs Tod von einem deutschen Musiktheoretiker ausgesprochen worden. In Bach seien solche Gedanken, so die Musikwissenschaft, durch seine ausgedehnte Lektüre dogmatisch-orthodoxer Schriften in der Nachfolge Luthers bewahrt worden und durch den Besitz mehrerer kommentierter Bibelausgaben, die von ihm häufig benutzt

»Leben Sie wohl, unsre liebe, liebe Freundin, und seien Sie auf Erden, wie es gar wohl möglich ist, recht glücklich! Wir, unsererseits, wollen nichts von den Freuden dieser Welt wissen und träumen lauter himmlische Fluren und Sonnen, in deren Schimmer wir, mit langen Flügeln an den Schultern, umherwandeln werden. Adieu! Einen Kuß von mir, dem Schreiber, an Müller; er soll zuweilen meiner gedenken, und ein rüstiger Streiter Gottes gegen den Teufel Aberwitz bleiben, der die Welt in Banden hält«.

Heinrich von Kleist an Sophie Müller, am Vortag seines Selbstmordtages (20.11.1811) ■

»Die Renaissance durchforscht den Weltraum, das Barock die Bibliotheken. Sein Sinnen geht in die Buchform ein. ›Kein größeres Buch weiß die Welt als sich selbst; dessen fürnehmstes Theil aber ist der Mensch, welchem Gott anstatt eines schönen Titulbildes sein unvergleichliches Ebenbild hat vorgedruckt, überdas ihn zu einem Auszuge, Kern und Edelgesteine der übrigen Theile solches großen Weltbuches gemacht‹ (Samuel von Butschky). Das ›Buch der Natur‹ und das ›Buch der Zeiten‹ sind Gegenstände des barocken Sinnens. In ihnen hat es das Behauste und Gedeckte. Aber es steckt darinnen auch die bürgerliche Befangenheit des kaiserlich gekrönten Poeten, der längst nicht mehr die Würde Petrarcas hatte und sich über die Ergötzungen seiner ›Nebenstunden‹ vornehm erhebt. Nicht zuletzt galt das Buch als immerwährendes Monument auf dem schriftreichen Naturschauplatze. [Jakob] Ayrers Verleger hat in einer Vorrede zu den Werken des Dichters ... diese Bedeutung des Buches ... ausgesprochen. ›In bedenckung dessen, das die Pyramides, Seulen und Büldnussen allerhand materien mit der zeit schadhafft oder durch gewalt zerbrochen werden oder wol gar verfallen ... das wol gantze Städt versuncken, untergegangen und mit wasser bedeckt seien, da hergegen die Schrifften und Bücher dergleichen untergang befreyet, dann was jrgendt in einem Landt oder Ort ab und untergehet, das findet man in vielen andern und unzehlichen orten unschwer wider, also das, Menschlicher weiß davon zu reden, nichts Tauerhaffters und unsterblichers ist, als eben die Bücher‹«.

Walter Benjamin, Ursprung des deutschen Trauerspiels, in: Gesammelte Schriften, I/1 S. 319f. ■

Fra Angelico (1386-1455),
Krönung der Jungfrau

worden seien, aktuell geblieben. Für einen Musiker müsse der Gedanke an den Tod als Eingangspforte für die Engelsmusik eine Faszination ausgeübt haben. Rolf Dammann zitiert in seinem für das deutsche musiktheoretische und -philosophische Denken grundlegenden Buch über den Musikbegriff im deutschen Barock den Brief eines Altvorderen, des Komponisten Johann Erasmus Kindermann, der kurz vor seiner Todesstunde Gedanken für das während seiner Bestattung auszuführende Grablied festhält. »Itzt, itzt, bin ich bei der rechten Himmlischen und Engelischen Music, welche voller Göttlicher Harmoni ist, und mit vollem Chor dreimal Heilig vor Gottes Heiligem Angesicht musiciren; hier ist ein recht ganz perfektes Orgelwerk. Gott der Vater ist des ganzen Chori Musici Capellmeister oder Führer«. Diese fromme Betrachtung hat nun wiederum eine Tradition, die sich in den Darstellungen der Engelsmusik besonders sinnfällig zeigt.

Von solchen Phantasien führt ein Weg zur musikalischen Phantasie Bachs. Nehmen wir das »Sanctus« aus der h-Moll-Messe. Es bildet mit irdischen Mitteln das Fluten der Himmelsmusik ab. Wie Ketten, Girlanden steigen die Linien der Gesangstimmen auf, durch die eingebrachte Technik der Doppelchörigkeit wechseln die hellen Töne von Sopran I und II sowie Alt I mit den dunkleren Stimmen von Alt II, Tenor und Baß ab, so daß der häufig gemalte Effekt zweier himmlischer Chöre entsteht. Das »Sanctus Dominus Sabaoth« wird in einem einheitlichen Ton mittels eines Themas vom Chor vorgetragen, unterstützt vom Orchester mit drei Trompeten und Pauken und drei Oboen, wiederum gemäß der ikonographischen Tradition eines Vorzugs der Blasinstrumente in der himmlischen Musik. Bach bildet in seiner Messe die himmlische Musik unmittelbar ab. Erst mit Einsatz des »Pleni sunt coeli«, des Ruhmes auf den göttlichen Namen im Himmel und auf Erden, setzt mit einer Fuge die irdische Musik ein. Auch die Zahl drei ist von Bach beachtet worden. Der untere Stimmenverband singt dreimal das »Sanctus« und danach den vollständigen Text, der obere Stimmenverband singt ebenfalls das Sanctus in Dreiergruppen geordnet, aber die Motive sind unterschiedlich gestaltet. Die musikalische Ordnung deckt sich nicht mit der zahlengesteuerten Ordnung des Textes.

Ludwig van Beethoven ging in seiner »Missa solemnis« ebenfalls von einer genauen Beachtung des Textes, seiner Ordnung und seines Sinnes aus. Er komponiert das »Sanctus« ganz anders. Er ordnet es den Solostimmen zu und läßt sie aus der Tiefe des Tonraums, erschauernd, fragend, seufzend singen. Der Einzelne steht vor der Verheißung der himmlischen Kirche und ihrer Musik vereinzelt, im Schatten des Weltalls. In abgründigen Harmonien sucht er den Sinn und fragt sich, ob die christliche Verheißung ihm noch gelte. Der Komponist kennt die dialektische Struktur der Welt und beläßt seinen Gottesanbeter im tiefsten Zweifel. Erst durch die Wandlung, an die Beethoven glaubt, die Verwandlung von Brot und Wein in die göttliche Speise, gibt sich die Gottheit als eine schenkende zu verstehen. Licht flutet herein, fast schmerzend in den ganz hohen Tönen der Violinen, ehe ein unbeschreiblich süßer Gesang, vorgetragen auf einer Solovioline, das »Benedictus« verheißt, die Botschaft dessen, der zur Erlösung gekommen ist. Für Beethoven ist die Tradition einer feststehenden Darstellung der Himmelsmusik geschwunden.

»Die Gräber [des Ehepaars Altieri in einer Seitenkapelle von Santa Maria in Campitelli in Rom] stammen aus dem Jahre 1709. Sie sind einander ähnlich und symmetrisch zu beiden Seiten des Altars der Kapelle angeordnet. Den unteren Abschnitt jedes Grabes bildet ein enormer Sarkophag aus rotem Marmor. Auf dem Sarkophagdeckel halten zwei betrübte Engel eine gesenkte Fakkel und weisen eine Inschrift vor, die aus nur einem Wort besteht, in großen Goldlettern geschrieben... Auf dem Grab des Mannes ist dieses Wort ›nihil‹, auf dem der Frau ›umbra‹. Nihil und umbra, letztes Bekenntnis von Menschen, die an nichts mehr glauben, möchte man meinen, wenn man nur das Untergeschoß des Grabes ins Auge faßt... Sobald man aber den Blick in die

Albrecht Dürer (1471-1528), Engel mit Laute

Höhe richtet und über die schrecklichen Motti hinausschaut, ändert sich alles, und wir stoßen auf vertraute und beruhigende Formen. Die beiden Toten sind als Knieende in der traditionellen Haltung des ›priant‹ im Himmel dargestellt. Der Mann hält die Hände auf der Brust gefaltet, und sein Gesichtsausdruck beim Gebet kommt dem einer verzückten Ekstase nahe... Seine Gattin dagegen neigt den Kopf und blickt zur anderen Seite... Ihr Gesicht ist von Melancholie verschattet, so als warte sie... Zwei beherrschende Gefühlslagen treten in diesem großartigen Werk in Erscheinung. Einerseits die Melancholie des Schattens, der weder dunkle Nacht noch Schroffheit des Nichts ist; andererseits, aber in einer davon völlig getrennten Welt, die Glückseligkeit des Jenseits. Der Gegensatz ist scharf und schneidend.«

Philippe Ariès, Geschichte des Todes, 1980, S. 440f. ■

M

Philipp Spitta schuf mit seiner zweibändigen Monographie über J.S.Bach, 1873 und 1880 erschienen, das unerreichte Standardwerk. »Das Herrannahen einer neuen großen Zeit«, einer Zeit »mächtiger religiöser Regungen«, wird, so glaubt er, die Wirkung seines Buches auf breiter Basis ermöglichen. Der »Kulturkampf« wird auf diese Weise als Ausdruck einer neu erstarkten religiösen Sehnsucht interpretiert, und diese Sehnsucht werde der Verbreitung von Bachs Werk helfen.
Albert Schweitzer stellte 1907 sein zunächst französisch geschriebenes Buch an die Seite. Er interpretiert die »musikalische Poesie«, hierin Zeitgenosse der blühenden Gattung »symphonische Dichtung« und der Berufsbezeichnung »Tondichter«, und er sieht in Bach den Vollender. »Die wirkliche Biographie dieses Meisters geben, heißt das Leben und Entfalten der deutschen Kunst, die sich dann in ihm vollendet und erschöpft, darstellen und sie in ihrem Streben und Fehlen begreifen. Dieses Genie war kein Einzelgeist, sondern ein Gesamtgeist«.
Schweitzer formuliert sprachgewaltiger die Sehnsüchte der Musikliebhaber und Kirchgänger und bleibt daher gegenüber Spitta erfolgreicher.

Er muß sich den Text selbst in seinem Sinn erschließen, oder besser gesagt: Das selbstbewußte Subjekt will sich alles selbst erschließen, traut nicht mehr der Wahrheit, die in den alten Traditionen steckt.

Dieser Vergleich spricht zugunsten der musikwissenschaftlichen Deutung. Tatsächlich gehört Johann Sebastian Bach noch einer Tradition an, aus der sich die mit Genie geschlagenen Künstler nach ihm lösen. Und so scheint die Todessehnsucht Bachs aus der Gewißheit eines Kapellmeisteramtes hervorzugehen, das sein eigentliches Aufgabenfeld erst im Jenseits finden kann.

Nun unterscheiden sich aber die Musikstücke einer besonders ausgeprägten Todessehnsucht von dem »Sanctus« der h-Moll-Messe. Ist dieses in klaren harmonischen Verhältnissen geschrieben, so weicht Bach in den Todessehnsuchtsstücken gern in eine komplexe verdunkelte Harmonik aus, läßt den Tonsatz in Chromatik aufleuchten (Chroma bezeichnet ja die Farbe!) und zeichnet nicht die Himmelsmusik auf, sondern will uns überreden zum Tode.

Um diesem Rätsel näherzukommen, schauen wir, wann Bach dem Tod begegnete. 1695 sterben innerhalb weniger Wochen seine Eltern. Dann trifft er im unmittelbaren Kreis seines Lebens im Jahre 1713 erneut auf den Tod. Zwei Kinder sterben in diesem Jahr. 1719 stirbt ein weiteres Kind, 1720 die Ehefrau. Weitere Kinder sterben 1726, 1727, 1728, 1730, 1732, 1733 (wieder gleich zwei), 1749 stirbt sein erster Enkel. Der Ziehvater Johann Christoph Bach stirbt 1721, sein anderer noch im Leben weilender Bruder Johann Jakob 1732. Von den sechs Kindern der väterlichen Familie war nur noch er übriggeblieben. Von den 20 Kindern aus seinen beiden Ehen überlebten ihn neun Kinder. Sterben sieht er auch Personen hohen Ranges, zu denen er ein freundschaftliches Verhältnis entwickelt hatte, den jungen Herzog Johann Ernst von Sachsen-Weimar oder seinen Brotgeber in Köthen. Solchen Statistiken wird gern entgegengehalten, daß die Leute es gewohnt waren, wenn Kinder oder Angehörige starben. Was heißt das? Ging man in die Kirche zum Trauergottesdienst und danach wieder zum Geschäft über? Blieben keine Spuren zurück? Brachte der Tod eines Angehörigen den Betroffenen nicht zum Nachdenken? Gegen diese Auffassung spricht ja schon, daß der Sterbende, wenn er seinen Tod bewußt wahrnahm, Vorkehrungen traf, um die Nachgebliebenen zu ermahnen und zu trösten. Heinrich Schütz hat in seinen »Musikalischen Exequien« solche Sprüche vertont, die ein bewußt auf den Tod hin lebender Christ auf die Innenseiten seines Sarges schreiben ließ. Bach hat in seinen Motetten die Wünsche der Auftraggeber nach Berücksichtigung des vom Toten gewünschten Kirchenliedes beachtet. »Jesu, meine Freude« ist ein solches Lied, das in einem Gedächtnisgottesdienst in der Leipziger Nikolai-Kirche für die Frau eines Oberpostmeisters kunstvoll vertont erklang. Nein, gerade die in einer älteren Tradition lebenden Menschen in Deutschland setzten sich mit dem Tod auseinander, bauten ihm vor, planten den Trost für die Hinterbliebenen. Sie schauten auf diese enge Pforte vor einem zunächst einmal dunklen Reich. Der Glaube war da die Lampe, aber seiner mußte sich jeder vergewissern, in immer erneuertem Hoffen.

Nehmen wir die Trauermotette »Jesu, meine Freude«. Das Kirchenlied entwickelt eine Jenseitshoffnung gegen die Stürme des Lebens und die Taten des Teufels. Jesus Christus wird dieses gewal-

Jacobi Balden, S. J. Entzückung / als er auff dem Kirchhoff / den Tod und die Gebeine der Verstorbenen betrachtet. Ubersetzet. Auß seiner Lateinischen Ode.

Der Tod fragt warlich viel nach Mangel oder Pracht! Ob dich der Winter quält ob dir die Sonne lacht. Wo kenn ich / welche Faust Hack oder Zepter führte? Und Sensen oder Schwerdt? welch Haupt die Krone ziehrte? Und wehm der Haare Schmuck die gleiche Scheer abschnied? Die Hauffen sind vermischt / man weiß nicht welcher lidt / Man siht nicht wer ihn Zwang: die Rosen sind verblichen / Die Liljen sind verwelckt / die Haut ist abgestrichen / Die Knochen sonder Fell / die kale Scheitel bleckt / Wie wenn der raue Frost die dürren Bäum entdeckt / Der Unterscheid besteht auff dem / das nicht bestehet! Wo ist der Wangen Schnee mit Purpurrött erhöhet? Wo ist die glatte Stirn / vor welcher Elffen Bein Und Rosen rau / und / Schwartz! und Alabaster-Stein Als tod und sonder Glantz? wo sind die göldnen Haare? Wohin der Haare Krantz? der teuren Perlen Wahre / Wo ist der Augen-Glantz? die Flamme funckelt nicht. Die grüne Schlang umbzog das liebliche Gesicht Und riß die Sternen auß / mit den die Liebe spielet / Die Nater hat den Sitz der Freundligkeit durchwühlet. Was mag mehr scheutzlich sein / als dieser Hölen Par / Und die nicht gantze Naß? und Zähne / die die Jahr Entreyet und verstreut? die Zung' ist außgerissen! Deß Gaumens zartes Fleisch von Würmen gantz zubissen. Die Kähle weggenagt / nun schweigt der wehrte Mund / Wo nicht der Schlangen Heer zischt durch den wüsten Schlund. Und schätzt man noch den Kalck der weißgeschmünckten Wangen? Die Kreide deß Gesichts / das mehr denn halb vergangen? Den gläntzenden Betrug / der Stirn und Back' aufffrischt / Wenn die geschwinde Zeit die Farben außgewischt. Was unterläst ein Weib die Glieder auß zu schmücken / Die endlich in der Grufft in Maden sich zerstücken? Ob schon das Ebenbild der trefflichsten Gestalt Von dem geschleifften Eiß deß glatten Spiegels Pralt.

Andreas Gryphius ■

»O Wunder, daß ein Herz / Vor der dem Fleisch verhaßten Gruft und gar des Todes Schmerz sich nicht entsetzet!«

Rezitativ aus der Kantate Nr. 125 »Mit Fried und Freud ich fahr dahin« ■

Albrecht Dürer, Der Heilige
Hieronymus, 1521, Ausschnitt

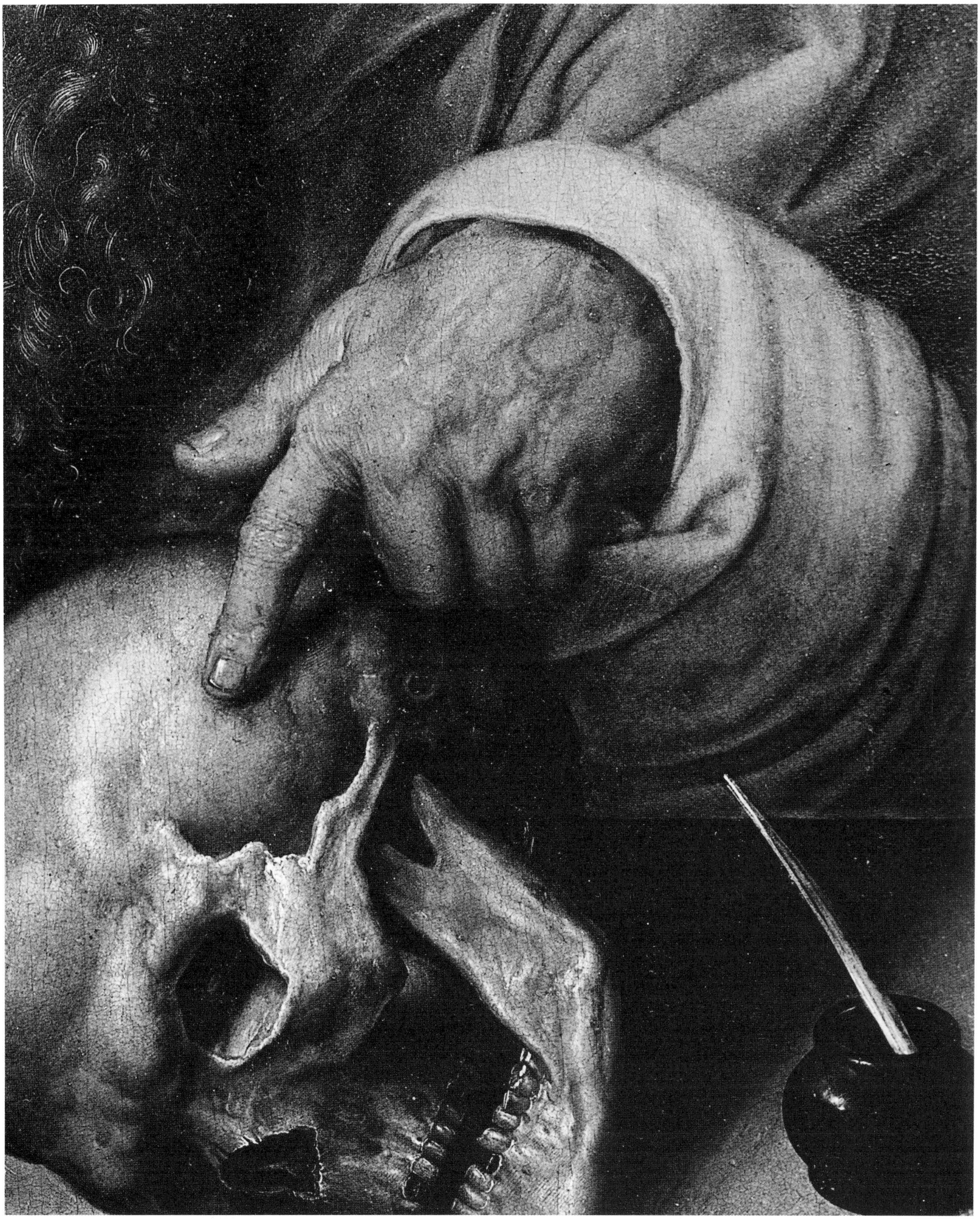

tige Bollwerk genannt. Text und Musik dieses Liedes durchsetzt Bach mit Versen aus dem 8. Kapitel des Römerbriefes. »Es ist nun nichts, nichts, nichts Verdammliches an denen, die in Christo Jesu sind«, mit diesen Worten beginnt der freie Teil der Komposition. Das erste »nichts« wird im forte gesungen. Es folgt eine Pause, dann erklingt das zweite »nichts«, im piano als Septakkord, wieder Pause, dann wird das dritte »nichts« an den Satz angebunden, so daß es eine Sinnwandlung erfährt. Das vereinzelte Wort läßt für Momente das »Nichts« aufscheinen, das angebundene Wort gibt das Gegenteil kund – es sei nun nichts Verderbliches an denen, die christlich leben. Bach dreht den Wortsinn um und erschreckt den Hörer. Nichts sei! Fragend läßt er das Wort »Nichts« noch einmal erklingen, leise und in der dissonanten Akkordgestalt, die für Sünde, Tod usw. steht. Dann erst erlöst er seine Hörer aus dem Schock des Nichts. Da er diese Wendung zum Thema macht, bringt er sie wiederholt, wandelt sie aber nun ab, beim zweiten Mal erklingt sie durchweg leise, fragend, tastend, und das aus gutem Grund. Hat doch das Wort plötzlich einen abgründigen Sinn gezeigt. Das Sein verkehrt sich ins Nichts, ewiges Leben steht neben gänzlichem Auslöschen. Wenn im vorletzten Satz dieses musikalische Thema wieder auftritt, hat es in einem anderen Textzusammenhang nur noch strukturelle Bedeutung. Das musiksprachliche Mittel wird zu einem tonkünstlerischen. (In vielen Fällen von Parodie weltlicher durch geistliche Texte findet eine gleiche Verwandlung von Musiksprache in formale Tonkunst statt.) Der über dem Buch, dem heiligen Buch, Sinnende, findet Zusammenhänge über den einfachen Sinn des Textes hinaus, kann dem Text Schrecken wie Trost abgewinnen, blickt auf die Schöpfung und die Angst, daß aus ihr das Nichts hervorschaut. Das Nichts als das irdische Ziel, die Glückseligkeit als das jenseitige Ziel – zwischen diesen Polen spannt Bach seine motettische Dramaturgie für die verwitwete Oberpostmeisterin und ihre Nachfahren. Er betont das Krachen und Blitzen der Gewitter, er pointiert den Trotz gegen alles Unchristliche, übereifrig läßt er seine Musiker alle Schätze dieser Welt wegwerfen. Dazu gehört auch der Leib. Er tut das musikalisch in einer versöhnlichen Komposition, im Takt von Hirten- und Weihnachtsmusik. »So aber Christus in euch ist, so ist der Leib zwar tot um der Sünde willen«, aber der Geist, der sei das Leben. In dieser Trauermotette entfaltet Bach das Wesen des Todes von den Polen des Nichts und des ewigen Lebens aus, spendet zwar Trost, aber nur um gewaltiger Opfer willen, denn alles, was im Leben Genuß bereitet, ist des Todes. Das weltfreudige Wesen, es gefalle ihm nicht, läßt Bach singen. Und es bleibt der Stachel des Nichts.

In beiden Passionskompositionen mußte Bach den Moment der äußersten Gottesferne im Tod Christi als verlassener Mensch darstellen. In dem entsprechenden Abschnitt dieses Buches ist gezeigt worden, wie Bach dies tat. In der »Matthäus-Passion« versetzt sich der gläubige Christ an die Stelle des sterbenden Jesus. Er spricht die Hoffnung aus, die wegen des Heilsplanes Jesus nicht aussprechen durfte. »Möge Gott mich nie verlassen!«, das sagte Pascal. »Wenn mir am allerbängsten wird um das Herze sein, so reiß mich aus den Ängsten kraft deiner Angst und Pein«, das sagt bei Bach die Gemeinde. Mit spezifisch Bachschen Akkorden beschreibt er die klamme Stimmung des »allerbängsten« und das Zusammenkramp-

An das leydende Angesicht Jesu Christi.

O Häupt voll blut und wunden / Voll schmerz unnd voller hon! O häupt zu spott gebunden Mit einer dornen Kron! O häupt sonst schön geziert Mit höchster ehr und zier / Itzt aber hoch schimpfiret! Gegrüsset seyst du mir.
2. Du edles angesichte / Dafür sonst schrickt unnd scheut Das grosse weltgewichte / Wie bist du so bespeyt? Wie bist du so erbleichet? Wer hat dein augenliecht / Dem sonst kein liecht nicht gleichet / So schändlich zugerichtt?
3. Die farbe deiner wangen / Der rothen lippen pracht Ist hin / unnd ganz vergangen: Des blassen todes macht Hat alles hingenommen / Hat alles hingerafft / Unnd daher bist du kommen Von deines leibes krafft.
4. Nun was du / HERR / erduldet / Ist alles meine last: Ich hab es selbst verschuldet / Was du getragen hast: Schau her / hie steh ich armer / Der zorn verdienet hat / Gib mir / o mein Erbarmer / Den anblick deiner gnad.
5. Erkenne mich / mein Hüter / Mein Hirte / nim mich an: Von dir / quell aller güter Ist mir viel guts gethan: Dein mund hat mich gelabet Mit milch und süsser kost / Dein Geist hat mich begabet Mit mancher himmelslust.
6. Ich wil hie bey dir stehen / Verachte mich doch nicht / Von dir wil ich nicht gehen / Wann dir dein hertze bricht / Wann dein häupt wird erblassen Im letzten todesstoß / Alsdan wil ich dich fassen In meinen arm und schoos.
7. Es dient zu meinen freuden / Unnd kömmt mir hertzlich wol / Wann ich in deinen leiden / Mein Heyl / mich finden sól: Ach möcht ich / o mein leben / An deinem creutze hier Mein leben von mir geben / Wie wol geschähe mir!
8. Ich dancke dir von hertzen / O Jesu liebster freund / Für deines todes schmertzen / Da dus so gut gemeynt: Ach gib / daß ich mich halte Zu dir und deiner treu / Und wann ich nun erkalte / In dir mein ende sey.
9. Wann ich einmal sol scheiden / So scheide mich von mir: Wann ich den tod sol leiden / So tritt du dann herfür: Wann mir am allerbängsten Wird ümb das hertze seyn / So reiß mich aus den ängsten / Krafft deiner angst und pein.
10. Erscheine mir zum schilde / Zum trost in meinem tod / Unnd laß mich seyn dein bilde In deiner creutzesnoth / Da wil ich nach dir blicken / Da wil ich glaubensvoll Dich vest an mein hertz drücken: Wer so stirbt / der stirbt wol.

Paul Gerhardt ■

Caravaggio, Grablegung Christi, 1603

M

Die These von Albert Schweitzer übernimmt Wilibald Gurlitt, in einem während des Faschismus unter den Idealen der bekennenden Kirche erschienenen Büchlein und nach dem Zweiten Weltkrieg als Ordinarius in Freiburg/Br., vor allem während des Bach-Kongresses in Leipzig 1950. Darin fand er Widerspruch. In der DDR wollte man einen »eigenen« Bach feiern, betonte die weltlichen Züge und suchte, dank des herausragenden Talentes von Heinrich Besseler, diejenigen Merkmale in seinen Werken auf, die über ihn hinaus unmittelbar auf die Klassik hinwiesen. Der Verfasser des Artikels »Bach« in der Enzyklopädie »Musik in Geschichte und Gegenwart«, Friedrich Blume, führte diese Kontroverse weiter und gab die »Umrisse eines neuen Bach-Bildes« (1962), die vom »Spiegel« gewürdigt wurden. Er entfachte damit die letzte leidenschaftlich ausgetragene Kontroverse. Seitdem hat die Bach-Forschung in wichtiger Kleinarbeit Mosaiksteine eines Bach-Bildes vorgelegt, von denen heute niemand sagen kann, ob sie zusammengesetzt bereits ein neues Bach-Bild ergeben.

fen des Herzens. In der »Johannes-Passion« schlägt er einen anderen Ton an. »Es ist vollbracht« – ein Adagio von jener Ausdruckstiefe wie sie das Melancholiestück aus den Goldberg-Variationen aufweist. Das Stück drückt nicht die Anteilnahme aus, fängt seine Hörer auch nicht ein, daß sie mitleiden. Es ist melancholisch, trübsinnig. Was soll das bedeuten? Welchen Sinn macht die melancholische Haltung im Moment der Erfüllung des messianischen Auftrags? Es ist doch wohl der Blick des Menschen auf ein Leiden, das aus den unkorrigierbaren Fehlern des Menschen wächst, ist Mitgefühl einer Trauer über den gefallenen Menschen. Jesus erscheint als gefallener Held. Wie im Drama der Moment des heldenhaften Unterganges ein tiefes Mitgefühl bei uns weckt, so stimmt uns dieses Leiden tief traurig. Der Text redet zwar schon vom Trost am Ende der Leidenszeit, aber der Musiker hält den abgrundtiefen Ausdruck eines klagenden Gesanges fest. Danach steigern Bach und sein Textdichter den zum Extrem
 gehenden Ausdruck. Das schmerzverzerrte Antlitz Christi kann nicht mehr sprechen, aber sein Neigen bedeutet das »ja« auf die Frage nach Erlösung.

An dieser Arie zeigt sich das beispiellos kühne Denken Bachs. Da werden zunächst einmal zwei Texte kombiniert. Der eine lautet: »Mein teurer Heiland, laß dich fragen,/da du nunmehr ans Kreuz geschlagen/und selbst gesagt: Es ist vollbracht,/bin ich vom Sterben frei gemacht?/Kann ich durch deine Pein und Sterben/das Himmelreich ererben?/Ist aller Welt Erlösung da?/Du kannst vor Schmerzen zwar nichts sagen,/doch neigest du das Haupt und sprichst/stillschweigend: ja«. In diesem Text wird der wundersame Kreuzestod zur Auskunft über das Schicksal des Christenmenschen. Sterbende verröcheln am Kreuz, hier aber neigt Jesus das Haupt ohne einen Ton. (Bei Matthäus ist es der Siegesschrei des verscheidenden Jesus, der ein Signal gibt.) Dieser Text wird überlagert von dem Choral »Jesu, der du warest tot«, in dem es heißt, daß Jesus nun ewig lebe und der Christenmensch von ihm sich nur eines erbitte, nämlich das, was er für ihn am Kreuz erdient hat, die Überwindung des Todes. Musikalisch hält Bach den Gesang des Solisten und die ihn begleitenden Baßinstrumente in beschwingtem Zwölfachteltakt, einer Taktart für heitere Musik, Hirten- oder Tanzmusik. Den Choral hält Bach im Viervierteltakt. Da sich das Metrum des Chorals als Grundlage der Komposition beim Hörer festsetzt, erlebt er den Zwölfachteltakt als einen beschwingten Dreiertakt nämlich viermal dreiachtel, so wie er in der »Kreuzstabkantate« das ekstatisch vertonte Bild des Heilands, der die Tränen des belasteten Christenmenschen behutsam trocknet, im Dreiertakt erlebt. Bach ist mit seinem musikalischen Gedanken über seinen ängstlich fragenden Text bereits hinausgelangt. Seine Musik spricht von Gewißheit, während sein Text noch irdisch befangen die Krämerfrage stellt, ob's denn nun geklappt habe. Wenn man das Stück aufmerksam hört, so kann man sich der suggestiven Phantasie Bachs kaum entziehen und empfindet den Choral zwar in seiner Glaubensgewißheit festgegründet, aber erdenschwer und philiströs. Auch am Schluß dieser Passion stellt Bach noch einmal die vernünftige und die beschwingte Deutung des Todes gegeneinander. Sein Chorlied mit dem Text »Ruht wohl, ruht wohl, ihr heiligen Gebeine« nähert sich der würdevollen Darstellung des Todes, die in der klassischen Ästhetik, bei Lessing und Winckel-

Christliches freudenlied.
Warumb solt ich mich denn grämen / hab ich doch Christum noch / Wer wil mir den nehmen? Wer wil mir den himmel rauben / Den mir schon Gottes Sohn Beygelegt im glauben?

2. Nackend lag ich auf dem boden / Da ich kam / Da ich nahm Meinen ersten odem: Nackend werd ich auch hinziehen / Wann ich werd Von der erd / Als ein schatten / fliehen.

3. Gut und blut / leib / seel und leben Ist nicht mein / Gott allein Ist es / ders gegäben: Wil ers wieder zu sich kehren / Nehm ers hin / Ich wil ihn Dennoch frölich ehren.

4. Schickt er mir ein creutz zu tragen / Dringt herein Angst und pein / Solt ich drum verzagen? Der es schickt / der wird es wenden / Er weiß wol / Wie er sol All mein unglück enden.

5. Gott hat mich bey guten tagen Offt ergötzt / Solt ich jtzt Auch nicht etwas tragen? Fromm ist Gott / und schärft mit massen Sein gericht / kan mich nicht Gantz und gar verlassen.

6. Satan / welt und ihre rotten können mir Nichts mehr hier Thun / als meiner spotten. Laß sie spotten / laß sie lachen / GOtt mein Heyl Wird in eyl Sie zu schanden machen.

7. Unverzagt und ohne grauen Sol ein Christ / Wo er ist / stets sich lassen schauen. Wolt ihn auch der tod aufreiben / Sol der muth Dennoch gut / Und fein stille bleiben.

8. Kann uns doch kein tod nicht tödten / Sondern reißt Unsern geist Aus viel tausent nöthen: Schleußt das thor des bittern leyden / Und macht bahn / Da man kan Gehn zur himmelsfreuden.

9. Allda wil in süssen schätzen Ich mein hertz Auf den schmertz Ewiglich ergötzen: Hier ist kein recht gut zu finden: Was die welt In sich hält Muß im huy verschwinden.

10. Was sind dieses lebens güter? Eine hand Voller sand / Kummer der gemüther. Dort / dort sind die edle gaben / Da mein hirt Christus wird Mich ohn ende laben.

11. HERR mein hirt / brunn aller freuden / Du bist mein / Ich bin dein: Niemand kan uns scheiden: Ich bin dein / weil du mein leben / Und dein blut Mir zu gut In den tod gegeben.

Adam Elsheimer (1578-1610), Die Verherrlichung des Kreuzes (Mittelteil eines Hausaltars)

12. Du bist mein / weil ich dich fasse / Und dich nicht / O mein licht / Aus dem hertzen lasse. Laß mich / laß mich hingelangen / Da du mich Und ich dich Lieblich werd umbfangen.

Paul Gerhardt ■

Täglicher Abendgesang.
Mel. O welt / ich muß dich lassen.

Nun ruhen alle Wälder / Vieh / menschen / städt und felder / Es schläft die gantze welt: Ihr aber / meine sinnen / Auf / auf / ihr sollt beginnen / Was eurem Schöpffer wol gefällt.

2. Wo bist du / Sonne / blieben? Die nacht hat dich vertrieben / Die nacht des tages feind: Fahr hin / ein andre Sonne / mein Jesus / meine wonne Gar hell in meinem hertzen scheint.

3. Der tag ist nu vergangen / Die güldne sternen prangen Am blauen himmelssaal: Also werd ich auch stehen / Wann mich wird heissen gehen Mein Gott aus diesem Jammerthal.

4. Der leib eilt nun zur ruhe / Legt ab das kleid und schuhe / Das bild der sterblichkeit / Die zieh ich aus: dagegen Wird Christus mir anlegen Den rock der ehr und herrlichkeit.

5. Das haupt / die füß und hände Sind fro / daß nun zum ende Die arbeit kommen sey. Hertz / freu dich / du solt werden Vom elend dieser erden / Und von der sünden arbeit frey.

6. Nun geht ihr matten glieder / Geht hin und legt euch nider / Der betten ihr begehrt: es kommen stund und zeiten / Da man euch wird bereiten Zur ruh ein bettlein in der erd.

7. Mein Augen stehn verdrossen / Im huy sind sie geschlossen / Wo bleibt dann leib und seel? Nim sie zu deinen gnaden / Sey gut für allem schaden / Du aug und wächter Israel.

8. Breit aus die flügel beyde / O Jesu meine freude / Und nim dein küchlein ein / Wil satan mich verschlingen / So laß die Englein singen: Dis kind sol unverletzet seyn.

9. Auch euch ihr meine lieben / Sol heinte nit betrüben Ein unfall noch gefar / Gott laß euch selig schlafen / Stell euch die güldne waffen Umbs bett und seiner Engel schaar.

Paul Gerhardt ■

mann, gefordert ist und deren musikalischen Ausdruck Christoph Willibald Gluck formulierte. Der um eine ganze Terz höher liegende Schlußchoral bringt dann wieder den berauschenden, vielleicht auch in der Todessehnsucht allzu intensiven Ton der dafür spezifisch Bachschen Sprache. »Ach, Herr, laß dein lieb Engelein«, und obwohl schon lange Zeit auf hohen Tönen jubiliert worden ist, schwingt sich die Komposition beim Wort »erhöre mich« zu einem noch höheren Ton auf. Es klingt, als werfe sich eine musikalisch jubelnde Seele in die Arme des Universums. Sicher ein ganz ungewöhnlicher Schluß für eine Passionskomposition.

Muß man nach dieser Darstellung noch auf Kantaten hinweisen? Ich will es mit dem Hinweis auf eine Kantate belassen – »Widerstehe doch der Sünde« (BWV 54). Bach komponiert diese Aufforderung durch Häufung von weichen und harten Dissonanzen. Schon der erste Akkord der Komposition gehört zur Gattung der Septimen-

akkorde, also einer Akkordgattung, die in der Musiksprache die Funktion der Überleitung hat, zum Grundakkord oder zu seinen Stellvertretern. Bach versenkt sein ganzes Instrumentarium für die Darstellung des Bösen in die Komposition und schreibt – ein schillerndes, ein faszinierend farbiges Stück. Das Stück habe, sagt Albert Schweitzer, »etwas geradezu Unheimliches«. Es zieht, um ein Wort von Eichendorff herbeizurufen, »in den farbigen Schlund«. Bei Eichendorff ist von zwei Gesellen die Rede, von denen der eine in der philiströsen Ehe, der andere in einem üppigen Leben untergeht. Als dieser dann wieder auftaucht aus diesem Schlund, da ist er müde und alt geworden. Als die allegorische Figur bei Bach aus dem farbigen Schlund der Bachschen Sündenmusik wieder auftaucht, als sie erkennt, daß die Sünde der Büchse der Pandora gleicht, da wird sie mit brutaler Härte dem Teufel konfrontiert. »Wer Sünde tut, der ist vom Teufel«, ein Stück von großer formaler Strenge. »Harmonisch ist dieses Stück von einer Härte ohnegleichen« (A. Schweitzer). Bach macht es seinen Hörern nicht leicht. Er meidet den mittleren ungefährlichen Ton. Er reizt vielmehr die Möglichkeiten des Ausdrucks seiner Texte voll aus. In dem Abschnitt über die Kantaten ist davon die Rede gewesen. Was aber bedeutet diese künstlerische Strategie für das Thema vom Ende der Zeit?

Bach kannte den Tod. Der griff in sein Leben ein und veränderte dem zehnjährigen Knaben die Kindheit. Der ausgeprägte Familiensinn der Bachfamilie dürfte ihm eine glückliche Jugend bereitet haben. Nun waren die Eltern gestorben, und der zehnjährige Knabe kam zu dem 24jährigen Onkel. Von diesem Datum an geht Bach einsam durchs Leben. Es ist denkbar, daß von da an auch eine Sympathie mit dem Tode entstand, eine Sympathie, weil der Tod sein Leben so nachhaltig in die Hand genommen hatte. Über die weiteren Todesfälle in seiner unmittelbaren Umgebung wurde berichtet. Sie unterstützen womöglich diese Sympathie, aber sie erklären sie nicht. Sie wuchs vielmehr im Umgang mit seiner Kunst. Da waren zum einen die Texte. Sie brachten ihm die barocke Antithetik nahe, die Identität gegensätzlicher Dinge und Gefühle. Natur war Schönheit und Vergänglichkeit, sinnlich und geistig, ließ den Sinnenrausch zu und brachte doch den Philosophen dazu, über ihre Verwesung nachzudenken. Von allen möglichen Themen führt stets jäh der Weg zur Schicksalsfrage nach Tod oder Leben. Die Ablösung des Geistes

Sterb-Lied.
Es ist genug! mein matter sinn
sähnt' sich dahin /
wo meine Vätter schlaffen.
Ich hab es endlich guten fug /
Es ist genug!
ich muß mir rast verschaffen.
Ich bin ermüdt / ich hab geführt
die Tages bürd:
es muß einst Abend werden.
Erlös mich / HErr / spann aus den Pflug /
Es ist genug!
nim von mir die Beschwerden.
Die grosse Last hat mich gedrückt /
ja schier erstickt /
so viele lange Jahre.
Ach laß mich finden / was ich such.
Es ist genug!
mit solcher Creutzes-waare.
Nun gute Nacht / ihr meine Freund' /
ihr meine Feind' /
ihr Guten und ihr Bösen!
Euch folg die Treu / euch folg der Trug.
Es ist genug!
Mein GOtt wil mich auflösen.
So nim nun / HErr! hin meine Seel /
die ich befehl
in deine Händ' und Pflege.
Schreib sie ein / in dein Lebens-buch.
Es ist genug!
daß ich mich schlaffen lege.
Nicht besser soll es mir ergehn /
als wie geschehn
den Vättern / die erworben
durch ihren Tod des Lebens Buch.
Es ist genug!
Es sey also gestorben!
Anton Ulrich von Braunschweig
1667 ■

»Schließlich geht die menschliche Seele auf höchst wunderbare Weise in jenen höchsten, seiner Macht nach unbegrenzten Geist auf. So wird der ganze Mensch sein Selbst aufgeben und nur dann ewige Glückseligkeit erlangen, wenn er, seiner selbst völlig entäußert, unaussprechliche Wonnen genießt durch seine Teilnahme an jenem höchsten Gut, das alles in sich faßt. (...) Denen die Gnade zuteil wurde, das je zu fühlen – nur sehr wenige sind dazu auserwählt –, die überkommt eine Art Wahnsinn (...) – kurz: sie sind ganz außer sich. Sobald sie wieder bei Sinnen sind, wissen sie nicht, wo sie gewesen sind, ob innerhalb, ob außerhalb ihres Körpers, als läge es (...) jenseits der Wirklichkeit im Traum. Eins nur wissen sie gewiß, daß sie nie so glücklich gewesen sind, solange sie nicht bei Sinnen waren. (...) denn so sehr übertrifft das Geistige das Körperliche, das Unsichtbare das Sichtbare«.

Erasmus von Rotterdam, Lob der Torheit, 1511; nach Chr. Hubig, S. 191 ■

Miniatur aus dem Mittelalter, darstellend den Erzengel Michael (in romantischer Zeichnung)

Hieronymus Bosch (um 1450-1516), Der Garten der irdischen Lüste, Ausschnitt aus der Mitteltafel

M

Das Verständnis des Werks wurde durch Albert Schweitzers Vorstellungen von »musikalischer Poesie« in eine bestimmte Richtung gelenkt, die von Arnold Schering weiter verfolgt wurde und in der Aufarbeitung der »musikalischen Rhetorik« ein historisch abgesichertes Fundament fand. Das Lexikon von Johann Gottfried Walther, dessen von Peter Benary herausgegebene Kompositionslehre sowie die auf Heinrich Schütz zurückgehende, von Josef Müller-Blattau herausgegebene Kompositionslehre von Christoph Bernhard sowie die vor allem im »Handwörterbuch der musikalischen Terminologie« erfaßte Musiktheorie der alten Zeiten und endlich die im »Sachteil« des »Riemann Musiklexikons« (beides herausgegeben von Hans Heinrich Eggebrecht) aufgeführten einzelnen »musikalisch-rhetorischen Figuren« sind auf Bachs Vokal- wie Instrumentalmusik angewendet worden und haben im Verein mit den im Kapitel »Symbole der Zeit« dargestellten musikalischen Zahlen zu einer theologischen Interpretation von Bachs Musik geführt. Das auf diese Weise ausgebreitete Wissen ist freilich auch heute (wie übrigens damals) nicht frei von prunkender Gelehrsamkeit ohne strikte Beziehung zum komponierten Sachverhalt.

aus dem Körper entwertete den Körper. An solcher Lektüre hielt Bach fest, als über Frankreich auch in Deutschland eine sinnenfrohe neue Zeit anbrach und die schöne Natur pries, solange sie Bestand hat. Der kurze Weg zur Schicksalsfrage wurde verbaut. Bach ging ihn weiterhin. Da waren aber auch die Musikstücke aus der Tradition. In ihnen waren alle möglichen Dissonanzen als wohlklingende Gebilde ausprobiert. Da setzte er an. Und indem er diese Musiksprache und die in ihr liegende Tendenz zur vollständigen Ausschöpfung der Möglichkeiten von Ausdruck des Dissonanten, des Unkorrekten, des Abweichenden nutzte, fand er die Tonsprache zum Ausdruck aller Arten von extremen Gefühlen. In seine Tonsprache entäußerte er sich. In ihr konnte er die schaudervoll schöne Sünde darstellen, die selige Sehnsucht zum Tode als der Pforte für die Ewigkeit. Und da er diese Tonsprache wie kein zweiter neben ihm verstand, suchte er sich immer wieder Themen dafür.

Das Barock kannte das Fest und seine Nähe zum Grauenvollen. Der Kupferstecher Callot hat die Masken festgehalten, die Menschen spielerisch in Gnome, Teufel, Mißgeburten verwandelten.

In seiner Tonsprache hat Bach den Anschluß an diese Zeit des Barock gehalten, an das 17. Jahrhundert. Als Künstler freilich blieb er den Standesschranken seiner Sippe verhaftet. Wenn wir auf diesen Seiten der Bachschen Todessehnsucht nachforschen, so müssen wir uns an seine Tonsprache halten. Sie fängt durch Übersteigerung des Unkorrekten die Randerfahrungen menschlichen Lebens ein, bindet diese aber an einen festen Glauben, so daß sie sich nicht in gespenstische Phantasien verliert. Dabei zieht sich durch sein gesamtes Schaffen diese in farbigen Tönen gehaltene Darstellung von Sünde und Tod. Nicht erst der alte, der einsame Bach findet im Tod sein Thema. Das findet schon der junge Bach. Gerade weil es sein Thema war und nicht etwa das Thema eines Vivaldi, eines Telemann, eines Händel, konnte er auch die Einsamkeit besser ertragen. Er war nicht einsam. Er hatte nur wenig Freunde, aber den besten Freund – so hat ihn Mozart genannt –, den hatte er sein ganzes Leben – den Tod. Sein Glaube verbot, ihn herbeizurufen. Er mußte da versteckt vorgehen, indem er ihn als Pforte darstellte. Ich will nicht etwa behaupten, daß Bach ein potentieller Selbstmörder gewesen sei. Nur auffällig und in der Bachliteratur auch nicht unbekannt ist diese sehnsüchtige Musik, wenn der Tod ins musikalische Spiel kommt. Er war weiß Gott beladen, mit Pflichten, mit Ehrgeiz, er war weiß Gott enttäuscht worden, von den Obrigkeiten, den Zeitgenossen, vielleicht sogar von seinen Kindern. Man könnte die Sehnsucht verstehen, den Griffel beiseite legen zu dürfen, den ganzen Bettel hinzuschmeißen. Das tat er nicht. Aber zuweilen musizierte er aus dem Herzen.

Für uns zählt allerdings nur das Werk. Und von ihm schlägt der Zeitgeist einen Bogen, von damals bis heute und in die Zukunft. Dieser Bogen senkt sich immer wieder, um sich dann zum nächsten Bogen zu erheben. Als er sich das erste Mal senkte, hatten junge Leute in Deutschland das romantische Zeitalter ausgerufen und die Verachtung des Barock, des Mittelalters widerrufen. Sie machten mystische Erfahrungen, wie fromme Geister der vergangenen Jahrhunderte sie gemacht hatten. Sie verehrten den Tod, sie fürchteten ihn nicht wie der Klassiker zu Weimar. Sie erforschten die dialek-

»Gedanken bey der Section eines Körpers

Kaum warf ich meinen Blick auf das zerstückte Weib,/Kaum sah ich den zum Theil von Haut entblößten Leib,/ Ich kunnte kaum so bald die blutgen Muskeln schauen,/Als mich ein widriges und ekelhaftes Grauen/Den Augenblick befiel. Allein es hatte kaum/Der kluge Carpser angefangen;/ Er ließ uns kaum so bald die weisen Wunder sehn,/Die von der bildenden Natur daran geschehn:/So macht die Regung gleich weit süßrer Regung Raum.

Willem van Swanenburg, Das Theatrum Anatomicum der Universität Leiden, 1610

Furcht, Grauen, Ekel war den Augenblick vergangen;/Mich nahm Bewundrung erst, darauf Erstaunen ein,/Dem folgt Erniedrigung und Ehrfurcht allgemach,/Und diesem auf den Fuß Lob, Brunst und Andacht nach,/Es fing ein helles Feuer von einer heilgen Lust/In meiner, Gott zum Ruhm, mit Dank erfüllten Brust,/Zur Ehre des, der hier so wunderbar/Des Körpers Wunderbau gefüget, an zu brennen./Ich wußte selber nicht, wie mir zu Muthe war,/Den Menschen giebet sich der Schöpfer hell und klar/Am allerdeutlichsten am Menschen zu erkennen.

Es scheint, ob könne man in diesen Wunderwerken,/In diesem Meisterstück der bildenden Natur,/Von unserm Schöpfer selbst hier eine helle Spur,/Ganz überzeuglich klar und gleichsam sichtbar merken./Ach! rief ich, laßt denn hier an diesem Schauplatz schreiben:/*Hier kann kein Atheist ein Atheiste bleiben.*«

Barthold Hinrich Brockes, aus »Physicalisch-Moralische Gedichte«, 1739 ■

Karl Friedrich Schinkel (1781-1841),
Entwurf zu einem Mausoleum für
Königin Luise, 1810

tische Struktur der Welt. Sofern sie von den Tönen Bachs etwas vernahmen, horchten sie auf. In ihnen erkannten sie Verwandtes. Sie verhalfen seinem Werk endlich zur Geltung.

Die Präludien und Fugen mit ihren geheimnisvollen Tonbeziehungen und verflochtenen Stimmen, den klar geordneten und doch so rätselhaften Linien, die Matthäus-Passion mit den Chorälen, den aufwühlenden Chören, die Himmelsmusik der h-Moll-Messe, einzelne Kantaten mit schönen alten Texten und Choralmelodien – solche Werke wurden erinnert und innig angenommen. Die Motetten gehörten dazu und die Sammlung der vierstimmigen Choräle. Diese Musik begann sich einzubürgern, wurde Hausmusik und Trostmusik bei Begräbnissen. Sie kündete von der Kraft eines voll im Leben stehenden Menschen und von der Durchdringung des Kosmos Musik durch den Geist eines Genies. Sie kündete auch von Tod, von Sehnsucht nach dem Tode, von Auferstehung und himmlischer Freude.

Sie war nicht philiströs. Sie erfaßte den Tiefsinn im Leiden und Sterben Christi, tauchte in die mystischen Beziehungen der heiligen Messe und hielt an den gewaltigen Allegorien des Barock fest. Was die Philister, die durch die Presse der Aufklärung gedrückt wurden und dabei zu Bruch gegangen waren, schließlich glaubten, davon hat Clemens von Brentano in einer Satire berichtet. »Alle Begeisterten nennen sie verrückte Schwärmer, alle Märtyrer Narren und können nicht begreifen, warum der HERR für unsere Sünden gestorben und nicht lieber zu Apolda eine kleine nützliche Mützenfabrik angelegt.«

Die Menschen im 18. Jahrhundert wollten freier sein. Sie fühlten, daß ihnen die Allegorien des orthodoxen Luthertums die Lust am Leben verleideten. Sie wollten nicht in der Melancholie erstikken, die aus der Verdammung alles Weltlichem stieg. Wie Barthold Hinrich Brockes in dem aufgeschnittenen blutigen Leichnam bei sachkundiger Führung durch dessen Bau die Schönheit der Schöpfung erfuhr, so wollten die Menschen allgemein erst einmal die Welt gründlich beschauen, ehe sie diese auf den Schindanger des Teufels warfen. Die Architekten und Maler zeigten die Schönheiten der Natur, der Haut, des körperlichen Wuchses, jubelten an der Darstellung des nackten Körpers über die Schöpfung. Diesen Menschen mußte die Musik Bachs altmodisch, muffig, dunkel, radikal erscheinen. Selbst nach seiner Tanzmusik konnte niemand tanzen! So ist das 18. Jahrhundert auch nicht Bachs Jahrhundert. Unser Buch hat den schneidenden Kontrast zwischen dem Rokkoko und der Kunst Bachs aufgetan. Aber das 19. Jahrhundert war dann wieder ein Jahrhundert Bachs. Denn als man der Aufklärung überdrüssig geworden war, zog wieder die Religion die Geister an, fand man im gründlichen Gedanken wieder das Wesentliche. Der große Hegel war zweifellos ein Opernfex, und das Bachsche mußte ihm wunderlich erscheinen. Aber der Bachsche Choral und die Matthäus-Passion haben ihm einige bedeutende Passagen in seiner »Ästhetik« entlockt.

Bach hatte kein Verhältnis zu seiner Zeit, und daher konnte ihm auch seine Zeit nichts anhaben. Nicht zuletzt darin liegt seine Größe und seine Unvergänglichkeit, solange Menschen bereit sind, für eine wahrhaft menschenwürdige Musik ideell und materiell zu sorgen.

»Genial ist der Mensch, dessen Seele die größte Weite hat, also von allen Dingen Empfindungen erfährt, Anteil an allem nimmt, was in der Natur existiert, und deshalb keine Idee empfängt, ohne daß in der Seele ein Gefühl geweckt wird. Alles belebt die Seele und bleibt darin bewahrt.. Der Geschmack ist oft getrennt vom Genie. Das Genie ist ein reines Geschenk der Natur. Was es hervorbringt, ist das Werk eines Augenblicks. Der Geschmack dagegen ist das Produkt des Studiums und der Zeit; er legt Wert auf die Kenntnis einer Menge von feststehenden oder vorausgesetzten Regeln; er bringt nur Schönes hervor, das herkömmlich ist. Soll eine Sache schön nach den Regeln sein, so muß sie geschliffen, vollendet, ausgearbeitet sein, ohne so zu scheinen. Soll sie genial sein, so muß sie zuweilen nachlässig sein und unregelmäßig, zerklüftet, wild aussehen. Das Erhabene und das Geniale blitzen bei Shakespeare wie in tiefer Nacht auf; doch Racine ist immer schön, Homer reich an Genie und Vergil reich an Anmut... Auf das Genie wirkt alles ein, und wenn es nicht sofort seinen Gedanken ganz hingegeben ist und von der Begeisterung überwältigt wird, forscht es sozusagen, ohne sich dessen bewußt zu sein... Es wirft allgemeine Blicke auf die Natur und dringt in ihre Abgründe ein. Es sammelt in seinem Schoß unsichtbare Keime, die unbemerkt in diesen eingehen und im Laufe der Zeit so überraschende Wirkungen hervorbringen, daß es selbst in die Versuchung kommt, sich für inspiriert zu halten; dennoch hat es Freude an Beobachtungen, beobachtet aber im Nu einen großen Raum und eine Vielzahl von Dingen... In den Künsten, den Wissenschaften und den Staatsgeschäften scheint das Genie die Natur der Dinge zu ändern; sein Charakter überträgt sich auf alles, was es anpackt, und seine weit über das Vergangene und das Gegenwärtige hinausgehende Einsicht erhellt die Zukunft; es eilt seinem Jahrhundert voraus, da es ihm nicht zu folgen vermag; es läßt den Geist hinter sich, der es mit Recht kritisiert, aber in seinem gleichmäßigen Gang nie aus der Einförmigkeit der Natur herauskommt«.

Artikel Genie (Literatur und Philosophie), aus Band VII der Enzyklopädie, 1757. Übersetzung Theodor Lücke, dtv 4026 S. 175ff.

Der bedächtige Bach war in diesem Sinne nicht genial. Ihm sah man das Handwerkliche an. ■

Eintragung im Orgelbüchlein

Für Felix Weingartner, Gustav Mahler, Leopold Stokowski oder Willem Mengelberg, für diese vier Dirigenten stand fest, daß die Entwicklung der Instrumente, die Verfeinerung in der Kunst des Vortrages, die akustischen Gegebenheiten größerer Konzertsäle und der Wunsch des Publikums, die alte Musik nahegebracht zu bekommen, Eingriffe in den Notentext rechfertigen. Erst Experimente durch Musiker sowie ein gestiegenes Nachdenken über die aufführungspraktischen Voraussetzungen jeweiliger Musik haben zur umgekehrten These geführt. Nicht mehr wird alte Musik unserem ästhetischen Empfinden angeglichen. Vielmehr führt die Rücksichtnahme auf originale Instrumente, belegbare Besetzungsgrößen, Übertragung der Spiel- und Verzierungslehren aus den Lehrbüchern zum Instrumentalspiel oder für den Gesang zu neuer ästhetischer Erfahrung. Gustav Mahler hatte in Bach die romantische Ausdrucksmusik gesucht. Wir suchen in Bach die Alternative zur Ausdruckskunst. Dieser Wandel ist von einigen wichtigen Musikern in Gang gesetzt worden, Männer wie Nikolaus Harnoncourt, Gustav Leonhardt, Helmuth Rilling oder Hans-Martin Linde, um nur einige besonders erfolgreiche Musiker zu nennen. Unter dem Schlagwort »Aufführungspraxis« werden unterschiedliche Konzeptionen vereinigt. Da gibt es die strikte Rekonstruktion der Bedingungen alter Musik durch Verwendung von alten Instrumenten, die nach bestimmten Modellen heute gebaut werden, die Übertragung einer spezifisch sängerischen Phrasierung auch auf die Instrumentalmusik. Da gibt es das vibratofreie Spiel auf den Streichinstrumenten, welches einen stumpfen Ton erzeugt. Da gibt es auch die nur mit altem Instrumentarium mögliche Mischung von Instrumenten, die mit ihrem neueren Typ zur Mischung nicht fähig wären, wie Trompete, Violine und Blockflöte im 2. Brandenburgischen Konzert.

Auch das Cembalo ist nicht mehr ein Einheitsinstrument mit einer bestimmten Mechanik. Heute baut man bestimmte Instrumente nach, um deren individuelle Klanglichkeit zum Nutzen der Musik heranzuziehen. Dabei spielen für die Frage, ob ein Klavierwerk von Bach auf dem Cembalo, dem Clavichord (mit seiner die Bebungen der Finger übertragenden Tangente anstelle eines Hammers) oder gar der Hausorgel darstellbar sei, der Umfang der Klaviatur, welcher gefordert wird, eine große Rolle, aber auch Überlegungen, ob z.B. viele lang ausgehaltene Töne überhaupt auf dem Cembalo oder Clavichord spielbar sind oder nicht doch der Hausorgel zugewiesen werden sollten.

Um solche Fragen entscheiden zu können, bedarf es weniger fanatischer Theoretikergläubigkeit als vielmehr eines Fingerspitzengefühls für das Praktikable und Sinnvolle.

Übereinstimmend wird heute der Generalbaß in Form kurzer Noten ausgeführt, auch wenn die Komponisten lange Noten ohne Pausen dazwischen notierten. Diese Befreiung des Generalbasses von den gewichtigen und hindurchschnarrenden langen Notenwerten hat zum Verständnis einer neuen Leichtigkeit in der Darstellung des Rezitativs geführt, und eine groß besetzte Generalbaßgruppe entspricht eher dem Geist der alten Musik als die ehemalige Praxis mit Violoncello und Cembalo.

Übereinstimmung besteht auch über Verzierungen oder die Notwendigkeit, einen langsamen Satz reichhaltiger auszuschmücken, um die mangelnde Tragfähigkeit des Cembalotones auszugleichen. Problematischer sind schon die Fragen der Besetzungsstärke. Wir wissen von den solistisch singenden Choristen und von einem ausgewogenen Verhältnis zwischen Sängern und Instrumentalisten. Sicher wird man dies berücksichtigen. Aber sich einschwören lassen auf die gleiche Besetzungsstärke wie sie Bach in Leipzig zur Verfügung hatte, wäre nicht gut. Zum einen sind unsere Konzertsäle größer, zum anderen sind wir lärmgeschädigt und daher kaum noch für bestimmte Nuancen zu interessieren.

Die Rekonstruktion der Besetzung wirft ein deutliches Licht auf das Problem des Werksinnes. Wir wissen, daß bei Bach Kinder wesentliche Partien der Passionskompositionen sangen. Soll man diesen Tatbestand rekonstruieren und damit die Verstellung von Ausdruck in Kauf nehmen? Wollte man so verfahren, würden gerade zentrale Werke wie die Passionskompositionen als Monumente deutscher religiöser Gesinnung in Frage gestellt. So wichtig Aufführungen unter nachgewiesenen aufführungspraktischen Bedingungen für das Verständnis der Werke sind, unbestreitbar müssen solche allgemein verehrten Werke den großen Laienchören zugänglich bleiben.

Der Grundsatz jeder aufführungspraktischen Überlegung geht aus der jahrhundertelang befolgten Regel hervor, daß der Komponist den Redner nachahmt und innerhalb der Komposition die Instrumentalmusik die Vokalmusik nachahmt. Der Sänger ist das Vorbild für den Geiger oder Klavierspieler, die Phrasierung, d.i. die genaue Gestaltung der Töne und ihrer Beziehung untereinander, folgt den Regeln der Gesangkunst. Wie das im einzelnen durchzuführen ist, kann nur im Gespräch fixiert werden. Aber für jeden Musiker bleibt als Übung der Versuch, die darzustellende Linie zunächst singend sich vorzustellen, ehe man sie auf dem Instrument nachzeichnet.

Besonders umstritten sind die Fragen, welches Tempo für ein von Bach in der Regel unbezeichnetes Stück zu wählen sei. Der häufig genannte Gradmesser, das Stück müsse noch in den kleinsten Notenwerten darstellbar bleiben, trügt, da je nach virtuosem Grad ganz unterschiedliche Ergebnisse erzielt werden. Viel besser läßt sich das Tempo eines Stücks aus dem Charakter der Musik ableiten, wobei Stücke im alten Stil sich am Pulsschlag orientieren und dabei durch verschiedene Taktarten, 4/4, 3/4, 2/2, 3/2 unterschiedliche Tempi erzielt werden, je nachdem welcher Notenwert zum Pulsschlag korrespondiert. Ein anderer Bereich sind die Tänze, die in stilisierter Form in die Formen der Instrumentalmusik eingearbeitet wurden und ihr Tempo aus den Tanzlehren und den Tanzschritten, hier tatsächlich nach dem Richtmaß der Ausführbarkeit, beziehen. Insgesamt entscheidet nicht das absolute Tempo. Schließlich gibt es Menschen mit unterschiedlichem Pulsschlag. Vielmehr sind die Relationen zwischen den Tempi einzelner Stücke entscheidend.

Der Spielraum für unterschiedliche Interpretationen ist für Bachs Musik größer als für Musik klassischer oder romantischer Komponisten. Das liegt nicht nur an der Unsicherheit bei der Beantwortung der Frage, ob die Vortragslehren aus dem europäischen Barock auf die mitteldeutsche Musik des 18. Jahrhunderts wirklich anwendbar sind (man denke an das fehlende Verständnis für jede Art von Normsystem!), vielmehr hat Bach seine Werke häufig, in der Spätzeit sogar überwiegend als Tonsätze konzipiert und, berücksichtigt man die Fehler in den Einzelstimmen, eine gewisse Gleichgültigkeit gegenüber der Aufführung erkennbar werden lassen.

Die neue Bach-Gesamtausgabe und die aufführungspraktischen Erkenntnisse sind im Bereich der Musik die wichtigsten Ereignisse der Nachkriegszeit.

Bausteine für eine moderne Bach-Bibliothek

Die Ausgaben der Werke von Johann Sebastian Bach gehen zu einem wesentlichen Teil auf die Bach-Gesamtausgabe zurück, zu der vom Verlag Breitkopf und Härtel praktische Ausgaben parallel entstanden. In den Eulenburg-Partituren wurde schon früh der Versuch einer Revision der Texte gemacht. Für die Klaviermusik entstanden mit den im Hernle-Verlag erschienenen sogenannten Urtextausgaben Notentexte, die sich im Musikstudium und der Praxis weitgehend durchgesetzt haben. Sie ersetzen aber nicht das Studium der Neuen Bach-Gesamtausgabe, weil gerade bei Bach teilweise das Autograph fehlt und in vielfältigen Prozessen immer wieder neue Eintragungen vorgenommen wurden, so daß nur die kritische Beurteilung aller verfügbaren Texte von Bachs Hand, von der Hand seiner unmittelbaren und mittelbaren Umgebung sowie der (soweit vorhanden) Drucke zu einem gesicherten Text führen kann. Die Forderung an den Interpreten, die Neue Bach-Gesamtausgabe heranzuziehen, ist daher mehr als nur wissenschaftliche Pedanterie.

Die Zeugnisse in Schriftform von Bachs Hand selbst oder über ihn sind mustergültig ediert worden in den drei Bänden »Bach-Dokumente«, herausgegeben vom Bach-Archiv Leipzig als »Supplement« zur Neuen Ausgabe sämtlicher Werke. Eine Auswahl bietet die Taschenbuchausgabe, die 1975 bei Bärenreiter und im Deutschen Taschenbuch-Verlag (dtv) erschien.

Bilder von Bach, den Orten seines Wirkens, seinen Werken und seiner Umgebung bieten drei Publikationen. Werner Neumann, der Leiter des Leipziger Bach-Archivs gab heraus »Auf den Lebenswegen Johann Sebastian Bachs«, Berlin (Ost) 1962, sowie »Bilddokumente zur Lebensgeschichte«, Leipzig 1978, als »Bach-Dokumente IV«. Zur Bach-Edition der Deutschen Grammophon stellten B. Schwendowius und W. Dömling unter dem Titel »J.S.B. Zeit/Leben/Wirken«, Kassel 1976, eine Folge von Aufsätzen und Essays führender Wissenschaftler zusammen und bebilderten sie reichhaltig und drucktechnisch eindrucksvoll.

Umfangreiche Monographien zu Johann Sebastian Bach sind weniger zahlreich erschienen als Außenstehende vermuten dürften. Vor allem in den letzten Jahrzehnten ist nahezu nichts Wichtiges erschienen. Den Anfang einer Reihe von Bach-Biographien machte Johann Nikolaus Forkel mit seinem Buch »Über J.S. Bachs Leben, Kunst und Kunstwerke. Für patriotische Verehrer echter musikalischer Kunst«, Leipzig 1802. Das Standardwerk schrieb Philipp Spitta. »Johann Sebastian Bach« erschien zweibändig 1873 und 1880. Ein Reprint kam 1964 heraus. Danach machte das zuerst in Paris 1905 auf französisch erschienene Buch von Albert Schweitzer Furore, das in zahlreichen Auflagen existiert und von Breitkopf und Härtel vertrieben wird. In Paris erschien 1907 auch »L'esthétique de Jean Sebastian Bach« von A. Pirro. Weiter sind zu nennen Charles S. Terry, 1929, und Wilibald Gurlitt, 1936, zweite Auflage 1947, mit Monographien. Für den Zeitraum nach dem Ende des zweiten Weltkrieges ist auf den Artikel »Bach« in der Enzyklopädie »Musik in Geschichte und Gegenwart« (MGG) hinzuweisen und auf zwei von Karl Geiringer geschriebene, in der C.H. Beck'schen Verlagsbuchhandlung zu München erschienene Bücher über die Musikerfamilie Bach (1958) und über Bach selbst (2/1978). In neuerer Zeit erschien ein Buch von Friedemann Otterbach über »J.S. Bach.Leben und Werk«, Reclam 1982.

Die einzelnen Stationen von Bachs Leben sind untersucht worden in folgenden Büchern: G. Fock, Der junge Bach in Lüneburg, Hamburg 1950; W. Vetter, Der Kapellmeister Bach, Potsdam 1950; Fr. Smend, Bach in Köthen, Berlin 1951; A. Schering, J.S. Bach und das Musikleben Leipzigs im 18. Jahrhundert, Leipzig 1941 (d.i. zugleich Band 3 der »Musikgeschichte Leipzigs«). Diese Bücher sind heute nur unter Vorbehalt benutzbar. Man wird stets neuere Publikationen zum Vergleich heranziehen müssen. Da nun aber die in den »Bach-Jahrbüchern« und den wissenschaftlichen Zeitschriften (Die Musikforschung, Archiv für Musikwissenschaft, Acta Musicologica, Beiträge zur Musikwissenschaft, Jahrbücher der Musikbibliothek Peters, um nur die deutschsprachigen, und zwar die wichtigsten zu nennen) ausgebreitete Bach-Forschung nicht allgemein zugänglich ist, rate ich, die Literaturberichte von Walter Blankenburg heranzuziehen, die in trefflicher Übersicht die neuesten Bach-Forschungen darlegen. Sie sind erschienen in der Zeitschrift Acta Musicologica, Band 31, 1965, und Band 54, 1982 f.

Zur Ästhetik der Musik Bachs wäre auf zwei, jedes auf seine Weise, eigentümliche Publikationen hinzuweisen. Ernst Kurth hat die Kraft in Bachs musikalischen Linien unter dem Titel »Grundlagen des Linearen Kontrapunkts. Bachs melodische Polyphonie« untersucht (Bern, n.A. 1948). Boris de Schloezer schrieb »Entwurf einer Musikästhetik. Zum Verständnis von Johann Sebastian Bach«, deutsch 1964 in Hamburg und München erschienen, ein Buch für Liebhaber tüftelnder Analysen. Über alle Aspekte des Bachschen Werkes informiert das »Bach-Lexikon« von Walter Kolneder, das im Lübbe-Verlag 1982 erschien.

Aspekte einzelner Werke werden behandelt in folgenden Büchern (es wurde nur neuere Literatur herausgesucht): W. Blankenburg, Einführung in Bachs h-Moll-Messe, 3/1974; A. Dürr, Die Kantaten von J.S. Bach, 2 Bde. als Taschenbuch, 1971 (dtv WR 4048) – das beste und nützlichste Buch über eine Werkgattung; W. Kolneder, Die Kunst der Fuge, 4 Bde., Wilhelmshaven 1977; H.-J. Schulze, J.S. Bachs Konzertbearbbeitungen, erschienen im »Deutschen Jahrbuch der Musikwissenschaft« (dem alten »Jahrbuch der Musikbibliothek Peters«) 1973/ 77; H. Keller, Die Klavierwerke von J.S. Bach, erstmals 1950.

Einen Querschnitt durch die Bach-Forschung geben W. Blankenburg in einem Sammelband »J.S. Bach«, Wege der Forschung Bd. 170, Darmstadt 1970 mit Aufsätzen aus mehreren Jahrzehnten Bach-Forschung sowie die Festschrift für W. Blankenburg mit dem Titel »Bach-Interpretationen«, erschienen in Göttingen. Schließlich ist zu erwähnen der »Kongreßbericht Leipzig« 1950, der die kontroverse Bach-Debatte des Jubiläumsjahres festhält.

An drei Publikationen der neueren Bach-Forschung werden Tendenzen deutlich. G. von Dadelsen gab in »Beiträge zur Chronologie der Werke J.S. Bachs«, Trossingen 1958, einscheidende Impulse für eine Neudatierung der Bachschen Werke, M. Geck beleuchtete in »Die Wiederentdeckung der Matthäus-Passion im 19. Jahrhundert«, Regensburg 1967, ein zentrales Kapitel der Bach-Rezeption und Christoph Wolff zeigte in »Der Stile antico in der Musik J.S. Bachs. Studien zu Bachs Spätwerk«, Wiesbaden 1968, wie philologische Arbeit mit Werkbeurteilungen sinnvoll verbunden werden kann.

In der folgenden Übersicht werden alle Publikationen erfaßt, die in diesem Buch zitiert werden.

Zitierte Literatur

Ariès, Philippe, Geschichte des Todes, München/Wien 1980;
Babstsches Gesangbuch von 1545, Faksimile-Ausgabe von Konrad Ameln, Kassel 1929, 2/1966;
Bach, Carl Philipp Emanuel, Versuch über die wahre Art, das Clavier zu spielen, Berlin 1753/62, Faksimile-Ausgabe Leipzig 3/1976;
Bach, Johann Sebastian, Neue Ausgabe sämtlicher Werke, hrsg. vom Johann-Sebastian-Bach-Institut Göttingen und vom Bach-Archiv Leipzig. Kassel etc. 1954ff. (mehrfach zit. sind die Kritischen Berichte zu den einzelnen Bänden);
Bach-Dokumente, hrsg. vom Bach-Archiv Leipzig als Supplement zu J.S.B. Neue Ausgabe sämtlicher Werke, 3 Textbände und 1 Bildband, Leipzig 1963ff.;
Benjamin, Walter, Ursprung des deutschen Trauerspiels, in: Gesammelte Schriften ... hrsg. v. Rolf Tiedemann und Hermann Schweppenhäuser, I, 1, Frankfurt/M. 1974;
Blankenburg, Walter, Einführung in Bachs h-Moll-Messe, Kassel 3/1974;
Bloch, Ernst, Das Prinzip Hoffnung, 2 Bde., Frankfurt/M. 1959;
Blumenberg, Hans, Der Prozeß der theoretischen Neugierde, Frankfurt/M. 1973; suhrkamp taschenbuch wissenschaft 24;
Burger, Heinz Otto, »Dasein heißt eine Rolle spielen«. Zwölf Studien zur deutschen Literaturgeschichte, München (Literatur als Kunst, hrsg. v. W. Höllerer);
Dadelsen, Georg von, Beiträge zur Chronologie der Werke J.S.Bachs, Trossingen 1958 (Tübinger Bach-Studien 4/5);
Dammann, Rolf, Der Musikbegriff im deutschen Barock, Köln 1967;
Duse, Ugo, Musik und Schweigen in der Kunst der Fuge, in: Musik-Konzepte, hrsg. v. H.-K. Metzger und R. Riehn, 17/18, 1981, S. 83ff.;
Enzyklopädie. Denis Diderot. Philosophische und politische Texte, Auswahl, München 1969 (dtv, WR 4026);
Geck, Martin, Die Wiederentdeckung der Matthäuspassion im 19. Jahrhundert, Regensburg 1967 (Studien zur Musikgeschichte des 19. Jahrhunderts 9);
Grass, Günter, Das Treffen in Telgte, Darmstadt und Neuwied 1979;
Hegel, Georg Wilhelm Friedrich, Vorlesungen über die Ästhetik, 3 Bde., Werke (Jubiläumsausgabe) Stuttgart/Bad Cannstatt 1971;
Hubig, Christoph, Humanismus – Die Entdeckung des individuellen Ichs und die Reform der Erziehung, in: Propyläen Geschichte der Literatur, Bd. 3;
Keller, Hermann, Die Klavierwerke Bachs, Leipzig 1950 u.ö.;
Löhlein, Heinz-Harald (Hrsg.), Orgelbüchlein, Faks. Kassel etc. 1981 (Documenta Musicologica XI);
Marpurg, Friedrich Wilhelm, Vorwort zum Neudruck der Kunst der Fuge, Berlin 1752, in: Bach-Dokumente, III, 1972, S. 14ff.;
Mattheson, Johann, Der vollkommene Capellmeister, Hamburg 1739, Faks.-Ausgabe Kassel/Basel 1964,
Neumann, Werner (Hrsg.), Sämtliche von J.S.Bach vertonte Texte, Leipzig 1974;
Panofsky, Erwin, Sinn und Deutung in der bildenden Kunst (Meaning in the Visual Arts), Köln 1975;
Scheibe, Johann Adolph, ‹Kritik an Bachs Kompositionsweise›, in: Der Critische Musicus, VI, 1737, leicht zugänglich in: Bach-Dokumente, II, S. 286f.;
Spitta, Philipp, Johann Sebastian Bach, Nachdruck Darmstadt 1962;
Sternberger, Dolf, Über den Tod, Frankfurt/M. 1977;
Spitzer, Leo, Eine Methode Literatur zu interpretieren, München 1966 (Literatur als Kunst);
Szabolcsi, Bence, Aufstieg der klassischen Musik von Vivaldi bis Mozart, Wiesbaden 1970;
Walther, Johann Gottfried, Praecepta der Musicalischen Composition, 1708, Neuausgabe, hrsg. v. Peter Benary, Leipzig 1955 (Jenaer Beiträge zur Musikforschung 2);
Young, Percy M., The Bachs. 1500–1850, London 1970.

Da die »Kunst der Fuge« in keiner maßgebenden wissenschaftlichen Ausgabe vorliegt, werden Ausgaben und Schriften hier gesondert vorgestellt.

Faks.druck, hrsg. v. Hans Gunter Hoke, Schott, Mainz 1979 (Faks.-Reihe Bachscher Werke und Schriftstücke 14); Studienpartitur, hrsg. v. Hermann Diener, Kassel/Basel 1956 (Bärenreiter Taschenpartituren 26); Neuordnung von Wolfgang Graeser in Studienpartitur mit unterlegtem Klavierauszug, Breitkopf & Härtel 1927; dgl. hrsg. v. Hans Theodor David, Peters 1929, dgl. hrsg. von Albert Lunow, Peters 1952 (Edition 4609); französische Ausgabe von Jacques Chailley, Paris 1972; Ausgaben für Klavier vierhändig (von Bruno G. Seidlhofer, Breitkopf & Härtel 1937), für 2 Klaviere (von Walter Frey, Eulenburg 1980, und Erich Schwebsch, Kallmeyer 1973), für Orgel (von Marie-Claire Alain, Costallat 1977), für Streichquartett (von Richard Klemm und Carl Weymar, Ries & Erler 1942). Für das Verständnis der Werke grundsätzlich Wolfgang Wiemer, Die wiederhergestellte Ordnung in Johann Sebastian Bachs Kunst der Fuge, Wiesbaden 1977, und Werner Breig, Bachs »Kunst der Fuge«. Zur instrumentalen Bestimmung und zum Zykluscharakter, in: Bach-Jahrbuch 68, 1982, S. 103ff.

Bilder zu Bachs Leben und Werk sind den in den bibliographischen Hinweisen genannten drei Bild-Bänden entnommen worden.